JEFFREY ARCHER

VERBRECHEN LOHNT SICH

AUS DEM AMERIKANISCHEN VON
LORE STRASSL

BASTEI
LÜBBE

BASTEI LÜBBE TASCHENBUCH
Band 14849

Erste Auflage: Januar 2003

Bastei Lübbe Taschenbücher ist
ein Imprint der Verlagsgruppe Lübbe

Deutsche Erstveröffentlichung
Titel der englischen Originalausgabe:
TO CUT A LONG STORY SHORT
© Copyright 2000 by Jeffrey Archer
© Copyright für die deutschsprachige Ausgabe 2003 by
Verlagsgruppe Lübbe GmbH & Co. KG, Bergisch Gladbach
Umschlaggestaltung: Tanja Østlyngen
Titelbild: The Image Bank
Satz: hanseatenSatz-bremen, Bremen
Druck und Verarbeitung: Elsnerdruck, Berlin
Printed in Germany
ISBN 3-404-14849-5

Sie finden uns im Internet unter
http://www.luebbe.de

Für Stephan, Alison und David

INHALT

– Vorbemerkung   9

  – Es spricht der Tod   11
* – Der Sachverständige als Zeuge   12
  – Das Endspiel   28
  – Der Brief   94
* – Verbrechen lohnt sich   101
  – Verschieden wie Tag und Nacht   127
* – Der Bekehrte   149
* – Zu viele Zufälle   163
* – Liebe auf den ersten Blick   204
* – Beide Seiten gegen die Mitte   208
* – Ein unvergessliches Wochenende   222
* – Umsonst ist der Tod ...   240
  – Selbstlose Mühen   252
* – Die Liegende   281
  – Die Kirschen in Nachbars Garten   290

*Auf wahren Begebenheiten beruhend

VORBEMERKUNG

Ehe Sie anfangen, diesen Kurzgeschichtenband zu lesen, möchte ich Sie – wie bei meinen früheren Kurzgeschichtensammlungen – darauf aufmerksam machen, dass einige Storys auf wahren Begebenheiten beruhen. Sie sind auf der Inhaltsseite mit * gekennzeichnet.

Bei meinen Weltreisen, auf denen ich stets Ausschau nach Skizzen halte, die ein Eigenleben haben könnten, stieß ich auf »Es spricht der Tod«. Diese Ministory bewegte mich so sehr, dass ich sie als Auftakt zu meiner neuen Kurzgeschichtensammlung verwenden möchte.

Die Geschichte wurde ursprünglich aus dem Arabischen übersetzt, doch trotz intensiver Nachforschungen waren nirgendwo Hinweise auf den Verfasser zu finden, obwohl die Geschichte einen Platz in Somerset Maughams Drama *Sheppey* fand und später zum Vorwort von John O'Haras *Treffpunkt in Samara* wurde.

Selten bin ich auf ein besseres Beispiel der schlichten Kunst des Geschichtenerzählens gestoßen. Diese Gabe wahrer Vorurteilslosigkeit hat nichts mit Herkunft, Bildung oder Erziehung zu tun, wie beispielsweise Joseph Conrad und Sir Walter Scott, John Buchan und O. Henry, H. H. Munro und Hans Christian Andersen bewiesen haben.

In diesem Kurzgeschichtenband, meinem vierten, habe ich mein Glück unter anderem mit zwei sehr kurzen

Exemplaren dieser Gattung versucht: »Der Brief« und »Liebe auf den ersten Blick«.

Zuerst aber lassen wir den Tod sprechen.

ES SPRICHT DER TOD

Einst lebte in Bagdad ein Kaufmann, der seinen Diener zum Markt schickte, um dort Lebensmittel zu kaufen. Viel zu rasch kehrte der Diener mit weißem Gesicht und am ganzen Leibe zitternd zurück. »Gebieter«, sagte er, »als ich soeben auf dem Marktplatz war, rempelte eine Frau in der Menge mich an, und als ich mich umwandte, erkannte ich, dass es der Tod in weiblicher Gestalt war. Er blickte mich an und machte eine drohende Gebärde. Leiht mir Euer Ross, Gebieter, damit ich dieser Stadt den Rücken kehren und meinem Geschick entgehen kann! Ich werde nach Samara reiten, dort wird der Tod mich nicht finden.« Der Kaufmann borgte ihm sein Pferd, der Diener saß auf, stieß dem Tier die Sporen in die Flanken und galoppierte davon, so schnell das Pferd ihn zu tragen vermochte. Darauf begab der Kaufmann sich selbst zum Markt und sah mich, den Tod, in der Menge stehen. Er kam zu mir und sagte: »Warum habt Ihr meinen Diener mit einer drohenden Gebärde erschreckt, als Ihr ihn heute Morgen gesehen habt?«

»Das war keine drohende Gebärde«, entgegnete ich. »Ich bin vor Überraschung zusammengezuckt, ihn hier in Bagdad zu sehen, da ich ihn doch heute Abend in Samara treffen wollte.«

DER SACHVERSTÄNDIGE
ALS ZEUGE

»Ein verdammt guter Schlag«, lobte Toby, als er beobachtete, wie der Ball seines Gegners durch die Luft sauste. »Dürften zweihundertdreißig, wenn nicht zweihundertfünfzig Meter sein«, fügte er hinzu. Er beschirmte die Augen vor der Sonne und beobachtete, wie der Golfball mitten auf dem Fairway hüpfte.

»Danke.« Harry freute sich.

»Was hattest du heute zum Frühstück, Harry?«, fragte Toby, als der Ball schließlich liegen blieb.

»Streit mit meiner Frau«, lautete die lakonische Antwort. »Sie wollte, dass ich diesen Vormittag mit ihr einkaufen gehe.«

»Wenn die Freuden und Leiden des Ehelebens mein Golfspiel so sehr verbessern würden, könnte ich fast in Versuchung kommen, ebenfalls zu heiraten.« Toby wandte sich dem Golfball zu. »Verdammt!«, fluchte er einen Augenblick später. Sein Schlag war verunglückt; der Ball war keine hundert Meter weit im dichten Rough gelandet.

Tobys Spiel war den ganzen Vormittag schwach, doch als sie zum Lunch ins Clubhaus zurückkehrten, warnte er seinen Gegner: »Nächste Woche hole ich mir im Gerichtssaal meine Revanche.«

»Hoffentlich nicht«, entgegnete Harry lachend.

»Wieso?«, fragte Toby beim Betreten des Clubhauses.

Harry grinste. »Weil ich von *deiner* Seite als Sachverständiger geladen bin.« Sie setzten sich an einen Tisch.

»Seltsam«, murmelte Toby. »Ich hätte schwören können, dass du Sachverständiger für die Gegenseite bist.«

Sir Toby Gray, prominenter Strafverteidiger und Anwalt der Krone, und Professor Harry Bamford standen im Gerichtssaal nicht immer auf derselben Seite.

»Alle Personen, die sich vor dem Lordoberrichter in der nun zu verhandelnden Rechtssache eingefunden haben, mögen näher treten.« Der Leeds Crown Court hatte Platz genommen. Richter Fenton führte den Vorsitz.

Sir Toby musterte den ältlichen, im Staatsdienst ergrauten Juristen. Er hielt ihn für einen liebenswürdigen und gerechten Mann; allerdings war seine Verhandlungsführung mitunter ein wenig umständlich.

Richter Fenton nickte Toby zu.

Sir Toby erhob sich, um mit der Verteidigung zu beginnen. »Eure Lordschaft, werte Geschworene, ich bin mir meiner großen Verantwortung bewusst. Einen Angeklagten zu verteidigen, der des Mordes beschuldigt wird, ist nie leicht. Es erschwert den Fall zusätzlich, wenn es sich bei dem Opfer um die Frau des Angeklagten handelt, mit der er über zwanzig Jahre glücklich verheiratet war. Das ist der Krone bekannt; sie hat es formell bekundet.«

»Meine Aufgabe wird auch dadurch nicht leichter, Mylord«, fuhr Sir Toby fort, »dass mein verehrter Kollege, Mr Rodgers, bei seiner Eröffnungsrede gestern die Indizienbeweise so geschickt aufführte, dass der Angeklagte schuldig zu sein schien. Ich jedoch beabsichtige«, Sir Toby schob die Daumen in seinen schwarzen Seidentalar und wandte sich den Geschworenen zu, »einen Zeugen aufzurufen, dessen Name als Sachverständiger wohl jedem ein Begriff ist. Ich bin zuversichtlich, dass er Ihnen, meine Damen und Herren Geschworenen, kaum eine andere Wahl lässt, als den Angeklagten für nicht schuldig zu befinden. Ich bitte nun Professor Harold Bamford in den Zeugenstand.«

Ein elegant in blauem Doppelreiher, weißem Hemd und der Krawatte des Yorkshire County Cricket Clubs gekleideter Herr betrat den Gerichtssaal und nahm seinen Platz im Zeugenstand ein. Nachdem der Gerichtsdiener ihm das Neue Testament hingelegt hatte, sprach er die Vereidigungsformel mit einer Selbstverständlichkeit, die unter den Geschworenen keinen Zweifel daran ließ, dass dies nicht sein erster Auftritt in einem Mordfall war.

Sir Toby zupfte seinen Talar zurecht, während er durch den Gerichtssaal zu seinem Golfpartner blickte.

»Professor Bamford«, begann er, als hätte er diesen Mann nie zuvor gesehen, »um uns Ihrer Sachkenntnisse zu vergewissern, wird es nötig sein, Ihnen zuerst einmal ein paar Fragen zu stellen, die vielleicht ein wenig unbequem sind. Aber es ist von größter Wichtigkeit, dass ich den Damen und Herren Geschworenen Ihre Befähigung nachweisen kann, soweit es diesen besonderen Fall betrifft.«

Harry nickte ernst.

»Professor Bamford, Sie haben in Leeds das Gymnasium besucht.« Sir Toby blickte auf die ausschließlich aus Yorkshire stammenden Geschworenen. »Wo Ihnen ein Stipendium für ein Jurastudium auf dem Magdalen College gewährt wurde ...«

Wieder nickte Harry und sagte: »So ist es«, während Toby scheinbar auf seine Notizen blickte – was völlig unnötig war, da er das Ganze bereits in einigen früheren Fällen mit Harry durchexerziert hatte.

»Aber Sie haben dieses Stipendium nicht angenommen«, fuhr Sir Toby fort, »weil Sie es vorzogen, hier in Leeds zu studieren. Stimmt das?«

»Ja«, antwortete Harry. Diesmal nickten die Geschworenen beifällig. Es gibt nichts Loyaleres oder Stolzeres als einen Yorkshirer, wenn es um irgendetwas Yorkshirisches geht, dachte Sir Toby zufrieden.

»Und haben Sie Ihr Studium an der Universität von Leeds – ich ersuche Sie nur zur Bestätigung um Antwort – mit Auszeichnung abgeschlossen?«

»Ja.«

»Und bot Ihnen die Harvard University, eine der bedeutendsten amerikanischen Universitäten, nicht einen Studienplatz an, damit Sie dort Ihren Magister- und danach Ihren Doktortitel machen konnten?«

Harry nickte knapp und bestätigte es. Wie gern hätte er gesagt: »Nun mach schon weiter, Toby«, doch er wusste, dass sein alter Sparringspartner so viel wie nur möglich aus diesem Gespräch herausholen wollte.

»Und Sie wählten für Ihre Doktorarbeit das Thema ›Handfeuerwaffen bei Mordfällen‹?«

»So ist es, Sir Toby.«

»Ist es auch so«, fuhr der Strafverteidiger fort, »dass Ihre Dissertation ein solches Interesse beim Prüfungsausschuss erweckte, dass die Harvard University Press diese Arbeit veröffentlicht hat, und dass sie nun jedem empfohlen wird, der sich auf forensische Wissenschaft spezialisiert?«

»Es ist sehr freundlich von Ihnen, es so zu formulieren«, sagte Harry und gab Toby damit das Stichwort für den nächsten Satz.

»Nicht *ich* habe es so formuliert«, entgegnete Sir Toby. Er erhob sich zur vollen Größe und blickte die Geschworenen eindringlich an. »Dies sind die Worte von keinem Geringeren als Richter Daniel Webster vom Obersten Gerichtshof der Vereinigten Staaten. Aber gestatten Sie mir, weiterzumachen. Verlassen wir Harvard und kehren nach England zurück. Kann ich zu Recht sagen, dass Sie in einen Gewissenskonflikt gerieten, als die Oxford University Ihnen den ersten Lehrstuhl für forensische Wissenschaft anbot? Aber Sie schlugen auch dieses Angebot aus und zogen es vor, zu Ihrer Alma Mater zurückzukehren, zunächst als Dozent und später als Professor – habe ich Recht, Professor Bamford?«

»Sie haben Recht, Sir Toby«, antwortete Harry.

»Diese Professorenstelle haben Sie nun seit elf Jahren inne, obwohl Ihnen die renommiertesten Universitäten der Welt lukrative Angebote unterbreitet haben. Dann aber hätten Sie Ihr geliebtes Yorkshire verlassen müssen, und das wollten Sie nicht.«

An dieser Stelle blickte Richter Fenton, der das alles ebenfalls nicht zum ersten Mal hörte, vom Richtertisch hinunter und unterbrach Toby: »Ich würde sagen, Sir Toby, Sie haben ausreichend deutlich gemacht, dass Ihr Zeuge ein brillanter Sachverständiger ist. Könnten wir jetzt fortfahren und uns mit dem vorliegenden Fall befassen?«

»Mit Vergnügen, Mylord, vor allem nach Euren großzügigen Worten. – Es wird nicht mehr nötig sein, weiteres Lob auf die Schultern des verehrten Professors zu häufen.« Wie gern hätte Sir Toby dem Richter gesagt, dass er bereits am Ende seiner Vorstellung angelangt war, kurz bevor der Richter ihn unterbrochen hatte.

»Da ich die Jury nun mit Professor Bamford bekannt

gemacht habe, werde ich – mit Eurer Erlaubnis, Mylord – zum vorliegenden Fall kommen.« Kurz wandte er sich wieder dem Professor zu und tauschte einen verstohlenen Blick mit ihm.

»Zu Beginn der Verhandlung erörterte mein geschätzter Kollege, Mr Rodgers, als Ankläger kenntnisreich den Tatbestand. Er ließ keinen Zweifel daran, dass dieser Fall nur auf einem einzigen Beweisstück beruht, nämlich ›der rauchenden Feuerwaffe, die nie rauchte‹.«

Es war eine Wendung, die Harry schon viele Male aus dem Mund seines alten Freundes gehört hatte und zweifellos in Zukunft noch des Öfteren hören würde.

»Ich spreche von der Pistole mit den Fingerabdrücken des Angeklagten, die neben der Leiche seiner bedauernswerten Gemahlin, Mrs Valerie Richards, gefunden wurde. Die Anklage geht davon aus, dass der Angeklagte, nachdem er angeblich seine Frau getötet hatte, voller Panik aus dem Haus rannte und die Handfeuerwaffe mitten im Zimmer liegen ließ.« Sir Toby schwang zu den Geschworenen herum. »Auf der Grundlage dieses einzigen dürftigen Indizes – und ich werde Ihnen noch zeigen, *wie* dürftig es ist –, sollen Sie, meine Damen und Herren Geschworenen, einen Mann des Mordes für schuldig befinden und ihn für den Rest seines Lebens hinter Gitter bringen.« Er legte eine Pause ein, um den Geschworenen Zeit zu geben, sich der Bedeutung dieser Worte klar zu werden.

»Nun komme ich wieder zu Ihnen, Professor Bamford, und möchte Ihnen – als brillantem Sachverständigen auf Ihrem Fachgebiet, um Mylords Charakterisierung Ihres Status zu benutzen – eine Reihe von Fragen stellen.«

Harry erkannte, dass das Vorgeplänkel vorüber war.

»Lassen Sie mich mit der Frage beginnen, Professor, ob es Ihrer Erfahrung nach wahrscheinlich ist, dass ein Mörder, nachdem er sein Opfer erschossen hat, die Mordwaffe am Tatort zurücklässt?«

»Nein, Sir Toby, das ist äußerst unwahrscheinlich«, antwortete Harry. »In neun von zehn Fällen, in denen eine Handfeuerwaffe benutzt wurde, konnte sie nicht gefunden werden, weil der Mörder sich ihrer geschickt entledigte.«

»Richtig«, bestätigte Sir Toby. »Und in dem einen von zehn Fällen, in dem die Waffe entdeckt wird – ist es da üblich, dass diese Mordwaffe über und über mit Fingerabdrücken bedeckt ist?«

»Das kommt praktisch nie vor«, erwiderte Harry. »Es sei denn, der Mörder ist ein völliger Dummkopf oder wird in flagranti ertappt.«

»Der Angeklagte mag vieles sein«, erklärte Sir Toby, »aber ganz gewiss kein Dummkopf. Genau wie Sie besuchte er ein Gymnasium, und er wurde nicht am Tatort verhaftet, sondern im Haus eines Freundes, am anderen Ende der Stadt.« Sir Toby fügte nicht hinzu, worauf der Staatsanwalt in seiner einleitenden Erklärung mehrmals hingewiesen hatte: dass der Angeklagte im Bett seiner Geliebten vorgefunden worden war, die ihm, wie sich herausstellte, als Einzige ein Alibi verschaffen konnte.

»Jetzt möchte ich zu der Waffe kommen, Professor, einer Smith & Wesson K4217B.«

»Um genau zu sein, handelt es sich eine K4127B«, verbesserte Harry seinen alten Freund.

»Ihre Sachkenntnis versetzt mich immer wieder in Erstaunen.« Toby war erfreut über die Wirkung, die sein kleiner Fehler auf die Geschworenen hatte. »Doch kehren wir zu der Pistole zurück. Das Polizeilabor fand die Fingerabdrücke des Mordopfers auf der Waffe?«

»So ist es, Sir Toby.«

»Und können Sie, als Sachverständiger, irgendwelche Schlüsse daraus ziehen?«

»Ja. Die Fingerabdrücke von Mrs Richards befanden sich unverkennbar am Abzug und Schaft der Pistole, was zu der Annahme führt, dass sie die Waffe als Letzte in der Hand gehalten hat. Tatsächlich lässt es darauf schließen, dass sie auf den Abzug gedrückt hat.«

»Ich verstehe«, sagte Sir Toby. »Aber könnte es nicht sein, dass der Mörder Mrs Richards die Waffe in die Hand drückte, um die Polizei irrezuführen?«

»Ich würde diese Theorie in Betracht ziehen, hätte die Polizei nicht auch Mr Richards' Abdrücke auf dem Abzug gefunden.«

»Ich fürchte, ich verstehe nicht recht, was Sie damit sagen wollen, Professor«, behauptete Sir Toby, der es ganz genau wusste.

»In fast jedem Fall, mit dem ich vertraut bin, hat der Mörder zuerst seine eigenen Fingerabdrücke abgewischt, ehe er die Mordwaffe dem Opfer in die Hand drückte.«

»Ich verstehe. Aber verbessern Sie mich, falls ich mich täusche«, sagte Sir Toby. »Die Pistole wurde nicht in der Hand des Opfers gefunden, sondern zwei Meter siebzig von der Leiche entfernt, wo der Mörder, wie der Ankläger behauptet, sie fallen ließ, als er panikartig aus seinem ehelichen Zuhause floh. Lassen Sie mich deshalb fragen, Professor Bamford: Wenn sich ein Selbstmörder eine Pistole an die Schläfe hält und auf den Abzug drückt, wo würden Sie dann erwarten, dass die Pistole anschließend zu liegen kommt?«

»Zwei bis drei Meter von seiner Leiche entfernt«, antwortete Harry. »Es ist ein weit verbreiteter Irrtum, dass die Opfer nach erfolgtem Suizid die Waffe in der Hand behalten, wie es häufig in schlecht recherchierten Filmen und Fernsehsendungen zu sehen ist. Bei Selbstmord löst sich die Waffe durch die Heftigkeit des Schusses aus der Hand des Opfers und schnellt gute zwei Meter durch die Luft. In den dreißig Jahren, in denen ich mich mit Freitod durch Erschießen beschäftigt habe, kam mir nicht ein einziger Fall unter, in dem eine Schusswaffe in der Hand des Opfers verblieb.«

»Nach Ihrer Meinung als Sachverständiger, Professor, deuten Mrs Richards' Fingerabdrücke und die Lage der Waffe demnach eher auf Selbstmord als auf Mord hin.«

»So ist es, Sir Toby.«

»Eine letzte Frage noch, Professor«, sagte der Verteidiger und zupfte an seinen Revers. »Wenn Sie bisher in Fällen wie diesem als Zeuge der Verteidigung ausgesagt haben, welcher Prozentsatz der Geschworenen stimmte dann für nicht schuldig?«

»Mathematik war nie meine starke Seite, Sir Toby, aber einundzwanzig von vierundzwanzig Fällen endeten mit einem Freispruch.«

Sir Toby wandte sich bedächtig zuerst den Geschworenen und dann dem Richter zu. »Einundzwanzig von vierundzwanzig Fällen«, sagte er, »endeten also mit einem Freispruch, nachdem Professor Bamford seine Aussage als Sachverständiger gemacht hatte. Ich glaube, das sind etwa fünfundachtzig Prozent, Mylord. Keine weiteren Fragen.«

Toby holte Harry auf der Treppe im Gericht ein. Er klopfte seinem alten Freund auf die Schulter. »Du hast dich wieder mal selbst übertroffen, Harry. Es wundert mich nicht, dass das Gericht es sich nach deinen Ausführungen noch einmal überlegt hat – ich habe dich nie in besserer Form gesehen. Aber jetzt muss ich mich beeilen. Morgen beginnt für mich ein neuer Prozess im Bailey. Wir sehen uns am Samstag um zehn Uhr am ersten Loch. Das heißt, wenn Valerie es gestattet.«

»Du wirst mich schon viel früher sehen«, murmelte der Professor, als Sir Toby in einem Taxi Platz nahm.

Sir Toby warf einen Blick auf seine Notizen, während er auf seinen ersten Zeugen wartete. Der Fall machte ihm ziemlich zu schaffen. Der Ankläger hatte eine Menge Beweise gegen seinen Mandanten vorgebracht, die er nicht widerlegen konnte. Nicht gerade mit Begeisterung sah er dem Kreuzverhör einer Reihe von Zeugen entgegen, die diese Beweise zweifellos bekräftigen würden.

Der Vorsitzende bei diesem Prozess, Richter Fairborough, nickte dem Ankläger zu. »Rufen Sie Ihren ersten Zeugen auf, Mr Lennox.«

Desmond Lennox erhob sich bedächtig von seinem Platz. »Jawohl, Mylord. Ich rufe Professor Harold Bamford in den Zeugenstand.«

Überrascht blickte Sir Toby von seinen Notizen auf und sah seinen alten Freund selbstsicher zum Zeugenstand schreiten. Die Londoner Geschworenen blickten ein wenig spöttisch auf den Mann aus Leeds.

Sir Toby musste zugeben, dass Mr Lennox seinen Sachverständigen sehr geschickt vorstellte – ohne auch nur ein einziges Mal auf Leeds hinzuweisen. Danach stellte der Ankläger Harry eine Reihe von Fragen, die Sir Tobys Mandanten als eine Mischung aus Jack the Ripper und Dr. Crippen erscheinen ließen.

Schließlich sagte Mr Lennox: »Keine weiteren Fragen, Mylord«, und nahm mit selbstzufriedener Miene Platz.

Richter Fairborough blickte zu Sir Toby hinunter. »Möchten Sie diesen Zeugen befragen?«

»Das möchte ich allerdings, Mylord«, entgegnete Toby und stand auf. »Professor Bamford«, begann er, als hätten sie noch nie zuvor miteinander zu tun gehabt, »ehe ich zum vorliegenden Fall komme, muss ich fairerweise sagen, dass mein geschätzter Kollege, Mr Lennox, sein Bestes tat, Ihre Befähigung als Sachverständiger darzulegen. Sie werden mir nachsehen müssen, dass ich darauf zurückkomme, um die ein oder andere Einzelheit klarzustellen, die mich ein wenig verwundert.«

»Gewiss, Sir Toby«, antwortete Harry.

»Sie erwarben Ihren ersten akademischen Grad an der ... o ja, Universität Leeds. In welchem Fach?«

»Geographie«, erwiderte Harry.

»Wie interessant. Ich hätte nicht gedacht, dass dies zur Vorbereitung für jemanden gehört, der Sachverständiger für Handfeuerwaffen wird. Aber«, fuhr er fort, »gestatten Sie mir, auf Ihren Titel als Dr. phil. hinzuweisen, den Sie von einer amerikanischen Universität bekamen. Darf ich fragen, ob er von englischen Hochschulen anerkannt wird?«

»Nein, Sir Toby, aber ...«

»Bitte beschränken Sie sich darauf, die Fragen zu beantworten, Professor Bamford. Wird dieser akademische Titel beispielsweise von der Universität Oxford anerkannt?«

»Nein, Sir Toby.«

»Ich verstehe. Und wie Mr Lennox betonte, kann die Entscheidung in diesem Fall sich durchaus auf Ihre Anerkennung als Sachverständiger stützen.«

Richter Fairborough blickte stirnrunzelnd zum Verteidiger hinunter. »Es liegt an den Geschworenen, die Entscheidung auf der Grundlage der ihnen vorgetragenen Tatsachen zu treffen, Sir Toby.«

»Gewiss, Mylord. Ich möchte nur feststellen, inwieweit die Damen und Herren Geschworenen sich nach der Aussage des Sachverständigen der Krone richten können.«

Wieder runzelte der Richter die Stirn.

»Aber wenn Ihr der Ansicht seid, Mylord, dass ich das bereits dargelegt habe, werde ich fortfahren.« Sir Toby wandte sich wieder seinem alten Freund zu.

»Nun, Professor Bamford, Sie erklärten den Damen und Herren Geschworenen – als Sachverständiger –, dass Selbstmord in diesem Fall auszuschließen ist, weil die Waffe in der Hand des Opfers vorgefunden wurde.«

»Das stimmt, Sir Toby. Es ist ein weitverbreiteter Irrtum – wie er häufig in schlecht recherchierten Filmen und Fernsehsendungen begangen wird –, die Opfer nach erfolgtem Suizid mit der Waffe in der Hand zu zeigen.«

»Ja, ja, Professor Bamford. Wir erfuhren bereits von Ihrer Kenntnis banaler Fernseh-Seifenopern, als mein geschätzter Kollege Sie befragt hat. Immerhin, auf *dem* Gebiet sind Sie Sachverständiger. Aber ich sollte jetzt wohl wieder zum Fall zurückkehren. Ich kann doch davon ausgehen, Professor Bamford, dass Sie nicht behaupten wollen, die Angeklagte hätte ihrem Gatten die Pistole in die Hand gedrückt? Denn wenn Sie das behaupten würden, Professor Bamford, wären Sie nicht Sachverständiger, sondern Hellseher.«

»Eine solche Andeutung habe ich nicht gemacht, Sir Toby.«

»Ich freue mich, in dieser Hinsicht Ihre Unterstützung zu haben. Sagen Sie mal, Professor Bamford, sind Sie während Ihrer Laufbahn als Sachverständiger je auf einen Fall gestoßen, in dem der Mörder seinem Opfer die Waffe in die Hand drückte, um einen Selbstmord vorzutäuschen?«

Harry zögerte einen Augenblick.

»Lassen Sie sich Zeit, Professor Bamford. Der Rest des Lebens einer Frau könnte von Ihrer Antwort abhängen.«

»Ich bin auf Fälle dieser Art gestoßen ...« Wieder zögerte er. »Und zwar dreimal.«

»Dreimal?«, wiederholte Sir Toby und bemühte sich, möglichst überrascht dreinzuschauen, obwohl er an allen drei Prozessen beteiligt gewesen war.

»Ja, Sir Toby«, sagte Harry.

»Und haben die Damen und Herren Geschworenen in diesen drei Fällen für nicht schuldig entschieden?«

»In zwei Fällen.«

»Was war mit dem dritten Fall?«, erkundigte sich Sir Toby.

»Der Mann wurde des Mordes für schuldig befunden.«

»Und verurteilt ...?«, fragte Sir Toby.

»Zu lebenslänglicher Haft.«

»Ich würde gern ein wenig mehr über diesen Fall erfahren, Professor Bamford.«

»Führt das irgendwohin, Sir Toby?«, warf Richter Fairborough ein und blickte den Verteidiger finster an.

»Das werden wir gleich erfahren, Mylord«, antwortete Sir Toby und wandte sich den Geschworenen zu, deren

Blicke nun alle auf dem Sachverständigen hafteten. »Ich ersuche Professor Bamford, das Hohe Gericht über Einzelheiten dieses Falles zu unterrichten.«

»In diesem Fall der Krone gegen Reynolds«, erläuterte Harry, »hat Mr Reynolds elf Jahre seiner Strafe abgesessen, ehe durch neue Beweise herausgefunden wurde, dass er die Tat gar nicht begangen haben konnte. Er wurde später begnadigt.«

»Ich hoffe, Sie verzeihen mir die nächste Frage, Professor Bamford, aber der Ruf einer Frau, von ihrer Freiheit ganz zu schweigen, steht bei diesem Prozess auf dem Spiel.« Er machte eine Pause und blickte seinen alten Freund durchdringend an. »Sind Sie in dem erwähnten Fall als Zeuge der Anklage aufgetreten?«

»Ja, Sir Toby.«

»Als Sachverständiger der Krone?«

Harry nickte. »Ja, Sir Toby.«

»Und ein Unschuldiger wurde für ein Verbrechen verurteilt, das er nicht begangen hatte, und saß deshalb elf Jahre im Gefängnis?«

Wieder nickte Harry. »Ja, Sir Toby.«

»Kein ›Aber‹ in diesem besonderen Fall?«, fragte Sir Toby. Er wartete auf eine Antwort, doch Harry schwieg. Er wusste, dass er im vorliegenden Fall als Sachverständiger nicht mehr vollkommen glaubwürdig war.

»Eine letzte Frage noch, Professor Bamford. Sind die Geschworenen in den beiden anderen Fällen auf der Grundlage Ihrer Interpretation der Beweislage zu einem einstimmigen Urteil gekommen?«

»Ja, Sir Toby.«

»Wie Sie wissen, Professor Bamford, hat die Krone hervorgehoben, dass Ihr Sachverständigenurteil in bisherigen ähnlichen Fällen von größter Bedeutung gewesen ist. Um Mr Lennox zu zitieren: ›Ausschlaggebend, den Fall der Krone zu beweisen.‹ Doch nun müssen wir erfahren, dass Sie in den drei Fällen, in denen eine Waffe in der Hand des Opfers gefunden wurde, als Sachverständiger des Gerichts eine Fehlerquote von dreiunddreißig Prozent hatten.«

Harry antwortete nicht, wie Sir Toby es erwartet hatte.

»Und als Folge verbrachte ein Unschuldiger elf Jahre hinter Gittern.« Sir Toby wandte seine Aufmerksamkeit den Geschworenen zu und sagte gerade noch verständlich: »Hoffen wir, Professor Bamford, dass angesichts der Meinung eines Sachverständigen, der in dreiunddreißig Prozent der Fälle zu wenig Sachverstand beweist, keine Unschuldige den Rest ihres Lebens im Gefängnis schmachten muss.«

Mr Lennox sprang auf, um sich diese Behandlung seines Zeugen zu verbieten, und Richter Fairborough hob tadelnd den Finger. »Das war eine unzulässige Bemerkung, Sir Toby«, wies er ihn zurecht.

Doch Sir Tobys Blicke wichen nicht von den Geschworenen, die nicht mehr am Mund des Sachverständigen hingen, sondern nun miteinander flüsterten.

Bedächtig nahm Sir Toby seinen Platz wieder ein. »Keine weiteren Fragen, Mylord.«

»Verdammt guter Schlag«, lobte Toby, als Harrys Ball in der Mulde des achtzehnten Lochs verschwand. »Ich fürchte, der Lunch geht wieder auf mich.«

»Ist dir klar, dass ich dich seit Wochen nicht mehr geschlagen habe, Harry?«

»Oh, das würde ich nicht sagen, Toby«, entgegnete sein Golfpartner, während sie zum Clubhaus zurückkehrten. »Wie würdest du es nennen, was du am Donnerstag vor Gericht mit mir angestellt hast?«

»Ja, dafür muss ich mich entschuldigen, alter Junge. Aber du weißt ja, dass es nicht persönlich gemeint war. Ich muss schon sagen, es war verdammt unüberlegt von Lennox, dich als Sachverständigen zu berufen.«

»Das stimmt.« Harry nickte. »Dabei habe ich ihn darauf aufmerksam gemacht, dass keiner mich besser kennt als du, aber Lennox interessierte es nicht, was oben in Leeds geschehen ist.«

»Es hätte mir nicht so viel ausgemacht«, gestand Toby, als er sich zum Lunch setzte, »wenn nicht ...«

»Wenn nicht was ...?«, wiederholte Harry fragend.

»Bei dem Fall in Leeds und dem im Baily – wie die Geschworenen in beiden Fällen hätten erkennen müssen – meine Mandanten so schuldig waren, wie man nur sein kann.«

DAS ENDSPIEL

Vor seinem nächsten Zug zögerte Cornelius Barrington und studierte das Brett mit größter Aufmerksamkeit. Das Spiel dauerte bereits mehr als zwei Stunden, und Cornelius war zuversichtlich, dass er bis zum Matt nur noch sieben Züge benötigte. Dessen war sein Gegner sich höchstwahrscheinlich ebenfalls bewusst.

Cornelius blickte auf und lächelte Frank Vintcent zu, der sein ältester Freund war und sich im Lauf der Jahre als Familienanwalt als sein bester Berater erwiesen hatte. Die beiden Herren hatten viel gemein: ihr Alter (beide waren über sechzig), ihren Background (beide waren mittelmäßige Söhne erfolgreicher Väter) und ihre Ausbildung (beide waren zur selben Schule und auf dieselbe Universität gegangen). Aber dort endeten die Gemeinsamkeiten, denn Cornelius war von Natur aus ein Unternehmer, der Risiken nicht scheute und in Südafrika und Brasilien ein Vermögen im Bergbau gemacht hatte. Frank war von Beruf Anwalt, vorsichtig, pedantisch, bedächtig bei seinen Entscheidungen.

Cornelius und Frank unterschieden sich auch in ihrem Äußeren. Cornelius war von großer, kräftiger Statur und hatte volles, silbergraues Haar, um das ihn viele seiner oft nur halb so alten Freunde und Bekannten beneideten. Frank war schmächtig, mittelgroß und kahl, von einem Kranz dünner grauer Haare abgesehen.

Cornelius war nach vierzig Jahren glücklicher Ehe verwitwet. Frank war überzeugter Junggeselle.

Zu den Dingen, die ihre enge Freundschaft erhalten hatten, gehörte ihre unerschütterliche Liebe zum Schach. Frank besuchte Cornelius jeden Donnerstagabend in dessen Haus, The Willows, um eine Partie zu spielen, die manchmal mit einem Remis, viel öfter jedoch mit einem Patt endete.

Die Abende begannen gewöhnlich mit einem leichten Supper, zu dem sie sich nur je ein Glas Wein einschenkten, denn beide nahmen das Schachspielen sehr ernst. Nach dem Spiel setzten sie sich ins Wohnzimmer und gönnten sich einen Cognac und eine Zigarre. Heute jedoch wollte Cornelius von diesem gewohnten Ablauf abweichen.

»Glückwunsch.« Frank blickte vom Brett auf. »Ich glaube, diesmal hast du mich geschlagen. Ich fürchte, da ist nichts mehr zu machen.« Er lächelte, legte den König aufs Brett, erhob sich und schüttelte seinem engsten Freund die Hand.

»Gehen wir ins Wohnzimmer, und gönnen wir uns einen Cognac und eine Zigarre«, schlug Cornelius vor, als würden sie das nicht ohnehin an jedem Schachabend tun.

»Danke, gern«, erwiderte Frank, als sie das Arbeitszimmer verließen.

Als Cornelius am Bild seines Sohnes David vorbeiging, setzte sein Herz einen Schlag aus; daran hatte sich in den vergangenen dreiundzwanzig Jahren nichts geändert. Wenn sein einziges Kind am Leben geblieben wäre, hätte er die Firma nie verkauft.

Beim Betreten des geräumigen Wohnzimmers begrüßte sie ein prasselndes Feuer im Kamin, für das Cornelius' Haushälterin Pauline gesorgt hatte, nachdem sie den Tisch abgeräumt und das Geschirr gespült hatte. Pauline legte ebenfalls großen Wert auf ein geregeltes Dasein; deshalb würde auch ihr geordnetes Leben bald heftig erschüttert werden.

»Ich hätte dich schon ein paar Züge früher erledigt«, sagte Cornelius, »aber du hast mich überrascht, als du meinen Damen-Springer geschlagen hast. Das hätte ich eigentlich vorhersehen müssen«, fügte er hinzu, während sie zum Sideboard gingen. Zwei große Cognacschwenker und zwei Monte-Cristo-Zigarren warteten auf einem Silbertablett auf sie. Cornelius griff nach der Zigarrenschere. Er reichte sie seinem Freund, zündete ein Streichholz an, beugte sich hinüber und beobachtete, wie Frank paffte, bis er überzeugt war, dass seine Zigarre brannte. Dann zündete auch er sich die Monte-Cristo an und machte es sich in seinem Lieblingssessel am Feuer bequem.

Frank hob sein Glas. »Gut gespielt, Cornelius.« Er verbeugte sich knapp, obgleich er über die Jahre hinweg einen Vorsprung vor Cornelius hatte.

Cornelius gestattete Frank ein paar weitere Züge, ehe er ihn in seinen schockierenden Plan einweihen wollte. Es bestand kein Grund zur Eile; schließlich hatte er diesen Augenblick seit Wochen vorbereitet. Er hatte sich seinem ältesten Freund nur nicht anvertrauen wollen, ehe alles genauestens durchdacht war.

Entspannt in der Gesellschaft des Anderen schwiegen beide eine Zeit lang. Schließlich setzte Cornelius seinen Cognacschwenker auf einem Beistelltischchen ab und begann: »Frank, wir sind seit über fünfzig Jahren Freunde. Genauso wichtig ist für mich, dass du dich als unersetzlicher Rechtsberater und sehr geschickter Anwalt erwiesen hast. Seit Millicents viel zu frühem Ableben gibt es niemanden mehr, auf den ich mich so verlassen würde.«

Frank sog an der Zigarre, ohne seinen Freund zu unterbrechen. Cornelius' Gesichtsausdruck entnahm er, dass dieses Kompliment nicht viel mehr war als ein Gambit, und vermutlich würde er eine Weile warten müssen, ehe Cornelius den nächsten Zug offenbarte.

»Als ich vor dreißig Jahren die Firma gründete, hast du den ganzen Papierkram übernommen. Von da an habe ich keinerlei rechtsverbindliche Schriftstücke unterzeichnet, die du nicht vorher unter die Lupe genommen hast – was zweifellos in hohem Maße zu meinem Erfolg beitrug.«

»Es ist sehr großherzig von dir, dass du das sagst«, entgegnete Frank, bevor er einen weiteren Schluck Cognac nahm, »aber Tatsache ist, dass es immer dein Ideenreichtum und dein Unternehmungsgeist waren, die für das Wachstum der Firma sorgten – eine Begabung, mit der die Götter mich leider nicht beglückt haben. Immerhin hat es mir die Wahl erspart, etwas anderes werden zu wollen als Anwalt.«

»Du hast deinen Beitrag zum Erfolg der Firma stets unterschätzt, Frank, aber ich bin mir deines Wertes in all diesen Jahren durchaus bewusst.«

»Was führst du im Schilde?«, fragte Frank mit einem Lächeln.

»Geduld, mein Freund«, antwortete Cornelius. »Ich muss noch ein paar Züge machen, bevor ich meine Strategie offenbaren möchte.« Er lehnte sich zurück und sog gedankenvoll an seiner Zigarre. »Als ich die Firma vor vier Jahren verkaufte, wollte ich zum ersten Mal seit vielen Jahren ein wenig kürzer treten, wie du weißt. Ich hatte Millie eine lange Reise nach Indien und in den Fernen Osten versprochen ...« Er machte eine Pause. »Aber dazu ist es leider nicht mehr gekommen.«

Frank nickte verständnisvoll.

»Ihr Tod hat mich daran gemahnt, dass auch ich sterblich bin und vielleicht nicht mehr lange zu leben habe.«

»Nein, nein, mein Freund«, widersprach Frank. »Du hast noch viele Jahre vor dir.«

»Da magst du Recht haben.« Cornelius nickte. »Aber seltsamerweise hast gerade du mich dazu gebracht, mir ernste Gedanken über die Zukunft zu machen ...«

»Ich?« Frank blickte ihn verwundert an.

»Ja. Erinnerst du dich nicht? Vor ein paar Wochen hast du in diesem Sessel hier gesessen und gemeint, dass es an der Zeit wäre, mein Testament zu ändern.«

»Ja, schon. Aber doch nur, weil du fast alles Millie vermacht hattest.«

»Das ist mir klar. Nun, es hat mir jedenfalls den nötigen Anstoß gegeben. Weißt du, ich stehe immer noch jeden Morgen um sechs Uhr auf, aber da ich kein Büro mehr habe, in das ich gehen muss, verbringe ich zu viele Stunden mit quälenden Grübeleien, wie ich mein Vermögen aufteilen könnte, nun, da Millie nicht mehr die Haupterbin sein kann.«

Cornelius nahm einen weiteren langen Zug an seiner Zigarre, ehe er fortfuhr: »Seit ungefähr einem Monat habe ich mir Gedanken über die Menschen um mich herum gemacht – meine Verwandten, Freunde, Bekannten und ehemaligen Angestellten –, und ich habe mich gefragt, wie sie sich mir gegenüber verhalten haben. Das führte mich zu der Frage, wer von ihnen mir die gleiche Verehrung, Aufmerksamkeit und Loyalität zukommen ließe, wäre ich *kein* vielfacher Millionär, sondern ein mittelloser alter Mann.«

Frank lachte. »Hast du auch mich gewogen? Und für zu leicht befunden?«

»Nein, nein, mein lieber Freund«, rief Cornelius rasch. »Wenn ich bei dir auch nur die leisesten Zweifel hätte, würde ich dich nicht ins Vertrauen ziehen.«

»Aber sind solche Überlegungen nicht ein wenig unfair deiner Familie gegenüber, ganz zu schweigen von ...«

»Vielleicht, aber ich will nichts dem Zufall überlassen. Deshalb habe ich beschlossen, die Wahrheit selbst zu ergründen, denn alles andere wäre unbefriedigend.« Wieder machte Cornelius eine Pause und paffte an seiner Zigarre, ehe er fortfuhr: »Ich brauche deine Mithilfe, um meinen Plan in die Tat umzusetzen. Aber lass mir dir zuerst nachschenken.« Cornelius erhob sich, griff nach dem leeren Cognacschwenker seines Freundes und ging zum Sideboard.

»Wie ich schon sagte«, Cornelius reichte Frank das neu gefüllte Glas, »habe ich mir in letzter Zeit Gedanken gemacht, wie meine Mitmenschen sich verhalten würden, wenn ich ein armer Teufel wäre. Und nach reiflicher Überlegung bin ich zu dem Schluss gekommen, dass es nur eine Möglichkeit gibt, das herauszufinden.«

Frank nahm einen tiefen Schluck, ehe er fragte: »Was hast du vor? Einen vorgetäuschten Selbstmord?«

»Nichts so Dramatisches«, antwortete Cornelius. »Aber fast, denn ...« Wieder legte er eine Pause ein. »Ich beabsichtige, Bankrott zu machen.« Er starrte durch den Rauch und hoffte, die Reaktion seines Freundes zu erkennen. Doch wie so oft blieb die Miene des alten Anwalts undeutbar, zumal er erkannte, dass sein Freund zwar einen überraschenden Zug gemacht hatte, aber das Spiel noch lange nicht zu Ende war.

»Und wie willst du diese Sache durchziehen?«

»Ich möchte, dass du morgen Vormittag den fünf Personen schreibst, die das größte Anrecht auf mein Vermögen haben: meinem Bruder Hugh, seiner Frau Elizabeth, ihrem Sohn Timothy, meiner Schwester Margaret und meiner Haushälterin Pauline.«

»Und was soll ich schreiben?« Frank bemühte sich, nicht zu skeptisch zu erscheinen.

»Erklär ihnen, dass ich mich aufgrund einer überstürzten Investition nach dem Tod meiner Frau einer hohen Schuldenlast gegenübersehe. Dass ich ohne ihre Hilfe wahrscheinlich Konkurs anmelden muss.«

»Aber ...«, protestierte Frank.

Cornelius hob eine Hand. »Lass mich zu Ende reden«, bat er, »denn dir fällt die entscheidende Rolle in diesem Spiel zu. Sobald du sie überzeugt hast, dass sie keinerlei finanzielle Unterstützung von mir erwarten können, werde ich die zweite Phase meines Plans in die Tat umsetzen. Dabei dürfte sich herausstellen, ob sie sich etwas aus *mir* machen oder nur aus den Reichtümern, die sie sich von mir erhoffen.«

»Jetzt bin ich aber gespannt«, gestand Frank.

Cornelius blickte in sein fast leeres Glas.

»Wie du weißt, hat jede der fünf genannten Personen mich vor einiger Zeit um ein Darlehen gebeten. Ich habe mir keine Schuldscheine dafür geben lassen, sondern die Rückzahlung der Beträge als Ehrensache betrachtet. Diese Darlehen bewegen sich zwischen 100.000 Pfund für meinen Bruder Hugh, damit er den gepachteten Laden kaufen konnte – der, wie ich hörte, recht gut geht –, bis hinunter zu 500 Pfund als Anzahlung für einen Gebrauchtwagen, den meine Haushälterin Pauline erworben hat. Sogar der junge Timothy brauchte 1000 Pfund, um einen Kredit an die Universität zurückzahlen zu können. Er scheint in seinem Beruf recht gut voranzukommen; es dürfte also nicht zu viel verlangt sein, ihn und die anderen zu bitten, das Geld zurückzugeben.«

»Und der zweite Test?«, wollte Frank wissen.

»Seit Millies Tod hat jeder von ihnen mir bestimmte Gefälligkeiten erwiesen, die sie gern getan haben und die ihnen keine Mühe bereiteten – behaupten sie jedenfalls. Ich möchte herausfinden, ob sie bereit sind, sich diese Mühe auch für einen *mittellosen* alten Mann zu machen.«

»Aber wie willst du das mit Sicherheit feststellen?«, gab Frank zu bedenken.

»Es dürfte im Lauf der nächsten Wochen von selbst offensichtlich werden. Außerdem habe ich noch einen dritten Test, der keinen Zweifel mehr lassen wird, da bin ich mir sicher.«

Frank blickte zu seinem Freund hinüber. »Es hat wohl keinen Sinn zu versuchen, dir diese verrückte Idee auszureden?«

»Nein«, antwortete Cornelius ohne zu zögern. »Ich bin fest entschlossen. Natürlich weiß ich, dass ich ohne deine tätige Hilfe den ersten Zug nicht machen kann, geschweige denn, das ganze Spiel bis zum Ende durchziehen.«

»Wenn du es wirklich willst, Cornelius, werde ich deine Anweisungen wunschgemäß ausführen, wie ich es immer getan habe. Doch in diesem besonderen Fall stelle ich eine Bedingung.«

»Und die wäre?«, fragte Cornelius.

»Ich werde kein Honorar nehmen, damit ich ehrlichen Gewissens antworten kann, dass ich von diesem verrückten Vorhaben nicht profitiert habe, falls jemand mich fragt.«

»Aber ...«

»Kein Aber, alter Freund. Ich habe mit meinen Aktien einen ordentlichen Gewinn gemacht, als du das Unternehmen verkauft hast. Betrachte es als kleinen Versuch, dir zu danken.«

Cornelius lächelte. »Im Gegenteil, ich muss dir dankbar sein, und ich bin mir auch deiner unschätzbaren Hilfe bewusst, wie stets in all den Jahren. Du bist mir wirklich ein guter Freund, und du kannst mir glauben, wenn ich sage, dass ich *dir* alles vermachen würde, wärst du nicht Junggeselle und wüsste ich nicht, dass du deine Lebensweise niemals auch nur einen Deut ändern würdest.«

»Da hast du völlig Recht.« Frank grinste. »Würdest du mir dein Hab und Gut vermachen, müsste ich meine zukünftigen Hinterbliebenen einer ebensolchen Prüfung unterziehen wie du.« Nach kurzer Pause fragte er: »Also, was ist dein erster Zug?«

Cornelius erhob sich aus dem Sessel. »Ich möchte, dass du morgen fünf Schreiben abschickst, in denen du die Betroffenen informierst, dass ich vor dem Konkurs stehe und um die möglichst umgehende Rückzahlung der Außenstände bitten muss.«

Frank kritzelte bereits in dem kleinen Notizbuch, das er stets bei sich trug. Zwanzig Minuten später, nachdem er Cornelius' letzten Punkt für den Tag eingetragen hatte, steckte er das Notizbuch ein, leerte seinen Schwenker und drückte die Zigarre aus.

Als Cornelius ihn schließlich zur Haustür begleitete, fragte Frank: »Verrätst du mir jetzt, was der dritte Test ist, von dem du so überzeugt bist, dass er ausschlaggebend sein wird?«

Der alte Anwalt hörte aufmerksam zu, während Cornelius ihm mit wenigen Worten seinen genialen Plan erklärte. Frank war überzeugt, dass den Opfern gar nichts anderes übrig blieb, als Farbe zu bekennen.

Am Samstagmorgen erhielt Cornelius den ersten Anruf von seinem Bruder Hugh, der gleich nach Erhalt des Schreibens zum Telefon gegriffen haben musste. Cornelius hatte das sichere Gefühl, dass jemand mithörte.

»Ich habe soeben einen Brief von deinem Anwalt bekommen«, begann Hugh. »Ich kann es einfach nicht glauben. Bitte sag mir, dass das Ganze ein Irrtum ist.«

»Ich fürchte, es ist keiner«, entgegnete Cornelius. »Ich wünschte, es wäre so.«

»Aber du warst doch sonst immer so geschäftstüchtig! Wie konnte ausgerechnet dir das passieren?«

»Auch ich werde nicht jünger«, erwiderte Cornelius. »Ein paar Wochen nach Millies Tod hat man mich überredet, eine große Summe in eine Firma zu investieren, die darauf spezialisiert war, die Russen mit Fördermaschinen zu beliefern. Wir haben alle von den unerschöpflichen Erdölvorkommen der Russen gelesen, und dass man nur herankommen müsse. Deshalb war ich überzeugt, dass meine Investition eine ordentliche Rendite bringt. Doch letzten Freitag habe ich erfahren, dass die Firma pleite ist.«

»Aber du hast doch sicher nicht *alles* in diese eine Firma gesteckt?«, fragte Hugh, noch ungläubiger als zuvor.

»Ursprünglich natürlich nicht«, antwortete Cornelius. »Aber ich fürchte, ich ließ mich jedes Mal aufs Neue überreden, wenn sie wieder mal Kapital brauchten. Schließlich musste ich immer mehr hineinstecken, weil es mir die einzige Möglichkeit schien, meine ursprüngliche Investition zurückzubekommen.«

»Hat diese Firma denn kein Anlagevermögen, das du rechtlich beanspruchen kannst? Was ist mit all den Maschinen?«

»Sie verrosten irgendwo in der Tunguska, und wir haben noch keinen Milliliter Öl gesehen.«

»Warum hast du dich nicht aus diesem Geschäft zurückgezogen, als die Verluste sich noch in Grenzen hielten?«, fragte Hugh.

»Aus Stolz, nehme ich an. Ich wollte nicht einmal mir selbst gegenüber zugeben, dass ich aufs falsche Pferd gesetzt habe. Außerdem glaubte ich insgeheim, dass meine Investition schließlich doch noch einigen Gewinn abwerfen würde.«

»Aber diese Leute müssen doch irgendeine Entschädigung bieten«, sagte Hugh verzweifelt.

»Keinen Penny«, entgegnete Cornelius. »Ich kann es mir nicht einmal mehr leisten, hinzufliegen und ein paar Tage in Russland zu verbringen, um mir selbst ein Bild zu machen.«

»Wie viel Zeit hat man dir gegeben?«

»Der Konkurs wurde bereits angemeldet. Es hängt also alles davon ab, wie viel Geld ich so kurzfristig auftreiben kann.« Cornelius legte eine Pause ein. »Es tut mir Leid, dass ich dich daran erinnern muss, Hugh, aber du hast sicher nicht vergessen, dass ich dir vor längerer Zeit 100.000 Pfund geliehen habe. Deshalb hoffe ich ...«

»Aber du weißt doch, dass wir die gesamte Summe in den Laden gesteckt haben, und da das Geschäft noch nie so schlecht ging wie zurzeit, glaube ich nicht, dass ich momentan mehr als ein paar Tausender zusammenkratzen kann.«

Cornelius vermeinte im Hintergrund jemanden »auf keinen Fall mehr!«, wispern zu hören.

»Ich verstehe ja deine Lage«, versicherte ihm Cornelius, »aber ich wäre dir dankbar, wenn du alles versuchst, an das Geld zu kommen.« Wieder legte Cornelius eine Pause ein, »Natürlich musst du mit Elizabeth besprechen, wie viel genau ihr entbehren könnt, aber sobald du die genaue Summe weißt, wäre ich dir dankbar, wenn du den Scheck direkt an Frank Vintcents Büro schickst. Er kümmert sich um diese unangenehme Sache.«

»Die Anwälte halten immer die Hände auf, ob man gewinnt oder verliert.«

»Frank nimmt in diesem Fall kein Honorar, das möchte ich ausdrücklich betonen. Und da du gerade am Telefon bist, Hugh ... die Handwerker, die du mir wegen der Renovierung der Küche schicken willst, sollten Ende der Woche anfangen. Jetzt ist es wichtiger als zuvor, dass die Arbeiten möglichst schnell erledigt werden, denn ich werde das Haus verkaufen müssen, und mit einer neuen Küche kann ich mehr dafür verlangen. Du verstehst?«

»Ich will sehen, was ich tun kann«, entgegnete Hugh, »aber ich fürchte, das vorgesehene Team muss erst anderswo eingesetzt werden. Wir sind momentan ziemlich im Rückstand mit den Aufträgen.«

»Ach? Sagtest du nicht, dass es mit deinen Finanzen im Augenblick schlecht aussieht?« Cornelius hätte am liebsten laut aufgelacht.

»Ja, so ist es auch«, erwiderte Hugh ein wenig zu schnell. »Ich wollte damit nur sagen, dass wir, meine Leute und ich, Überstunden machen müssen, um uns über Wasser zu halten.«

»Ich verstehe«, murmelte Cornelius. »Aber ich bin sicher, du wirst alles tun, mir zu helfen, nachdem du jetzt meine Notlage kennst.« Er legte auf und grinste.

Sein nächstes Opfer rief er gar nicht erst an; es stand wenige Minuten später vor der Haustür und nahm den Finger nicht vom Klingelknopf, bis geöffnet wurde.

»Wo ist Pauline?«, war Margarets erste Frage, als ihr Bruder sie einließ. Cornelius blickte auf seine Schwester hinunter, die an diesem Morgen etwas zu viel Make-up aufgetragen hatte.

»Sie muss sich leider eine neue Stelle suchen.« Cornelius beugte sich hinunter, um Margaret einen Kuss auf die Wange zu hauchen. »Der Gerichtsvollzieher könnte sich Wunder was denken, wenn jemand, der seine Schulden nicht bezahlt, Hauspersonal hält. Es ist sehr fürsorglich von dir, Margaret, in meiner Situation so rasch zu mir zu kommen. Aber wenn du dir eine Tasse Tee erhofft hast, fürchte ich, dass du dich selbst darum bemühen musst.«

»Ich bin nicht auf eine Tasse Tee gekommen, Cornelius, das weißt du genau. Ich möchte wissen, wie du es fertig gebracht hast, dein ganzes Vermögen zu verschleudern.« Ehe Cornelius ihr mit seiner wohl vorbereiteten Rede antworten konnte, fügte Margaret hinzu: »Du wirst natürlich das Haus verkaufen müssen. Ich habe schon immer gesagt, dass es seit Millies Tod viel zu groß für dich ist. Du kannst dir ja eine Junggesellenwohnung in der Nähe nehmen.«

»Das liegt leider nicht mehr in meiner Macht.« Cornelius bemühte sich, hilflos zu klingen.

»Was soll das heißen?« Margaret drehte sich heftig zu ihm um.

»Dass das Haus einschließlich der Einrichtung bereits

vom Konkursverwalter mit Beschlag belegt wurde. Ich kann nur noch hoffen, dass es einen besseren Preis bringt, als die Maklerfirma schätzt.«

»Soll das heißen, dass dir überhaupt nichts geblieben ist?«

»Weniger als nichts.« Cornelius seufzte. »Und sobald The Willows versteigert ist, sitze ich auf der Straße und weiß nicht wohin.« Noch einmal seufzte er tief und bedeutungsschwer. »Ich werde also dein freundliches Angebot annehmen müssen, das du mir bei Millies Beerdigung gemacht hast, und zu dir ziehen.«

Seine Schwester wandte sich ab, sodass Cornelius ihren entsetzten Gesichtsausdruck nicht sehen konnte.

»Das geht zurzeit nicht«, sagte sie dann ohne weitere Erklärung. »Außerdem haben Hugh und Elizabeth viel mehr unbenutzte Zimmer in ihrem Haus.«

»Stimmt.« Cornelius hüstelte. »Und der Betrag, den ich dir vergangenes Jahr geliehen habe, Margaret – tut mir Leid, dass ich es zur Sprache bringen muss, aber ...«

»Das bisschen Geld, das ich besitze, ist sorgfältig angelegt, und mein Banker rät mir ab, jetzt irgendwelche meiner Aktien zu verkaufen.«

»Aber der monatliche Zuschuss, den du seit zwanzig Jahren von mir bekommen hast – davon hast du doch bestimmt etwas zur Seite gelegt?«

»Leider nicht«, antwortete Margaret. »Du musst verstehen, als deine Schwester hat man einen gehobenen Lebensstil von mir erwartet. Und jetzt, da ich mit diesem Zuschuss nicht mehr rechnen kann, muss ich noch sparsamer mit meinem geringen Einkommen umgehen.«

»Das wirst du ja wohl auch, meine Liebe. Doch es würde mir schon helfen, wenn du wenigstens eine kleinere Summe beisteuerst ...«

»Ich muss jetzt gehen.« Margaret blickte auf die Uhr.·
»Deinetwegen komme ich noch zu spät zum Friseur.«

»Nur noch eine Kleinigkeit. Du warst immer so nett,
mich in die Stadt zu fahren, wenn ich ...«

»Wie oft habe ich dir gesagt, Cornelius, du hättest den
Führerschein machen sollen. Schon vor Jahren! Dann
würdest du nicht immer erwarten, dass man dich Tag
und Nacht herumkutschiert. Aber ich will sehen, was
ich tun kann«, fügte sie hinzu, als er die Tür für sie öffnete.

»Seltsam, ich kann mich nicht erinnern, dass du das je
gesagt hast. Aber vielleicht steht es mit meinem Gedächtnis ja auch nicht mehr zum Besten.« Er folgte seiner Schwester auf die Einfahrt. Insgeheim grinsend fragte er scheinbar arglos: »Ein neues Auto, Margaret?«

»Ja«, antwortete sie kurz angebunden, als er die Tür
für sie öffnete. Er glaubte zu bemerkten, dass ihre Wangen sich leicht röteten. Amüsiert blickte er ihr nach, als
sie davonfuhr. Endlich lernte er seine liebe Familie richtig kennen.

Cornelius schlenderte ins Haus und kehrte in sein Arbeitszimmer zurück. Er schloss die Tür, griff nach dem
Telefon auf seinem Schreibtisch und wählte die Nummer von Franks Büro.

»Vintcent, Ellwood und Halfon«, antwortete eine sprö-
de Stimme.

»Ich möchte mit Mr Vintcent sprechen.«

»Dürfte ich Ihren Namen wissen?«

»Cornelius Barrington.«

»Ich muss nachsehen, ob er beschäftigt ist, Mr Barrington.«

Sehr gut, dachte Cornelius. Frank musste sogar seine
Empfangsdame überzeugt haben, dass die Gerüchte

stimmten, denn bisher hatte ihre Antwort stets gelautet: »Ich stelle Sie sofort durch, Sir.«

»Guten Morgen, Cornelius«, sagte Frank. »Ich habe gerade ein Gespräch mit deinem Bruder Hugh beendet. Das war bereits das zweite Mal, dass er heute Vormittag anrief.«

»Was wollte er?«, erkundigte Cornelius sich.

»Er wollte alles über das Konkursverfahren wissen, vor allem aber, ob man auch ihn belangen kann.«

»Gut«, murmelte Cornelius. »Dann kann ich also in nächster Zeit mit einem Scheck über 100.000 Pfund von ihm rechnen?«

»Das bezweifle ich«, erwiderte Frank. »Nach seinem Tonfall zu schließen, hat er das nicht vor. Aber ich gebe dir Bescheid, sobald ich wieder von ihm gehört habe.«

»Ich freue mich darauf, Frank.«

»Ich glaube, du genießt die Situation, Cornelius.«

»Und ob«, antwortete er. »Ich wünschte nur, Millie wäre hier und könnte sich mit mir amüsieren.«

»Du weißt, was sie gesagt hätte, nicht wahr?«

»Nein, aber ich habe das Gefühl, du wirst es mir gleich sagen.«

»Du bist ein böser alter Mann.«

»Wie immer hätte sie damit Recht gehabt.« Cornelius lachte. »Bis dann, Frank.« Als er den Hörer auflegte, klopfte es an die Tür zu seinem Arbeitszimmer.

»Herein!«, rief Cornelius. Er fragte sich, wer es sein mochte. Die Tür schwang auf, und seine Haushälterin trat mit einem Tablett mit Tee und Keksen ein. Wie immer strahlte sie Sauberkeit und Akkuratesse aus. Sie verriet nicht die geringste Verlegenheit. Bestimmt hat sie Franks Schreiben noch nicht bekommen, war Cornelius' erster Gedanke.

»Pauline«, sagte er, als sie das Tablett auf seinem Schreibtisch abgestellt hatte, »haben Sie heute Morgen einen Brief von meinem Anwalt erhalten?«

»Ja«, antwortete Pauline, »und selbstverständlich werde ich den Wagen sofort verkaufen, damit ich Ihnen die 500 Pfund zurückzahlen kann.« Sie hielt inne und blickte ihn fest an. »Aber ich habe mich gefragt, Sir ...«

»Ja, Pauline?«

»Wäre es möglich, dass ich die Summe abarbeite? Wissen Sie, ich brauche den Wagen, um meine Mädchen von der Schule abzuholen.«

Zum ersten Mal, seit er sich an die Verwirklichung seines Plans gemacht hatte, empfand Cornelius Gewissensbisse. Aber wenn er auf Paulines Vorschlag einginge, würde irgendjemand es herausfinden und damit die ganze Sache gefährden.

»Es tut mir sehr Leid, Pauline, aber man hat mir keine Wahl gelassen.«

»Genau das hat der Anwalt in seinem Brief erklärt.« Pauline krampfte die Finger um das Blatt Papier in ihrer Schürzentasche. »Ich muss schon sagen, ich habe nie viel von Anwälten gehalten.«

Jetzt fühlte Cornelius sich noch schuldbewusster, denn er kannte keinen vertrauenswürdigeren Menschen als Frank Vintcent.

»Ich gehe jetzt besser, Sir, aber heute Abend schaue ich kurz herein und räume ein wenig auf. Wäre es möglich, Sir, dass ...«

»Ja?«

»Dass Sie mir ein Zeugnis ausstellen? Wissen Sie, in meinem Alter ist es nicht leicht, eine Stelle zu bekommen.«

»Ich schreibe Ihnen ein Zeugnis, mit dem Sie im

Buckingham Palace eingestellt würden.« Cornelius machte sich sofort daran, eine Lobpreisung Pauline Crofts zu verfassen, die ihm zwanzig Jahre treu gedient hatte. Er las das Empfehlungsschreiben erst noch durch, ehe er es ihr mit den Worten reichte: »Danke, Pauline. Danke für alles, was Sie für Daniel, Millie und mich getan haben.«

»Ich habe es gern getan, Sir«, versicherte ihm Pauline.

Er setzte sich wieder an seinen Schreibtisch und machte sich Notizen über die Vorfälle an diesem Vormittag. Dann ging er zur Küche, um sich einen kleinen Lunch zu richten und stellte fest, dass bereits gemischter Salat für ihn bereitstand.

Nach dem Essen nahm Cornelius einen Bus zur Stadt – zum ersten Mal, solange er sich erinnern konnte. Er brauchte einige Zeit, bis er eine Haltestelle fand, und als endlich der Bus kam, hatte der Schaffner nicht genügend Wechselgeld für Cornelius' Zwanzigpfundnote.

Zuerst begab er sich zum Immobilienmakler im Stadtzentrum, der sich über seinen Besuch nicht zu wundern schien. Cornelius stellte erfreut fest, dass sich der Klatsch über seine finanzielle Misere erstaunlich schnell herumsprach.

»Ich werde gleich morgen früh jemanden zu The Willows schicken«, versicherte ihm der junge Mann, der sich hinter seinem Schreibtisch erhoben hatte, »damit er das Haus besichtigen und ein paar Fotos machen kann. Dürften wir auch ein Zu-Verkaufen-Schild im Garten aufstellen?«

»Selbstverständlich«, antwortete Cornelius ohne Zögern und musste sich auf die Zunge beißen, um nicht hinzuzufügen: »Je größer, desto besser.«

Nach seinem Besuch im Immobilienbüro spazierte Cornelius ein paar Meter die Straße entlang zu einer Speditionsfirma. Er hatte es auch hier mit einem jungen Mann zu tun, den er bat, das gesamte Mobiliar des Hauses abzuholen.

»Wohin sollen wir es bringen, Sir?«

»Zu Botts Lagerhaus in der High Street«, erklärte Cornelius.

»Kein Problem, Sir«, versicherte ihm der junge Angestellte und griff nach einem Block auf seinem Schreibtisch. Sobald Cornelius das Formular in dreifacher Ausfertigung ausgefüllt hatte, bat der Angestellte: »Unterschreiben Sie bitte hier, Sir«, und deutete ganz unten auf das Blatt. Ein wenig verlegen fügte er hinzu: »Wir müssen um eine Anzahlung von 100 Pfund bitten.«

»Selbstverständlich«, entgegnete Cornelius und holte sein Scheckbuch hervor.

»Tut mir Leid, Sir, aber wir nehmen nur Bargeld«, sagte der junge Mann.

Cornelius lächelte. Seit über dreißig Jahren hatte niemand einen Scheck von ihm abgelehnt.

»Ich komme morgen noch einmal vorbei«, versprach er.

Auf dem Rückweg zur Bushaltestelle blickte Cornelius durchs Schaufenster des Haushaltswarengeschäfts seines Bruders und bemerkte, dass das Personal nicht übermäßig beschäftigt zu sein schien.

Wieder in The Willows kehrte er in sein Arbeitszimmer zurück und brachte alles zu Papier, was am Nachmittag vorgefallen war.

Als er an diesem Abend die Treppe hinaufstieg, um zu Bett zu gehen, kam ihm der Gedanke, dass heute der erste Nachmittag seit Jahren gewesen war, ohne dass

ihn jemand angerufen hatte, um sich nach seinem Wohl-
befinden zu erkundigen. Er schlief sehr gut in dieser
Nacht.

Am nächsten Morgen holte Cornelius sich seine Post
von der Matte vor dem Briefschlitz und ging damit zur
Küche. Bei einer Schale Cornflakes überflog er die Briefe. Er hatte einmal gehört, dass der Postbote Unmengen
von braunen Umschlägen zustellte, wenn bekannt wurde, dass jemand Pleite machte, da Ladenbesitzer und
kleine Geschäftsleute an ihr Geld zu kommen versuch-
ten, bevor das Gericht über die Verteilung der Konkursmasse entschied.

An diesem Morgen befanden sich keine braunen Kuverts in der Post, da Cornelius dafür gesorgt hatte, dass
alle Rechnungen bezahlt waren, ehe er sich daranmachte, seinen Plan in die Tat umzusetzen.

Die Post bestand fast ausschließlich aus Reklame und
Werbesendungen; nur ein einziger weißer Umschlag mit
Londoner Poststempel befand sich darunter. Es war ein
handgeschriebener Brief seines Neffen Timothy, der
ihm versicherte, wie sehr er es bedaure, von Cornelius'
Schwierigkeiten zu hören, und dass er sein Möglichstes
tun würde, am Wochenende nach Shropshire zu reisen
und ihn zu besuchen, obwohl er nur noch selten nach
Chudley kam.

Es war nur ein kurzer Brief, doch Cornelius stellte
fest, dass Timothy der Erste in der Familie war, der Mitgefühl für seine Lage zeigte.

Als es an der Haustür läutete, legte er den Brief auf
den Küchentisch und schlurfte hinaus auf den Korridor,
um zu öffnen. Elizabeth, die Frau seines Bruders, stand

vor ihm. Ihr Gesicht war bleich und angespannt, und Cornelius bezweifelte, dass sie in der vergangenen Nacht viel geschlafen hatte.

Kaum hatte sie das Haus betreten, ging Elizabeth von Zimmer zu Zimmer, als wollte sie sich vergewissern, dass noch alles an Ort und Stelle war, weil sie die schlimmen Nachrichten nicht glauben konnte.

Doch jeder Zweifel schwand beim Eintreffen des Immobilienmaklers, der mit einem Maßband in der Hand und einem Fotografen an der Seite ein paar Minuten später erschien.

»Wenn Hugh mir jetzt wenigstens einen Teil der 100.000 Pfund zurückzahlen könnte, die ich ihm geliehen habe, würde mir das sehr helfen«, sagte Cornelius zu seiner Schwägerin und folgte ihr beim Rundgang durchs Haus.

Es dauerte eine Weile, ehe Elizabeth sich dazu äußerte, obwohl sie die ganze Nacht Zeit gehabt hatte, sich eine Antwort auf diese Frage zurechtzulegen.

»Das ist nicht so einfach«, sagte sie schließlich. »Weißt du, der Kredit ging an die Gesellschaft. Da sind noch weitere Personen, die ebenfalls Gesellschaftsanteile besitzen.«

Cornelius kannte diese drei weiteren Personen. »Dann ist es jetzt vielleicht an der Zeit, dass du und Hugh eure Anteile verkauft.«

»Damit irgendein Fremder die Firma an sich reißen kann, nach der vielen Arbeit, die wir in all den Jahren hineingesteckt haben? Nein, das können wir nicht zulassen! Wie auch immer, Hugh hat sich bei Mr Vintcent nach der Rechtslage erkundigt und erfahren, dass wir nicht verpflichtet sind, unserer Anteile zu verkaufen – nicht mal einen Teil davon.«

Cornelius blickte seine Schwägerin an. »Hast du mal darüber nachgedacht, dass ihr eine moralische Verpflichtung haben könntet?«

Sie wich seinem Blick aus. »Cornelius, es war dein Leichtsinn, nicht unserer, der dich in diesen Schlamassel gebracht hat. Du kannst doch nicht ernsthaft erwarten, dass dein Bruder alles opfert, für das er viele Jahre gearbeitet hat und meine Familie in die gleiche Misere bringt, in der du jetzt steckst?«

Cornelius wusste nun, weshalb Elizabeth in der vergangenen Nacht nicht geschlafen hatte. Sie trat nicht nur als Wortführerin auf – sie traf offenbar auch die Entscheidungen. Cornelius hatte sie schon immer für die treibende Kraft hinter Hugh gehalten, und er bezweifelte, dass er seinen Bruder zu Gesicht bekommen würde, ehe eine Einigung erzielt war.

»Aber vielleicht könnten wir auf eine andere Weise helfen«, fuhr Elizabeth in versöhnlicherem Tonfall fort und legte eine Hand auf ein reich mit Goldlaub verziertes Tischchen im Wohnzimmer.

»Nun, da du es erwähnst«, erwiderte Cornelius. »Das Haus wird in ungefähr zwei Wochen verkauft, und ich werde Ausschau halten nach ...«

»So bald schon?«, rief Elizabeth. »Was wird dann aus der ganzen Einrichtung?«

»Sie wird als Teil der Konkursmasse ebenfalls verkauft. Aber wie ich schon sagte ...«

»Hugh hat dieses Tischchen immer sehr gemocht.«

»Ein Louis-quatorze«, sagte Cornelius beiläufig.

»Ich frage mich, wie viel es wert ist«, murmelte Elizabeth und bemühte sich, so gelassen wie möglich zu erscheinen.

»Ich habe keine Ahnung.« Cornelius zuckte die Achseln. »Wenn ich mich recht erinnere, habe ich 60.000 Pfund dafür bezahlt – aber das ist über zehn Jahre her.«

»Und das Schachspiel?«, fragte Elizabeth und hob eine der Figuren hoch.

»Ist eine wertlose Kopie. Ein Spiel wie dieses kann man in jedem arabischen Basar für um die zweihundert Pfund bekommen.«

»Oh, ich hatte immer gedacht ...« Elisabeth zögerte, bevor sie die Figur auf ein falsches Feld zurückstellte. »Nun, ich muss jetzt gehen.« Es hörte sich an, als hätte sie ihre Pflicht erfüllt. »Wir dürfen schließlich nicht vergessen, dass ich immer noch ein Geschäft führen muss.«

Cornelius begleitete sie, als sie über den langen Flur zur Haustür ging. Sie ging am Bild ihres Neffen Daniel vorbei, ohne einen Blick darauf zu werfen. Früher war sie stets davor stehen geblieben und hatte gesagt, wie sehr sie ihn vermisse.

»Ich frage mich ...«, begann Cornelius.

»Ja?« Elizabeth blickte ihn ohne großes Interesse an.

»Nun, da ich in zwei Wochen hier raus muss, hatte ich gehofft, ich könnte bei euch unterkommen. Natürlich nur, bis ich eine Wohnung gefunden habe, die ich mir leisten kann.«

»Wenn du nur eine Woche früher gefragt hättest«, sagte Elizabeth, ohne mit der Wimper zu zucken. »Leider haben wir meiner Mutter schon zugesagt, dass wir sie aufnehmen. Das einzige andere freie Zimmer gehört Timothy, und der kommt fast jedes Wochenende nach Hause.«

»Ach, tatsächlich?«, murmelte Cornelius.

»Und die Standuhr?«, fragte Elizabeth, die sich offenbar noch immer wie auf einer Einkaufstour fühlte.

»Viktorianisch. Ich habe sie aus dem Nachlass des Earls of Bute erstanden.«

»Was ist sie wert?«

»Den höchsten Preis, den jemand dafür zu zahlen bereit ist«, antwortete Cornelius, als sie die Haustür erreichten.

»Lass es mich wissen, wenn ich dir irgendwie helfen kann.«

»Sehr freundlich von dir, Elizabeth.« Er öffnete die Tür und sah den Maklergehilfen ein »Zu-Verkaufen«-Schild in den Boden rammen. Cornelius lächelte, denn es war das Einzige an diesem Vormittag, das Elizabeth hatte verstummen lassen.

Frank Vintcent kam am Donnerstagabend mit einer Flasche Cognac und zwei Pizzen.

»Wenn ich gewusst hätte, dass es zur Abmachung gehört, Pauline zu verlieren, hätte ich mich ganz herausgehalten.« Frank kaute an seiner im Mikrowellenherd gewärmten Pizza. »Wie läuft der Haushalt denn ohne sie?«

»Nicht sehr gut«, gestand Cornelius, »obwohl sie immer noch jeden Abend ein oder zwei Stunden nach dem Rechten sieht, sonst sähe es hier grauenvoll aus. Aber sag mal, wie kommst *du* eigentlich zurecht?«

»Als Junggeselle lernt man die Kunst des Überlebens schon ziemlich früh. Aber genug davon, das Spiel wartet.«

»Welches denn?« Cornelius grinste.

»Schach. Das andere Spiel reicht mir für eine Woche.«

»Dann sollten wir uns jetzt in die Bibliothek setzen.«

Frank war überrascht von Cornelius' Eröffnungszügen, denn nie zuvor war sein alter Freund beim Schach so wagemutig gewesen. Über eine Stunde lang sprach keiner von ihnen ein Wort; Frank hatte genug damit zu tun, seine Dame zu verteidigen.

»Das könnte das letzte Spiel mit diesen Figuren werden«, seufzte Cornelius wehmütig.

»Mach dir deshalb keine Sorgen«, tröstete ihn Frank. »Die Gerichtsvollzieher erlauben einem immer, ein paar persönliche Stücke zu behalten.«

»Nicht, wenn diese Stücke eine viertel Million Pfund wert sind«, gab Cornelius zu bedenken.

Frank blickte auf. »Ich hatte keine Ahnung, dass dieses Spiel so viel wert ist.«

»Weil du dich nie sonderlich für weltliche Güter interessiert hast. Es ist ein persisches Meisterstück aus dem sechzehnten Jahrhundert, und es dürfte beachtliches Interesse wecken, wenn es unter den Hammer kommt.«

»Aber inzwischen hast du doch bestimmt alles herausgefunden, was du wissen musst«, meinte Frank. »Warum willst du dann mit dieser Sache weitermachen, wenn du dabei so viele Dinge verlieren könntest, die dir ans Herz gewachsen sind?«

»Weil ich erst die ganze Wahrheit erfahren muss.«

Frank seufzte, starrte aufs Brett und zog den Springer. »Schachmatt«, verkündete er. »Geschieht dir recht, weil du dich nicht aufs Spiel konzentriert hast.«

Cornelius verbrachte fast den ganzen Freitagvormittag bei einer privaten Besprechung mit dem Inhaber von Botts and Company, dem örtlichen Auktionshaus für Kunst und Antiquitäten.

Mr Botts hatte sich einverstanden erklärt, die Versteigerung bereits in vierzehn Tagen durchzuführen. Er warf im

Lauf des Gesprächs jedoch immer wieder ein, dass er eine längere Wartezeit vorziehen würde, um den Katalog einer so exquisiten Kollektion angemessen zusammenstellen und an einen größeren Kreis möglicher Interessenten schicken zu können. Und zumindest zeigte er Mitgefühl für die bedauernswerte Lage, in die Mr Barrington geraten war. Im Lauf der Zeit waren Lloyds in London, die Erbschaftssteuern und bevorstehende Pleiten zu den einträglichsten Freunden des Auktionators geworden.

»Wir müssen alles so schnell wie möglich in unserem Lager haben«, erklärte Mr Botts, »damit wir den Katalog erstellen und Interessenten vor der Versteigerung an drei aufeinander folgenden Tagen Gelegenheit zur Besichtigung geben können.«

Cornelius nickte zustimmend.

Der Auktionator empfahl eine ganzseitige Anzeige im *Chudley Advertiser* für den kommenden Mittwoch, mit Details aller Gegenstände, die unter den Hammer kamen, damit sich auch Personen informieren konnten, die sie nicht per Post erreicht hatten.

Cornelius verließ Mr Botts wenige Minuten vor Mittag. Auf dem Rückweg zur Bushaltestelle begab er sich noch kurz ins Büro der Speditionsfirma, um die geforderte Anzahlung für den Umzug zu machen. Er bezahlte in Hundert-, Zehn- und Fünfpfundscheinen und hinterließ den Eindruck, dass er ein paar Tage gebraucht hatte, das Geld zusammenzukratzen.

Beim Warten an der Haltestelle entging ihm nicht, dass sich nur sehr wenige Leute die Mühe machten, ihn zu grüßen. Und nicht ein Einziger kam wie früher über die Straße, um sich mit ihm zu unterhalten.

Zwanzig Männer verbrachten den nächsten Tag damit, drei Möbelwagen vor The Willows zu beladen und die wertvolle Fracht ins Lager des Versteigerungshauses in der High Street zu bringen. Erst am frühen Abend war das letzte Stück aus dem Haus entfernt.

Während er durch die leeren Zimmer schlenderte, staunte Cornelius, dass er so gut wie nichts von seiner irdischen Habe vermissen würde, von wenigen Ausnahmen abgesehen. Er zog sich ins Schlafzimmer zurück, den einzigen noch möblierten Raum, und las in dem Roman weiter, den Elizabeth ihm vor seinem scheinbaren Abstieg in die Welt der Armen empfohlen hatte.

Am nächsten Vormittag erhielt er einen einzigen Anruf. Sein Neffe Timothy ließ ihn wissen, dass er übers Wochenende in der Stadt sein würde und erkundigte sich, ob Onkel Cornelius sich Zeit nehmen könne, ihn zu empfangen.

»Zeit ist das Einzige, von dem ich noch reichlich habe«, erwiderte Cornelius.

»Wäre es dir recht, wenn ich heute Nachmittag komme? Sagen wir, um sechzehn Uhr?«

»Es tut mir Leid, dass ich dir nicht einmal eine Tasse Tee anbieten kann«, bedauerte Cornelius, »aber ich habe das letzte Päckchen heute Morgen aufgebraucht, und da ich wahrscheinlich nächste Woche schon ausziehen muss ...«

»Mach dir deshalb keine Gedanken.« Timothy konnte seinen Schrecken nicht verbergen, das Haus so leer vorzufinden.

»Gehen wir hinauf ins Schlafzimmer. Nur dort habe

ich noch Möbel, und auch die werden nächste Woche abgeholt.«

»Ich hatte keine Ahnung, dass sie dir alles weggenommen haben, sogar Daniels Bild«, sagte Timothy, als sie an der helleren, kleinen quadratischen Fläche an der Wand vorbeikamen, an der das Bild gehangen hatte.

»Und mein Schachspiel.« Cornelius seufzte. »Aber ich darf nicht klagen, ich hatte ein gutes Leben.« Er stieg die Treppe zum Schlafzimmer hinauf.

Cornelius setzte sich in den einzigen Sessel, und Timothy nahm am Bettende Platz. Verstohlen musterte der alte Mann seinen Neffen. Er war ein gut aussehender junger Mann geworden. Ein offenes Gesicht mit klaren braunen Augen, die jedem, der es nicht wusste, verrieten, dass er adoptiert worden war. Er musste inzwischen sieben- oder achtundzwanzig sein – ungefähr so alt, wie Daniel jetzt wäre, würde er noch leben. Cornelius hatte seinen Neffen immer gemocht und gehofft, dass diese Zuneigung auf Gegenseitigkeit beruhte. Er fragte sich, ob nun wieder eine Enttäuschung auf ihn wartete.

Timothy wirkte nervös und setzte sich immer wieder unruhig auf der Bettkante zurecht. »Onkel Cornelius«, begann er mit leicht gesenktem Kopf, »wie du weißt, habe ich ein Schreiben von Mr Vintcent erhalten. Deshalb wollte ich dich auch persönlich besuchen, um dir zu erklären, dass ich keine eigenen 1000 Pfund habe und dir meinen Kredit derzeit nicht zurückzahlen kann.«

Cornelius war enttäuscht. Er hatte gehofft, dass wenigstens einer in der Familie ...

»Aber«, fuhr der junge Mann fort und zog einen langen dünnen Umschlag aus der Brusttasche, »an meinem einundzwanzigsten Geburtstag hat mein Vater mir etwa ein Prozent Firmenanteile überreicht, die mindestens 1000 Pfund wert sein dürften. Würdest du sie bitte als Schuldbegleichung annehmen, bis ich sie zurückkaufen kann?«

Cornelius schämte sich, weil er auch nur einen Moment lang an seinem Neffen gezweifelt hatte. Er hätte sich gern entschuldigt, aber das ging nicht, wollte er seine Karten nicht vorzeitig aufdecken. Er nahm das Scherflein und dankte Timothy.

»Ich weiß, welch ein Opfer das für dich ist, denn ich erinnere mich gut, wie oft du davon geträumt hast, die Firma zu übernehmen, wenn dein Vater einmal in den Ruhestand tritt, und einige Veränderungen vorzunehmen, gegen die er sich sträubt.«

»Ich glaube nicht, dass er sich je aus der Firma zurückzieht.« Timothy seufzte. »Aber ich hatte gehofft, dass er mich aufgrund der Erfahrung, die ich bei meiner Arbeit in London erworben habe, als Nachfolger von Mr Leopold in Betracht zieht, den Geschäftsführer, der Ende des Jahres in den Ruhestand geht.«

»Ich fürchte, deine Chancen werden nicht gerade wachsen, wenn dein Vater erfährt, dass du deinem mittellosen Onkel ein Prozent der Firmenanteile überlassen hast.«

»Meine Probleme sind nichts im Vergleich zu denen, die du zurzeit hast, Onkel Cornelius. Es tut mir sehr Leid, dass ich dir meinen Kredit nicht in bar zurückzahlen kann. Bevor ich gehe – gibt es noch irgendetwas, das ich für dich tun kann?«

»O ja, Timothy«, antwortete Cornelius und kehrte zu seinem Plan zurück. »Deine Mutter hat mir einen Roman empfohlen, der mir sehr gut gefällt, aber meine alten

Augen ermüden immer schneller. Vielleicht könntest du mir ein paar Seiten vorlesen. Ich habe einen Merkzettel ins Buch gesteckt.«

»Ich erinnere mich gut, wie du mir vorgelesen hast, als ich noch klein war. ›Um Kopf und Krone und Schwalben und Papageien‹«, fügte er hinzu, als er nach dem Roman griff.

Timothy hatte etwa zwanzig Seiten gelesen, als er plötzlich aufblickte.

»Auf Seite 450 ist eine Buskarte. Soll ich sie drinlassen, Onkel Cornelius?«

»Ja, bitte. Ich habe sie dort hingesteckt, damit ich mich an etwas erinnere.« Er machte eine kurze Pause. »Entschuldige bitte, aber ich bin ein bisschen müde.«

Timothy stand auf. »Ich werde wieder mal vorbeikommen und dir die letzten Seiten vorlesen.«

»Mach dir deshalb keine Gedanken, das schaffe ich allein.«

»Oh, ich möchte sie mir nicht entgehen lassen, sonst finde ich nie heraus, wer von den beiden Premierminister wird.«

Die zweiten Schreiben, die Frank Vintcent am folgenden Freitag an die Betroffenen geschickt hatte, lösten eine neuerliche Flut von Anrufen aus.

»Ich verstehe nicht, was das soll«, beklagte Margaret sich, als sie sich nach ihrem Besuch vor vierzehn Tagen zum ersten Mal wieder bei ihrem Bruder meldete.

»Es bedeutet genau das, was drinsteht, meine Liebe«, erklärte er ihr ruhig. »Mein gesamtes Eigentum kommt unter den Hammer, aber man hat mir gestattet, jene, die mir am nächsten stehen, einen Gegenstand auswählen zu lassen, den sie aus sentimentalen oder persönlichen Gründen gern in der Familie behalten möchten. Sie werden die Gelegenheit haben, ihn am nächsten Freitag zu ersteigern.«

»Aber wir könnten alle überboten werden und dann gar nichts bekommen«, rief Margaret.

»Nein, meine Liebe«, entgegnete Cornelius und bemühte sich, seinen Ärger herunterzuschlucken. »Die *öffentliche* Versteigerung findet erst am Nachmittag statt. Die ausgewählten Stücke werden am Vormittag versteigert, wenn nur die Familie und nahe Freunde anwesend sind. Die Instruktionen könnten klarer nicht sein.«

»Und werden wir die Stücke vor der Auktion begutachten können?«

»Ja, Margaret«, sagte ihr Bruder wie zu einem geistig zurückgebliebenen Kind. »Mr Vintcent formulierte es in seinem Schreiben ganz klar: ›Vor der Auktion am Freitag, elf Uhr, ist am Dienstag, Mittwoch und Donnerstag von zehn bis vierzehn Uhr eine Besichtigung der zur Versteigerung gelangenden Gegenstände möglich.‹«

»Aber wir dürfen nur ein einziges Stück aussuchen?«

»Ja. Mehr erlaubt der Gerichtsvollzieher nicht. Aber vielleicht freut es dich ja zu hören, dass auch Daniels Porträt, das du immer so bewundert hast, am Freitag unter den Hammer kommt.«

»Ja, ich mag es wirklich.« Dann zögerte Margaret. »Ist der Turner auch darunter?«

»Selbstverständlich. Ich bin gezwungen, alles zu veräußern, auch kostbare Gemälde.«

»Weißt du, hinter welchen Sachen Hugh und Elizabeth her sind?«

»Ich habe nicht die geringste Ahnung, aber wenn du es wissen willst, dann frag sie doch.« Dabei wusste er genau, dass seine lieben nächsten Verwandten zwischen einem Jahreswechsel zum nächsten kaum ein Wort wechselten.

Der nächste Anruf kam, kaum dass er sich von seiner Schwester verabschiedet hatte.

»Na endlich«, sagte eine hochmütige Stimme, als wäre es Cornelius' Schuld, dass auch andere mit ihm telefonierten.

»Guten Morgen, Elizabeth«, sagte Cornelius, der die Stimme sofort erkannte. »Wie schön, von dir zu hören.«

»Es geht um das Schreiben, das ich gerade erhalten habe ...«

»Das habe ich mir fast gedacht.«

»Ich wollte von dir wissen, wie viel das Louis-quatorze-Tischchen wert ist ... und da ich schon mal am Apparat bin, auch den Wert der Standuhr, die dem Earl of Bute gehörte.«

»Wenn du zum Auktionshaus gehst, Elizabeth, kannst du in einem Katalog blättern, in dem die höchsten und niedrigsten Schätzwerte zu finden sind.«

»Ich verstehe«, murmelte Elizabeth verdrießlich. Nach kurzem Schweigen erkundigte sie sich: »Du weißt wohl nicht, ob Margaret die Absicht hat, eines dieser beiden Stücke zu ersteigern?«

»Ich habe nicht die geringste Ahnung«, antwortete Cornelius erneut. »Aber es war Margaret, die die Leitung blockierte, als du versucht hast, mich anzurufen. Sie hat mir eine ähnliche Frage gestellt. Ich schlage vor, dass du dich mit ihr in Verbindung setzt.« Er legte eine Pause ein. »Übrigens, Elizabeth, du weißt doch, dass du nur einen einzigen Gegenstand ersteigern kannst?«

»Das steht ja deutlich genug in dem Schreiben«, antwortete seine Schwägerin schroff.

»Ich habe ja auch nur gefragt, weil ich immer dachte, Hugh interessiert sich für das Schachspiel.«

»O nein, das glaube ich nun wirklich nicht.«

Cornelius hatte keine Zweifel, wer am Freitagvormittag die Familie bei der Auktion vertreten würde.

»Nun denn, viel Glück«, sagte Cornelius. »Und vergiss die fünfzehn Prozent Aufgeld nicht, die zum Preis dazukommen«, fügte er hinzu, bevor er auflegte.

Timothy schrieb am nächsten Tag, er hoffe, an der Versteigerung teilnehmen zu können, weil er ein kleines Andenken an The Willows, seinen Onkel und seine Tante erstehen wolle.

Pauline dagegen erklärte Cornelius, während sie im Schlafzimmer sauber machte, dass sie nicht die Absicht habe, sich bei der Versteigerung sehen zu lassen.

»Warum nicht?«, fragte er.

»Weil ich mich nicht zum Narren machen und bei etwas mitbieten möchte, das ich mir nicht leisten kann.«

»Sehr vernünftig«, lobte Cornelius. »Ich bin auf diese Weise selbst ein paar Mal hereingefallen. Hatten Sie denn Interesse an etwas Bestimmtem?«

»Ja, aber meine Ersparnisse würden niemals dafür reichen.«

»Oh, bei Auktionen kann man da nie sicher sein«, meinte Cornelius. »Wenn sonst niemand ein Angebot macht, bekommt man manche Dinge fast geschenkt.«

»Ich werde noch mal darüber nachdenken, schließlich habe ich jetzt eine neue Stelle.«

»Das freut mich sehr für Sie«, behauptete Cornelius, obwohl ihn diese Neuigkeit hart traf.

Weder Cornelius noch Frank konnten sich bei ihrer wöchentlichen Schachpartie am Donnerstagabend auf das Spiel konzentrieren, deshalb gaben sie es nach einer halben Stunde auf und einigten sich auf ein Remis.

»Ich muss gestehen, ich kann es kaum erwarten, dass die Dinge sich wieder normalisieren«, sagte Frank seufzend, als sein Gastgeber ihm ein Glas billigen Sherry einschenkte.

»Oh, ich weiß nicht. Ich finde, die Situation hat auch ihre guten Seiten.«

»Welche, zum Beispiel?« Frank runzelte nach dem ersten Schluck die Stirn.

»Ich freue mich auf die morgige Auktion.«

»Dabei kann einiges ziemlich schief gehen.«

»Was denn?«, fragte Cornelius.

»Nun, hast du dir überlegt ...« Frank beendete den Satz nicht, denn sein Freund war mit den Gedanken ganz woanders.

Cornelius traf am nächsten Morgen als Erster im Auktionshaus ein. In dem großen Raum waren hundertzwanzig Stühle in ordentlichen Zwölferreihen aufgestellt, bereit für das erwartete volle Haus am Nachmittag. Doch Cornelius wusste, dass das wirkliche Drama am Vormittag stattfand, wenn nur sechs Personen das Recht hatten, hier zu sein.

Fünfzehn Minuten vor Beginn der Versteigerung erschien Cornelius' Anwalt Frank Vintcent. Als er bemerkte, dass sein Mandant in ein Gespräch mit Mr Botts vertieft war, der die Auktion persönlich vornahm, setzte er sich in eine Reihe ziemlich weit hinten auf der rechten Seite.

Cornelius' Schwester Margaret kam als Nächste, und sie war keineswegs so rücksichtsvoll. Sie steuerte geradewegs auf Mr Botts zu und fragte mit schriller Stimme: »Kann ich mich setzen, wohin ich will?«

»Gewiss, Madam, wo immer Sie möchten«, versicherte ihr Mr Botts. Margaret ließ sich sofort in der vordersten Reihe auf dem mittleren Sitz nieder, unmittelbar vor dem Podium des Auktionators.

Cornelius nickte seiner Schwester zu, ehe er den Mittelgang entlangschritt und sich drei Reihen vor Frank setzte.

Kurz darauf erschienen Hugh und Elizabeth. Sie blieben eine Zeit lang ganz hinten stehen und entschieden sich schließlich für zwei Plätze in der achten Reihe, von denen sie einen guten Blick auf Margaret hatten. Elizabeth eröffnet also das Spiel, dachte Cornelius, der sich insgeheim köstlich amüsierte.

Als der Zeiger der Wanduhr hinter dem Podium des Auktionators sich unaufhaltbar der Elf näherte, verspürte Cornelius ein Gefühl der Enttäuschung, weil weder Pauline noch Timothy gekommen waren.

Doch gerade als Botts die Stufen zum Podium hinaufstieg, öffnete sich die Tür am hinteren Ende, und Pauline blickte verlegen in den Saal. Erst als Cornelius sie entdeckte und ihr ermutigend zunickte, trat sie ein, setzte sich jedoch nicht, sondern zog sich in eine Ecke zurück.

Punkt elf Uhr blickte der Auktionator mit strahlendem Lächeln auf die auserwählten Gäste hinunter.

»Meine Damen und Herren«, begann er, »ich bin seit dreißig Jahren in diesem Geschäft, doch heute ist es das erste Mal, dass ich eine private Versteigerung durchführe, sodass es auch für mich eine sehr ungewöhnliche

Auktion ist. Ich möchte erst einmal die Grundregeln durchgehen, damit sie allen klar sind, falls jemand während der Versteigerung etwas missverstehen sollte.«

»Sie, verehrte Anwesende, haben eine besondere Verbindung zu Mr Cornelius Barrington, ob nun als Familienangehörige oder Freunde. Mr Barringtons persönliches Eigentum kommt nun unter den Hammer, und jeder von Ihnen hat die Möglichkeit, einen bestimmten Artikel auszuwählen und gegebenenfalls zu ersteigern. Wenn Sie damit Erfolg haben, dürfen Sie nicht versuchen, einen zweiten Gegenstand zu ersteigern. Sollte es Ihnen jedoch nicht gelungen sein, den Artikel Ihrer Wahl zu bekommen, dürfen Sie bei einem anderen mitsteigern. Ich hoffe, ich habe mich verständlich ausgedrückt«, sagte er gerade, als die Tür aufgerissen wurde und Timothy hereinstürmte.

»Bitte entschuldigen Sie«, rief er atemlos, »aber mein Zug hatte Verspätung.« Er nahm rasch in der hinteren Reihe Platz. Cornelius lächelte. Alle Figuren seines Spiels befanden sich nun an Ort und Stelle.

»Da Sie nur fünf Personen sind, die steigern dürfen«, fuhr Mr Botts fort, als hätte es keine Unterbrechung gegeben, »kommen auch nur fünf Artikel unter den Hammer. Doch wenn ein Interessent schon zuvor ein schriftliches Gebot gemacht hat, muss es nach dem Gesetz als Teil der Auktion anerkannt werden. Ich werde das Ganze so leicht wie möglich machen, indem ich sage, dass ich ein Angebot habe. Daraus dürfen Sie schließen, dass es sich um ein Angebot handelt, das von Personen außerhalb Ihres Kreises in unserem Büro abgegeben wurde. Ich möchte Sie darauf aufmerksam machen, dass ich für vier der fünf von Ihnen ausgewählten Artikel Angebote von außerhalb habe.«

»Nachdem Sie nun über die Grundregeln Bescheid wissen, werde ich mit Ihrer Erlaubnis jetzt die Auktion beginnen.« Er blickte zum hinteren Teil des Raumes auf Cornelius, der seine Zustimmung durch ein Nicken bekundete.

»Das erste Stück ist eine Standuhr aus dem Jahre 1892. Sie wurde von Mr Barrington aus dem Nachlass des Earls of Bute erstanden. Ich eröffne mit 3000 Pfund. Höre ich 3500?«, fragte Mr Botts und zog eine Braue hoch. Elizabeth war sichtlich schockiert, denn 3000 waren knapp unter dem niedrigen Schätzwert und der Summe gewesen, auf die sie und Hugh sich an diesem Morgen geeinigt hatten.

»Ist jemand an dem Stück interessiert?«, fragte Mr Botts und blickte auf Elizabeth, doch diese schien wie gelähmt. »Ich frage noch einmal: Bietet jemand 3500 Pfund für diese schöne Standuhr? Falls ich keine Gebote höre, muss ich das Stück zurückziehen und zu der Auktion bringen, die am Nachmittag stattfindet.«

Elizabeth schien immer noch unter Schock zu stehen. Sie wandte sich ihrem Mann zu und flüsterte sichtlich erregt mit ihm. Offenbar ein wenig enttäuscht, wandte Mr Botts sich dem zweiten Objekt zu.

»Das nächste Stück ist ein bezauberndes Aquarell, ›Die Themse‹, von William Turner aus Oxford. Darf ich mit 2000 Pfund eröffnen?«

Margaret fuchtelte heftig mit ihrem Katalog.

»Danke, Madam.« Der Auktionator blickte mit strahlendem Lächeln auf sie hinunter. »Allerdings liegt mir ein schriftliches Gebot von 3500 Pfund vor. Bietet jemand 4000?«

»Ja!«, rief Margaret, als wäre der Raum so überfüllt, dass sie schreien musste, um über das Stimmengewirr gehört zu werden.

»Ich habe ein Gebot über 5000 auf dem Tisch – möchten Sie 6000 bieten, Madam?« Er wandte seine Aufmerksamkeit wieder Margaret zu.

»Ja«, antwortete sie laut.

»Gibt es weitere Gebote?« Der Auktionator sah sich in dem großen Lagerraum um. »Dann geht das Bild für 6000 Pfund ...«

»Siebentausend«, sagte eine Stimme hinter Margaret. Sie drehte sich um und sah, dass ihre Schwägerin nun mitsteigerte.

»Achttausend!«, rief Margaret.

»Neun«, sagte Elizabeth ohne zu zögern.

»Zehn!«, schrie Margaret.

Plötzlich setzte Stille ein. Cornelius sah ein zufriedenes Lächeln über Elizabeth' Züge huschen, da es ihr gelungen war, ihre Schwägerin auf eine so hohe Summe hinaufzutreiben.

Cornelius hätte am liebsten laut gelacht. Die Auktion erwies sich als noch amüsanter, als er erhofft hatte.

»Da es keine weiteren Gebote gibt, geht dieses bezaubernde Aquarell für 10.000 Pfund an Miss Margaret Barrington«, sagte Mr Botts und schlug geräuschvoll mit dem Hammer auf den Tisch. Er lächelte zu Margaret hinunter, als hätte sie eine kluge Investition getätigt.

»Das nächste Stück«, fuhr er fort, »ist ein Porträt, *Daniel,* von einem unbekannten Künstler. Ich eröffne mit hundert Pfund. Höre ich ein Gebot über einhundert?«

Zu Cornelius' Enttäuschung schien keiner Interesse an dem Bild zu zeigen.

»Ich bin bereit, ein Gebot von fünfzig Pfund in Erwägung zu ziehen, um die Versteigerung in Gang zu bringen, doch niedriger kann ich auf keinen Fall gehen. Bietet jemand fünfzig?«

Cornelius schaute sich um und versuchte, den Mienen der Anwesenden zu entnehmen, wer das Bild ausgewählt hatte, und warum der Betreffende nicht mehr bieten wollte, wenn der Preis doch so niedrig war.

»Dann fürchte ich, muss ich auch dieses Stück zurückziehen.«

»Bedeutet das, dass ich es bekomme?«, erkundigte sich jemand ganz hinten.

»Wenn Sie bereit sind, fünfzig Pfund zu bieten, Madam«, Mr Botts schob seine Brille die Nase hoch, »gehört das Bild Ihnen.«

»Ja, bitte«, sagte Pauline. Mr Botts lächelte in ihre Richtung, als er den Hammer knallen ließ. »Verkauft für fünfzig Pfund an die Dame hinten in der Ecke. Ich komme jetzt zu Objekt vier, ein Schachspiel unbekannter Herkunft. Hundert Pfund sind geboten, der Herr?«

Cornelius drehte sich nach dem Bieter um. Es war Timothy.

»Tut mir Leid«, sagte Mr Botts. »Das Mindestgebot beträgt 400. Höre ich 400?«

Timothy machte ein bedrücktes Gesicht, und Cornelius schloss daraus, dass die Summe über seine Möglichkeiten ging.

»Dann muss ich dieses Objekt ebenfalls zurückziehen und in die öffentliche Versteigerung am Nachmittag geben.« Der Auktionator blickte Timothy an, doch der zuckte nicht einmal mit der Wimper. »Als Letztes komme ich zu Nummer fünf, ein prächtiges Louis-quatorze-Tischchen in erstklassigem Zustand. Seine Herkunft kann bis zu seinem ersten Eigentümer zurückverfolgt werden. Es befand sich während der vergangenen elf Jahre in Mr Barringtons Besitz. Die genauen Einzelheiten finden Sie in Ihrem Katalog. Ich muss Sie jedoch darauf aufmerksam machen, dass großes Interesse an diesem Stück bekundet wurde. Ich werde mit 50.000 eröffnen.«

Elizabeth hob sofort den Katalog über ihren Kopf.

»Danke, Madam. Ich habe ein Gebot über 60.000. Höre ich siebzig?« Seine Augen ruhten auf Elizabeth.

Ihr Katalog schoss wieder empor.

»Danke, Madam. Ich habe ein Gebot über 80.000 auf dem Tisch. Höre ich neunzig?« Diesmal schien Elizabeth zu zögern, ehe sie langsam ihren Katalog hob.

»Ich habe ein Gebot über 100.000 auf dem Tisch. Höre ich 110.000?«

Alle Anwesenden blickten jetzt auf Elizabeth, außer Hugh, der mit gesenktem Kopf zu Boden starrte. Offenbar wollte er seine Frau nicht beeinflussen.

»Wenn es keine weiteren Gebote gibt, werde ich auch dieses Stück zurückziehen und in die öffentliche Versteigerung am Nachmittag geben müssen«, warnte Mr Botts. Als er den Hammer hob, schoss Elizabeths Katalog plötzlich hoch.

»110.000. Danke, Madam. Gibt es noch weitere Gebote? Dann geht dieses prächtige Stück für 110.000 Pfund an die Dame in der achten Reihe.« Er knallte den Hammer auf den Versteigerungstisch und strahlte Elizabeth an. »Meinen Glückwunsch, Madam, es ist ein wahrhaft prächtiges Exemplar jener so kunstreichen Periode.« Elizabeth lächelte schwach und mit unsicherer Miene zurück.

Cornelius drehte sich um und blinzelte Frank zu, der unbewegt auf seinem Stuhl blieb. Er selbst erhob sich und ging zum Podium, um Mr Botts für seine gute Arbeit zu danken. Als er sich zum Gehen wandte, lächelte er Margaret und Elizabeth zu, doch keine achtete auf ihn; beide wirkten geistesabwesend. Hugh stützte den Kopf in die Hände und starrte weiterhin zu Boden.

Als Cornelius zur Rückseite der Lagerhalle ging, hielt er vergeblich Ausschau nach Timothy und schloss daraus, dass sein Neffe nach London hatte zurückfahren müssen. Er war ein bisschen enttäuscht, denn er hatte gehofft, Timothy würde ihn zum Lunch in ein Pub begleiten. Nach einem so erfolgreichen Vormittag hatte er es seiner Meinung nach verdient, ein bisschen zu feiern.

Er hatte bereits beschlossen, nicht an der Versteigerung am Nachmittag teilzunehmen, denn er hatte keine Lust, dabei zuzuschauen, wie seine Habe unter den Hammer kam, obwohl er für den größten Teil ohnehin keinen Platz mehr haben würde, sobald er in ein kleineres Haus zog. Mr Botts hatte ihm versprochen, ihn sofort nach Ende der Versteigerung anzurufen und Bescheid zu geben, wie viel sie eingebracht hatte.

Nach der besten Mahlzeit, die er zu sich genommen hatte, seit Pauline ihn verließ, machte Cornelius sich vom Pub auf den Rückweg zu The Willows. Er schloss die Haustür auf, gerade als die nahe Kirchenuhr dreimal schlug – fünfzehn Uhr. Cornelius freute sich auf den unvermeidlichen Katzenjammer seiner Schwester und seiner Schwägerin, wenn beiden wirklich klar wurde, wie viel sie geboten hatten. Grinsend begab er sich in sein Arbeitszimmer und fragte sich, wann Mr Botts anrufen würde. Das Telefon läutete, noch ehe er seinen Schreibtisch erreichte. Unwillkürlich kicherte er. Es war zu früh für Mr Botts: also musste es entweder Elizabeth oder Margaret sein, die ihn dringend sehen wollten. Er griff nach dem Hörer und hörte Franks Stimme am anderen Ende der Leitung.

»Hast du daran gedacht, das Schachspiel von der Nachmittagsversteigerung zurückzuziehen?«, fragte Frank sofort.

»Wovon redest du?«

»Von deinem geliebten Schachspiel. Hast du vergessen, dass es automatisch zur Nachmittagsversteigerung geht, nachdem es am Vormittag niemand haben wollte? Es sei denn, du hast bereits die Anweisung erteilt, es nicht zur Versteigerung zu bringen. Oder du hast Botts seinen wahren Wert genannt.«

»O Gott!«, entfuhr es Cornelius. Er ließ den Hörer fallen und rannte aus der Tür; deshalb hörte er nicht, wie Frank sagte: »Ich bin sicher, es genügt, wenn du Botts' Assistentin anrufst.«

Cornelius blickte auf die Uhr. Es war 15.10 Uhr; die Auktion würde gerade erst begonnen haben. Während er zur Bushaltestelle eilte, versuchte er sich zu erinnern, welche Nummer das Schachspiel bekommen hatte. Er wusste nur noch, dass hundertdreiundfünfzig Objekte zur Versteigerung standen.

An der Haltestelle trat er ungeduldig von einem Fuß auf den anderen und spähte die Straße entlang, in der Hoffnung, ein vorbeifahrendes Taxi anhalten zu können, als er zu seiner Erleichterung einen Bus kommen sah. Obwohl er den Fahrer mit Blicken hypnotisierte, fuhr er doch nicht schneller.

Als der Bus neben ihm hielt und die Tür sich zischend öffnete, sprang Cornelius ins Innere und nahm auf dem vorderen Sitz Platz. Er wollte den Fahrer bitten, ihn direkt zu Botts und Co. in der High Street zu bringen, egal was es kostete, doch er bezweifelte, dass die anderen Fahrgäste damit einverstanden gewesen wären.

So starrte er auf die Armbanduhr – es war jetzt 15.17

Uhr – und versuchte sich zu erinnern, wie lange Mr Botts am Vormittag für die Versteigerung eines jeden Stückes gebraucht hatte. Eine bis anderthalb Minuten, erinnerte er sich.

Der Bus stoppte auf seiner kurzen Fahrt in die Stadt diesmal an jeder Haltestelle, und Cornelius verbrachte ebenso viel Zeit damit, auf den Minutenzeiger seiner Uhr zu starren wie durch das Fenster auf die Straße, auf welcher der Bus so quälend langsam vorwärts kam. Es war 15.31 Uhr, als er endlich die High Street erreichte.

Selbst die Tür schien sich langsamer als üblich zu öffnen. Cornelius sprang auf den Gehsteig hinunter und rannte los, wie heute schon einmal, obwohl er seit Jahren nicht gerannt war. Er schaffte die zweihundert Meter zum Auktionshaus fast in Rekordzeit. Erschöpft wankte er in den Saal und hörte, wie Mr Botts gerade sagte: »Nummer 32, eine Standuhr, ursprünglich aus dem Nachlass von ...«

Cornelius schaute sich verzweifelt um. Sein Blick blieb auf der Assistentin haften, die mit ihrem Katalog in einer Ecke stand und die erzielten Preise eintrug. Er ging zu ihr hinüber, gerade als eine Frau, die er zu kennen glaubte, hastig an ihm vorbei zur Tür rannte.

»Ist das Schachspiel bereits zur Versteigerung gekommen?«, fragte Cornelius, noch immer außer Atem.

»Einen Moment bitte, ich schaue nach, Sir«, antwortete die Assistentin und blätterte durch den Katalog. »Ja, es ist die Nummer 27.«

»Wie viel hat es eingebracht?«, fragte Cornelius.

»450 Pfund, Sir«, erwiderte sie.

Mr Botts rief Cornelius am frühen Abend an, um ihm mitzuteilen, dass die Nachmittagsauktion 902.800 Pfund eingebracht hatte – viel mehr als seine Schätzung.

Cornelius' einzige Frage war: »Wissen Sie zufällig, wer das Schachspiel erstanden hat?«

»Nein«, antwortete Mr Botts. »Ich kann Ihnen nur sagen, dass es für einen Kunden ersteigert wurde. Der Beauftragte bezahlte in bar und nahm das Schachspiel gleich mit.«

Während er die Treppe hinaufstieg, um zu Bett zu gehen, musste Cornelius zugeben, dass alles nach Plan verlaufen war – sah man vom schrecklichen Verlust des Schachspiels ab, den er sich jedoch selbst zuzuschreiben hatte. Und das Schlimmste war, dass Frank die Angelegenheit niemals auch nur mit einem Wort erwähnen würde.

Cornelius war im Badezimmer, als das Telefon am nächsten Morgen um 7.30 Uhr läutete. Offenbar hatte jemand einen Großteil der Nacht wach gelegen und sich gefragt, ab wann Cornelius frühestens gestört werden dürfte.

»Ja?«

»Bist du das, Cornelius?«

»Ja.« Er gähnte laut. »Und wer ruft an?«, fragte er dann, obwohl er es genau wusste.

»Ich bin's, Elizabeth. Es tut mir Leid, dass ich so früh anrufe, aber ich muss dich dringend sehen.«

»Natürlich, meine Liebe«, erwiderte Cornelius. »Wie wär's, wenn du am Nachmittag zum Tee zu mir kommst?«

»O nein, so lange kann es nicht warten. Ich muss unbedingt noch heute Morgen mit dir sprechen. Darf ich um neun Uhr kommen?«

»Tut mir Leid, Elizabeth, aber um neun Uhr habe ich bereits eine Verabredung.« Er hielt kurz inne. »Aber ich könnte dich um zehn auf eine halbe Stunde einschieben, dann komme ich nicht zu spät zu meiner Besprechung mit Mr Botts um elf.«

»Ich kann dich in die Stadt fahren, wenn es dir helfen würde«, schlug Elizabeth vor.

»Das ist sehr nett von dir, meine Liebe«, erwiderte Cornelius, »aber ich habe mich daran gewöhnt, mit dem Bus zu fahren. Außerdem möchte ich dir keine Mühe machen. Wir sehen uns dann um zehn.« Er legte auf.

Cornelius saß noch in der Wanne, als das Telefon zum zweiten Mal klingelte. Er räkelte sich im warmen Wasser, bis das Läuten verstummte. Es konnte nur Margaret gewesen sein, und er war sicher, dass sie in Kürze wieder anrufen würde.

Er hatte sich noch nicht einmal trockengerubbelt, als das Telefon erneut klingelte. Langsam schlurfte er ins Schlafzimmer, griff nach dem Apparat auf dem Nachtkästchen und sagte: »Guten Morgen, Margaret.«

»Guten Morgen, Cornelius.« Es klang ein wenig überrascht, doch sie fasste sich rasch und sagte: »Ich muss dich dringend sehen.«

»Ach? Was hast du für ein Problem?«, fragte Cornelius, obwohl er es genau wusste.

»Ich kann am Telefon nicht darüber reden. Ich könnte um zehn Uhr bei dir sein ...«

»Tut mir Leid, aber um diese Zeit bin ich bereits mit Elizabeth verabredet. Offenbar hat sie ebenfalls ein dringendes Problem, das sie mit mir besprechen möchte. Wie wär's um elf?«

»Vielleicht wäre es besser, wenn ich sofort zu dir komme«, sagte Margaret, unverkennbar nervös.

»Ich fürchte, vor elf Uhr kann ich dich nicht einschieben, meine Liebe. Also entweder um elf oder beim
Nachmittagstee. Was ist dir lieber?«

»Elf«, erwiderte Margaret sofort.

»Das dachte ich mir«, sagte Cornelius. »Also, bis dann.«
Er legte auf.

Als Cornelius sich fertig angezogen hatte, ging er in die
Küche hinunter, um zu frühstücken. Eine Schale Cornflakes, das Lokalblatt und ein blanker Umschlag erwarte-
ten ihn, doch Pauline war offenbar schon gegangen.

Er schenkte sich eine Tasse Tee ein, riss das Kuvert
auf und zog einen auf ihn ausgestellten Scheck über 500
Pfund heraus. Er seufzte. Pauline hatte offenbar ihren
Wagen verkauft.

Er blätterte durch die Samstagsbeilage und hielt beim
Immobilienteil inne. Als das Telefon zum dritten Mal
läutete, hatte er keine Ahnung, wer es sein mochte.

»Guten Morgen, Mr Barrington«, grüßte eine fröhliche
Stimme. »Hier spricht Bruce vom Maklerbüro. Ich dachte, ich rufe Sie an, um Ihnen Bescheid zu geben, dass
wir ein Angebot für The Willows bekommen haben, das
den veranschlagten Preis weit übertrifft.«

»Gut gemacht«, lobte Cornelius.

»Danke, Sir«, sagte der Makler mit mehr Respekt in der
Stimme, als Cornelius seit Wochen von irgendjemandem
gehört hatte. »Aber wir sollten noch nicht gleich einen
Vertrag abschließen. Ich bin überzeugt, dass wir noch
mehr aus dem Interessenten herausholen können. Falls
es mir gelingt, würde ich Ihnen raten, das Angebot anzunehmen und eine Anzahlung von zehn Prozent zu
verlangen.«

»Das scheint mir ein sehr guter Rat zu sein. Und sobald der Vertrag unterzeichnet ist, möchte ich, dass Sie ein neues Haus für mich finden.«

»Haben Sie bestimmte Vorstellungen, Mr Barrington?«

»Es soll nur halb so groß sein wie The Willows, aber ein großes Grundstück haben, und ich würde gerne hier in der Gegend bleiben.«

»Das dürfte nicht zu schwierig sein, Sir. Wir haben zurzeit mindestens zwei ausgezeichnete Angebote dieser Art. Ich bin sicher, dass wir Ihnen behilflich sein können.«

»Vielen Dank.« Cornelius freute sich, dass es diesmal jemand gewesen war, der ihm den Tag verschönt hatte.

Cornelius amüsierte sich gerade über eine Nachricht auf der Titelseite des Lokalblattes, als es an der Haustür läutete. Er blickte auf die Uhr. Es waren immer noch ein paar Minuten bis zehn, also konnte es nicht Elizabeth sein. Als er die Tür öffnete, stand ein Mann in grüner Uniform vor ihm, ein Klemmbrett in der Hand und ein Paket unter dem Arm.

»Bitte unterschreiben Sie hier.« Der Kurier hielt ihm einen Kugelschreiber hin.

Cornelius kritzelte seine Unterschrift auf die Empfangsbestätigung. Er hätte gefragt, von wem das Paket war, wäre nicht gerade ein Wagen die Einfahrt heraufgekommen.

So sagte er nur »danke« und stellte das Paket in der Diele ab.

Als der Wagen vor der Haustür hielt, sah Cornelius erstaunt, dass Hugh auf dem Beifahrersitz saß.

»Es war freundlich von dir, uns so kurzfristig zu empfangen«, sagte Elizabeth, die wieder aussah, als hätte sie eine weitere schlaflose Nacht hinter sich.

»Guten Morgen, Hugh«, grüßte Cornelius seinen Bruder, den Elizabeth vermutlich ebenfalls die ganze Nacht nicht hatte schlafen lassen. »Bitte kommt mit in die Küche. Es ist das einzige warme Zimmer im Haus.«

Als er sie durch den langen Flur führte, blieb Elizabeth vor Daniels Porträt stehen. »Ich bin froh, dass es wieder an seinem rechtmäßigen Platz ist«, bemerkte sie. Hugh nickte zustimmend.

Cornelius starrte auf das Porträt, das er seit der Auktion nicht gesehen hatte. »Ja, wieder an seinem angestammten Platz«, murmelte er nachdenklich, ehe er sie weiter zur Küche führte. »Also, was bringt euch beide an einem Samstagvormittag zu The Willows?«, fragte er, während er den Wasserkessel füllte.

»Es geht um das Louis-quatorze-Tischchen ...«, antwortete Elizabeth ungewohnt zaghaft.

»Ja, es wird mir fehlen.« Cornelius nickte. »Aber mit dieser Geste hast du wahrhaftig Feingefühl bewiesen, Hugh.«

»Feingefühl bewiesen ...?«, wiederholte sein Bruder fragend.

»Ja. Ich nehme an, auf diese Weise wolltest du mir meine Hunderttausend zurückzahlen.« Dann wandte Cornelius sich an Elizabeth. »Wie falsch ich dich eingeschätzt hatte, meine Liebe! Dabei war es vermutlich von Anfang an deine Idee, nicht wahr?«

Elizabeth und Hugh starrten einander an; dann redeten beide gleichzeitig.

»Aber wir haben gar nicht ...«, sagte Hugh.

»Wir hatten im Gegenteil gehofft ...«, murmelte Elizabeth.

Beide verstummten.

»Sag ihm die Wahrheit!«, befahl Hugh seiner Frau.

»Ach?« Cornelius blickte sie an. »Habe ich missverstanden, was gestern bei der Auktion vorging?«

»Ich fürchte, ja«, gestand Elizabeth und wirkte noch verhärmter. »Weißt du, das Ganze geriet außer Kontrolle. Ich habe weitergesteigert, als ich schon längst hätte aufhören sollen.« Sie hielt verlegen inne. »Ich war noch nie zuvor auf einer Auktion. Und als es mit der Standuhr nicht klappte und ich mit ansehen musste, wie billig Margaret den Turner bekam, bin ich wohl durchgedreht.«

»Du kannst das Tischchen ja wieder zur Versteigerung geben«, sagte Cornelius mit vorgetäuschtem Mitleid. »Es ist ein wirklich prächtiges Stück und wird seinen Wert behalten.«

»Wir haben uns schon erkundigt«, gestand Elizabeth. »Aber Mr Botts sagt, dass die nächste Auktion in frühestens drei Monaten stattfindet, und die Ersteigerungsbedingungen hätten unmissverständlich im Katalog gestanden: Bezahlung innerhalb von sieben Tagen.«

»Aber ich bin sicher, wenn ihr das Stück bei ihm lasst ...«

»Ja, das hat er vorgeschlagen«, warf Hugh ein. »Aber wir wussten nicht, dass bei einer Auktion fünfzehn Prozent auf den Verkaufspreis aufgeschlagen werden. Dadurch erhöht sich die Gesamtrechnung auf 126.500 Pfund. Obendrein behalten sie noch fünfzehn Prozent des gebotenen Preises ein. Das würde bedeuten, dass wir mehr als 30.000 Pfund einbüßen.«

»Ja, auf diese Weise verdienen diese Leute ihr Geld«, sagte Cornelius mit einem Seufzer.

»Aber wir haben keine 30.000, geschweige denn 126.500!«, rief Elizabeth verzweifelt.

Cornelius schenkte sich nachdenklich eine weitere Tasse Tee ein und tat, als überlegte er besorgt. »Hm«, brummte er schließlich. »Es wundert mich nur, wie ihr auf die Idee kommt, dass ich euch helfen kann, da ihr doch meine finanzielle Lage kennt.«

»Wir dachten, weil die Auktion doch fast eine Million Pfund eingebracht hat ...«, begann Elizabeth.

»Viel mehr, als geschätzt wurde«, fiel Hugh ein.

»Wir haben gehofft, du würdest Mr Botts sagen, dass du beschlossen hast, das Tischchen doch zu behalten. Natürlich würden wir erklären, dass wir damit einverstanden sind.«

»Da bin ich sicher. Aber das löst das Problem nicht, dass ihr dem Auktionator 16.500 Pfund schuldet ... und wahrscheinlich noch mehr, wenn in drei Monaten keine 110.000 Pfund dafür hereinkommen.«

Elizabeth und Hugh schwiegen.

»Habt ihr irgendetwas, das ihr verkaufen könnt, um das Geld aufzubringen?«, fragte Cornelius schließlich.

»Nur unser Haus, und darauf haben wir bereits eine hohe Hypothek«, antwortete Elizabeth.

»Aber was ist mit euren Anteilen an der Firma? Wenn ihr sie verkaufen würdet, bekämt ihr bestimmt mehr, als ihr jetzt so dringend braucht.«

»Wer würde die Firma schon kaufen wollen?«, fragte Hugh. »So gut laufen die Geschäfte nun auch wieder nicht.«

»Ich«, antwortete Cornelius.

Beide blickten ihn überrascht an.

»Ihr übergebt mir eure Anteile«, fuhr Cornelius fort, »und ich würde dafür euren Kredit als beglichen betrachten und diskret für die Summe aufkommen, die ihr Mr Botts schuldet.«

Elizabeth wollte aufbegehren, doch Hugh fragte nur: »Gibt es eine Alternative?«

»Mir fällt keine ein.«

»Dann glaube ich nicht, dass wir eine Wahl haben«, wandte Hugh sich an seine Frau.

»Aber was ist mit all den Jahren, die wir der Firma geopfert haben?«, jammerte Elizabeth.

»Der Laden wirft schon seit einiger Zeit keinen nennenswerten Gewinn mehr ab, Elizabeth, und das weißt du. Wenn wir Cornelius' Angebot nicht annehmen, müssten wir den Rest unseres Lebens die Schulden abstottern.«

Elizabeth blieb ungewohnt stumm.

»Nun, dann hätten wir das geklärt«, sagte Cornelius. »Wie wär's, wenn ihr zu meinem Anwalt geht? Er wird die Sache in die Hand nehmen.«

»Und wirst du alles mit Mr Botts klären?«, fragte Elizabeth.

»Sobald die Anteile an mich überschrieben sind, nehme ich mich des Problems mit Mr Botts an. Ich bin überzeugt, bis Ende der Woche haben wir alles unter Dach und Fach.«

Hugh senkte den Kopf.

»Und ich halte es für das Klügste«, fuhr Cornelius fort, und beide starrten ihn besorgt an, »dass Hugh weiterhin Geschäftsführer bleibt, selbstverständlich mit angemessener Vergütung.«

»Danke!« Hugh schüttelte seinem Bruder die Hand. »Das ist großzügig – unter diesen Umständen.« Während sie wieder durch den Korridor gingen, starrte Cornelius erneut auf das Porträt seines Sohnes.

»Hast du schon eine Unterkunft gefunden?«, erkundigte sich Elizabeth.

»Das wird kein großes Problem mehr sein, Elizabeth. Ich bekam ein viel höheres Angebot für The Willows, als ich zu hoffen gewagt hatte, und mit dem Erlös aus der Auktion kann ich meine Gläubiger befriedigen. Es bleibt mir sogar eine anständige Summe übrig.«

Elizabeth drehte sich heftig zu ihm um. »Und warum willst du dann unbedingt unsere Geschäftsanteile?«

»Aus dem gleichen Grund, aus dem du mein Louis-quatorze-Tischchen wolltest, meine Liebe.« Cornelius öffnete die Haustür, um sie hinauszulassen. »Auf Wiedersehen, Hugh«, sagte er, während Elizabeth ins Auto stieg.

Cornelius wollte ins Haus zurück, als er Margaret in ihrem neuen Wagen die Einfahrt heraufkommen sah. Er blieb stehen, um auf sie zu warten. Als sie mit ihrem kleinen Audi hielt, öffnete er ihr die Tür.

»Guten Tag, Margaret«, begrüßte er seine Schwester und führte sie ins Haus. »Wie schön, dich wieder in The Willows zu sehen. Ich kann mich gar nicht erinnern, wann du das letzte Mal hier warst.«

»Ich habe einen sehr unangenehmen Fehler gemacht«, gestand Margaret, noch ehe sie in der Küche waren.

Cornelius füllte den Wasserkessel und wartete darauf, dass sie ihm etwas erzählte, was er bereits wusste.

»Ich will gleich zur Sache kommen, Cornelius. Weißt du, ich hatte keine Ahnung, dass es zwei Turners gibt.«

»O ja«, erwiderte Cornelius gleichmütig. »Joseph Mallord William Turner, angeblich einer der besten Maler aus diesem Teil der Welt – was natürlich Geschmackssache ist –, und William Turner aus Oxford, etwa aus der gleichen Epoche, der aber nicht mit Joseph Mallord verwandt war und ihm ganz gewiss nicht das Wasser reichen konnte.«

»Aber das habe ich nicht gewusst«, murmelte Margaret. »Deshalb habe ich viel zu viel für den falschen Turner bezahlt – woran die Mätzchen meiner lieben Schwägerin nicht ganz schuldlos waren.«

»Ja, ich habe in der Morgenzeitung zu meinem Erstaunen gelesen, dass du ein Fall für das *Guinness Buch der Rekorde* bist, weil du einen so unübertroffenen Preis für diesen Maler gezahlt hast.«

»Ein Rekord, auf den ich gern verzichten könnte«, entgegnete Margaret. »Ich bin hier, weil ich hoffe, dass du mit Mr Botts sprichst und ...«

»Und was?«, fragte Cornelius scheinbar arglos, während er seiner Schwester eine Tasse Tee einschenkte.

»Und ihm erklärst, dass es ein schrecklicher Irrtum war.«

»Ich fürchte, das ist nicht möglich, meine Liebe. Weißt du, sobald der Hammer gefallen ist, steht der Preis. Das ist gesetzlich vorgeschrieben.«

»Aber vielleicht könntest du mir helfen, indem du für das Bild bezahlst«, schlug Margaret vor. »Schließlich steht in den Zeitungen auch, dass die Versteigerung dir knapp eine Million Pfund eingebracht hat.«

»Aber ich habe sehr viele andere Verpflichtungen.« Cornelius seufzte. »Und vergiss nicht, dass ich ein neues Zuhause brauche, sobald The Willows verkauft ist.«

»Aber du kannst doch jederzeit zu mir ziehen ...«

»Das ist das zweite derartige Angebot, das mir heute Vormittag gemacht wurde«, sagte Cornelius, »und wie ich schon Elizabeth erklärte, musste ich mich nach anderen Möglichkeiten umsehen, nachdem ihr beide mir gesagt hattet, dass ihr keinen Platz für mich habt.«

»Dann bin ich ruiniert!«, rief Margaret dramatisch.

»Weil ich keine 10.000 Pfund habe, nicht einmal die fünfzehn Prozent Aufgeld. Und da ist noch etwas, das ich nicht wusste. In der Hoffnung, einen kleinen Profit zu machen, ließ ich das Bild bei Christies versteigern.«

Endlich die Wahrheit, dachte Cornelius. Oder eine Halbwahrheit.

»Cornelius, du warst immer der Klügste in der Familie.« Tränen traten in Margarets Augen. »Dir wird doch bestimmt etwas einfallen, mir aus diesem Dilemma zu helfen.«

Scheinbar in Gedanken versunken, ging Cornelius in der Küche auf und ab. Seine Schwester verfolgte jeden seiner Schritte. Schließlich blieb er vor ihr stehen. »Ich glaube, mir ist etwas eingefallen.«

»Und was?«, rief Margaret. »Mir ist alles recht!«

»Alles?«

»Alles!«, wiederholte sie.

»Gut, dann sag ich dir, was ich tun werde. Ich bezahle für das Bild, und du gibst mir dafür deinen neuen Wagen.«

Margaret starrte ihn eine Zeit lang sprachlos an. »Aber der Audi hat mich 12.000 Pfund gekostet!«, rief sie schließlich empört.

»Möglich, aber wenn du ihn jetzt verkaufen müsstest, würdest du bestimmt nicht mehr als achttausend dafür bekommen.«

»Und wie soll ich ohne Wagen zurechtkommen?«

»Versuch's mit dem Bus«, riet ihr Cornelius. »Ich kann es nur empfehlen. Sobald du den Fahrplan im Kopf hast, ändert er dein ganzes Leben.« Er blickte auf die Uhr. »Du kannst gleich damit anfangen. Der nächste Bus fährt in zehn Minuten.«

»A-aber«, stammelte Margaret, als Cornelius die Hand

ausstreckte. Dann seufzte sie abgrundtief, öffnete ihre Handtasche und händigte ihrem Bruder die Autoschlüssel aus.

»Und vergiss nicht, das Bild von Mr Botts abzuholen. Über dem Kamin in deinem Wohnzimmer sieht es sicher ganz wundervoll aus, und es wird dir viele glückliche Erinnerungen an die Stunden bescheren, die wir gemeinsam verbracht haben.«

Margaret kniff die Lippen zusammen und stöckelte die lange Einfahrt hinunter.

Cornelius schloss die Tür und wollte in sein Arbeitszimmer, um Frank am Telefon anzuvertrauen, was an diesem Vormittag alles vorgefallen war, als er Geräusche aus der Küche hörte. Er wechselte die Richtung, eilte über den Korridor zur Küche, trat ans Spülbecken und drückte Pauline einen Kuss auf die Wange.

»Guten Tag, Pauline.«

»Wofür war das?« Sie säuberte das Geschirr im Wasser mit einer Bürste.

»Dafür, dass Sie meinen Sohn heimgebracht haben.«

»Es ist bloß eine Leihgabe. Wenn Sie nicht nett sind, kehrt er wieder in meine Wohnung zurück.«

Cornelius lächelte. »Da fällt mir ein ... ich möchte Ihr Angebot annehmen.«

»Wovon reden Sie, Mr Barrington?«

»Sie sagten mir, dass Sie Ihre Schulden lieber abarbeiten würden als Ihren Wagen zu verkaufen.« Er zog den Scheck, den sie ihm dagelassen hatte, aus seiner Brusttasche. »Ich weiß genau, wie viele Stunden Sie in den vergangenen Wochen für mich gearbeitet haben.« Er zerriss den Scheck. »Jetzt sind wir quitt.«

»Das ist sehr freundlich von Ihnen, Mr Barrington. Ich wünschte nur, Sie hätten mir das gesagt, bevor ich das Auto verkauft habe.«

»Das ist kein Problem, Pauline, denn ich bin der stolze Besitzer eines neuen Wagens.«

»Wie sind Sie dazu gekommen?« Pauline trocknete sich die Hände ab.

»Er ist ein unerwartetes Geschenk meiner Schwester«, antwortete Cornelius ohne weitere Erklärung.

»Aber Sie haben doch gar keinen Führerschein.«

»Das stimmt, aber ich weiß, was wir tun werden. Ich tausche den Wagen gegen Daniels Bild.«

»Das wäre ein sehr unfairer Tausch, Mr Barrington. Ich habe für das Bild nur 50 Pfund bezahlt, und der Wagen muss viel mehr wert sein.«

»Schön, in diesem Fall müssen Sie sich auch noch einverstanden erklären, mich hin und wieder in die Stadt und zurück zu chauffieren.«

»Bedeutet das, ich bekomme meine alte Stelle zurück?«

»Ja. Falls Sie bereit sind, Ihre neue aufzugeben.«

»Ich habe keine neue Stelle.« Pauline seufzte. »Einen Tag, bevor ich anfangen sollte, haben sie eine viel Jüngere gefunden.«

Cornelius umarmte Pauline.

»Aber das werden Sie nicht so oft machen«, rügte sie ihn.

Cornelius wich einen Schritt zurück. »Natürlich können Sie Ihren alten Job wiederhaben, und mehr Geld bekommen sie auch.«

»Was immer Sie für angebracht halten, Mr Barrington. Schließlich soll jeder bekommen, was er seinem Arbeitgeber wert ist.«

Irgendwie gelang es Cornelius, sein Lachen zu unterdrücken.

»Werden auch die Möbel und all die anderen Sachen in The Willows zurückgebracht?«

»Nein, Pauline. Das Haus ist mir seit Millies Tod viel zu groß. Das hätte ich schon viel früher erkennen müssen. Ich werde mir etwas Kleineres suchen.«

»Das hätte ich Ihnen schon vor Jahren sagen können«; murmelte Pauline. Sie zögerte. »Wird der nette Mr Vintcent auch weiterhin an den Donnerstagabenden zum Essen kommen?«

»Bis einer von uns stirbt, darauf können Sie Gift nehmen.« Cornelius grinste.

»Also ich brauchte nicht den ganzen Tag bloß herumstehen, Mr Barrington? Es gibt für mich zu tun?«

»Ja«, erwiderte Cornelius und verließ die Küche, ging durch den Korridor, holte das Paket aus der Diele und nahm es mit in sein Arbeitszimmer.

Er hatte gerade die äußerste Schicht Packpapier entfernt, als das Telefon läutete. Es war Timothy.

»Tut mir Leid, Onkel Cornelius, dass mein Geld nicht reiche, dein Schachspiel zu ersteigern.«

»Wenn nur deine Mutter und deine Tante die gleiche Zurückhaltung geübt hätten ...«

»Ich weiß nicht, was du meinst, Onkel Cornelius.«

»Es ist nicht wichtig. Was kann ich für dich tun, junger Mann?«

»Ich habe dir doch versprochen, dass ich komme und dir den Rest des Romans vorlese – es sei denn, du hast ihn inzwischen selbst gelesen.«

»Nein. Bei der Komödie, die sich in den letzten Tagen um mich herum abspielte, habe ich gar nicht mehr daran gedacht. Wie wär's, wenn du mich morgen Abend besuchst, dann können wir auch gleich miteinander essen. Und bevor dir mulmig wird, kann ich dich beruhigen – Pauline ist zurück.«

»Das ist ja großartig, Onkel Cornelius! Dann bis morgen um acht.«

»Ich freue mich darauf«, sagte Cornelius. Er legte auf und wandte sich wieder dem Paket zu. Noch bevor er die letzte Schicht Packpapier entfernt hatte, wusste er, was sich darunter befand. Sein Herz schlug schneller. Schließlich hob er den Deckel der schweren Schachtel und starrte auf die zweiunddreißig exquisit geschnitzten Elfenbeinfiguren. Ein Zettel lag bei: »Ein kleiner Dank für all deine Güte in den vergangenen Jahren. Hugh.«

Plötzlich fiel ihm das Gesicht der Frau ein, die im Auktionshaus an ihm vorbeigeeilt war. Natürlich, sie war die Sekretärin seines Bruders gewesen. Jetzt hatte er zum zweiten Mal jemanden falsch eingeschätzt!

»Welche Ironie«, sagte er laut. »Wenn Hugh das Schachspiel zu Sothebys gebracht hätte, könnte er das Louis-quatorze-Tischchen behalten und hätte für das Spiel doppelt so viel bekommen können, wie seine Frau für das Tischchen gesteigert hat.«

Er schrieb seinem Bruder, um sich zu bedanken, als das Telefon wieder läutete. Es war Frank, zuverlässig wie immer, der von seinem Treffen mit Hugh berichtete.

»Dein Bruder hat alle erforderlichen Dokumente unterschrieben, und die Anteile wurden wie gewünscht transferiert.«

»Das war schnelle Arbeit«, lobte Cornelius.

»Gleich als du mir letzte Woche die Anweisungen erteilt hast, ließ ich die Verträge ausfertigen. Du bist immer noch der ungeduldigste Mandant, den ich habe. Soll ich die Papiere am Donnerstagabend mitbringen?«

»Nein«, entgegnete Cornelius. »Ich komme heute Nachmittag bei dir vorbei und hol sie ab. Das heißt, falls Pauline Zeit hat, mich in die Stadt zu fahren.«

»Ist mir da etwas entgangen?« Frank klang verwirrt.

»Keine Sorge, Frank. Ich werde dir am Donnerstagabend alles berichten.«

Am nächsten Abend traf Timothy kurz nach zwanzig Uhr in The Willows ein. Pauline nahm ihn sofort in Beschlag und trug ihm auf, die Kartoffeln zu schälen.

»Wie geht es deiner Mutter und deinem Vater?«, fragte Cornelius, um herauszufinden, wie viel der Junge wusste.

»Gut, glaube ich, Onkel Cornelius. Übrigens, mein Vater hat mir angeboten, den Laden zu übernehmen. Am Ersten des nächsten Monats fange ich an.«

»Herzlichen Glückwunsch. Ich freue mich sehr. Wann hat er dir das Angebot gemacht?«

»Vergangene Woche«, antwortete Timothy.

»An welchem Tag?«

»Ist das wichtig?«, wunderte Timothy sich.

»Könnte sein«, erwiderte Cornelius ohne weitere Erklärung.

Der junge Mann schwieg eine Weile, ehe er schließlich sagte: »Es war Samstagabend, nachdem ich bei dir gewesen war.« Er machte eine Pause. »Ich bin nicht sicher, dass Mom sehr glücklich darüber ist. Ich hatte vor, es dir zu schreiben, aber nachdem ich sowieso zur Auktion herkommen wollte, dachte ich, ich erzähle es dir lieber. Dann aber ergab sich keine Gelegenheit, mit dir zu reden.«

»Er hat dir die Stelle also noch vor der Versteigerung angeboten?«

»O ja, fast eine ganze Woche zuvor.« Wieder blickte der junge Mann seinen Onkel fragend an, bekam jedoch auch diesmal keine Erklärung.

Pauline stellte einen Teller mit Roastbeef vor jeden, als Timothy von seinen Plänen für die Zukunft des Geschäfts erzählte.

»Weißt du, obwohl Dad Geschäftsführer bleiben wird, hat er versprochen, sich nicht allzu sehr einzumischen. Ich habe mich gefragt, Onkel Cornelius, ob du nicht Lust hättest, in den Vorstand einzutreten, wo dir doch jetzt ein Prozent der Firma gehört.«

Cornelius wirkte zuerst überrascht, dann erfreut, dann zweifelnd.

»Ich könnte deine Erfahrung bei meinen Plänen bezüglich der Ausweitung der Firma gut gebrauchen«, fügte Timothy hinzu.

»Ich kann mir nicht vorstellen, dass dein Vater es für eine gute Idee halten würde, mich im Vorstand zu haben«, entgegnete Cornelius trocken.

»Wieso nicht? Die Idee stammt schließlich von ihm«, erklärte Timothy.

Cornelius schwieg für einen Moment. Er hatte nicht erwartet, mehr über die Figuren des Spiels zu erfahren, nachdem es eigentlich für ihn beendet war.

»Ich glaube, wir sollten jetzt hinaufgehen und herausfinden, ob Simon Kerslake oder Raymond Gould Premierminister wird«, meinte er.

Timothy wartete, bis sein Onkel sich einen großen Cognac eingeschenkt und eine Zigarre angezündet hatte – die erste seit einem Monat –, bevor er vorzulesen begann.

Der Roman fesselte ihn so sehr, dass er erst wieder aufblickte, nachdem er zur letzten Seite gelangt war, wo er einen Umschlag mit seinem Namen fand.

»Was ist das?«, fragte er überrascht.

Cornelius hätte es ihm sagen können, aber er war eingeschlafen.

Pünktlich um zwanzig Uhr, wie jeden Donnerstag, läutete es an der Haustür. Als Pauline öffnete, überreichte Frank ihr einen großen Blumenstrauß.

»Oh, darüber wird Mr Barrington sich freuen. Ich gebe sie ins Wasser und stelle sie dann gleich in die Bibliothek.«

»Sie sind nicht für Mr Barrington«, sagte Frank augenzwinkernd.

»Ich weiß wirklich nicht, was in Sie beide gefahren ist«, murmelte Pauline und eilte in die Küche.

Als Frank sich zum zweiten Mal von dem Irish Stew auf den Teller schaufelte, machte Cornelius ihn darauf aufmerksam, dass es möglicherweise ihr letztes gemeinsames Mahl in The Willows war.

»Heißt das, du hast das Haus verkauft?« Frank blickte auf.

»Ja, wir haben heute Nachmittag den Vertrag unterzeichnet. Ich musste mich nur einverstanden erklären, sofort auszuziehen. Nach einem so großzügigen Angebot konnte ich schlecht Nein sagen.«

»Und wie weit bist du mit deiner Suche nach einem neuen Haus?«

»Ich glaube, ich habe bereits das ideale Objekt gefunden. Du musst nur dafür sorgen, dass der ganze Papierkram rasch über die Bühne geht, damit ich nicht zu lange ohne eigenes Zuhause bin.«

»Selbstverständlich«, versicherte ihm Frank. »Aber inzwischen kommst du zu mir. Ich kann mir nicht vorstellen, dass dir die Alternativen gefallen würden.«

»Elizabeth, Margaret oder die hiesige Kneipe.« Cornelius grinste. »Wirklich nicht verlockend.« Er hob das Glas. »Danke für das Angebot, ich nehme gern an.«

»Eine Bedingung hätte ich allerdings.«

»Und die wäre?«

»Dass Pauline mitkommt. Denn ich habe keine Lust, in meiner Freizeit hinter dir aufzuräumen.«

»Was halten Sie davon, Pauline?«, fragte Cornelius, als sie sich daranmachte, das Geschirr abzuräumen.

»Ich bin gern bereit, für Sie beide den Haushalt zu führen, aber nicht länger als einen Monat. Sonst wollen Sie vielleicht gar nicht mehr umziehen, Mr Barrington.«

»Und ich erledige umgehend den Papierkram«, versprach Frank.

Cornelius beugte sich verschwörerisch zu ihm hinüber. »Weißt du, sie kann Anwälte nicht ausstehen, aber dich mag sie.«

»Vielleicht haben Sie damit ja Recht, Mr Barrington«, warf Pauline sofort ein. »Aber das wird mich nicht davon abhalten, Sie nach einem Monat zu verlassen, wenn Sie bis dahin nicht in Ihr eigenes Haus gezogen sind.«

»Ich glaube, du solltest die Anzahlung möglichst rasch leisten«, riet ihm Frank. »Gute Häuser findet man jederzeit, aber gute Haushälterinnen sind rar.«

»Meine Herren, ist es nicht an der Zeit, dass Sie sich jetzt an Ihr Spiel machen?«

»Ja.« Cornelius nickte. »Aber zuerst einen Toast.«

»Auf wen?«, wollte Frank wissen.

»Auf Timothy.« Cornelius hob sein Glas. »Der ab dem Ersten des kommenden Monats bei Barrington in Chudley das Kommando übernimmt.«

»Auf Timothy«, sagte Frank und hob ebenfalls sein Glas.

»Weißt du, dass er mich gebeten hat, in den Vorstand einzutreten?«, sagte Cornelius.

»Das wird dir Spaß machen, und Timothy wird von deiner Erfahrung profitieren. Trotzdem erklärt das nicht, weshalb du ihm deine sämtlichen Anteile an der Firma überschrieben hast, obwohl es ihm nicht gelang, das Schachspiel zu ersteigern.«

»Gerade das hat mich veranlasst, ihm die Kontrolle über die Firma anzuvertrauen. Im Unterschied zu seiner Mutter und seinem Vater schaltet er in Gefühlssachen seinen Verstand nicht aus.«

Frank nickte billigend, während Cornelius den letzten Tropfen Wein aus dem einen Glas leerte, das sie sich vor einem Spiel gestatteten.

Cornelius erhob sich. »Ich sollte dich vielleicht warnen. Du hast die letzten drei Spiele nur deshalb gewonnen, weil ich mich mit zu vielen anderen Dingen herumschlagen musste. Jetzt, da alles geklärt ist, wird es mit deiner Glückssträhne vorbei sein.«

»Wir werden ja sehen«, entgegnete Frank, während sie durch den langen Korridor gingen. Beide blieben kurz vor Daniels Porträt stehen, um es zu bewundern.

»Wie hast du denn das zurückbekommen?«, erkundigte sich Frank.

»Oh, ich musste mit Pauline ziemlich hart darum handeln, aber schließlich bekamen wir beide, was wir wollten.«

»Und wie ...?«

»Das ist eine lange Geschichte. Ich werde dir alles bei einem Cognac erzählen, nachdem ich das Spiel gewonnen habe.«

Cornelius öffnete die Tür zur Bibliothek und ließ seinen Freund vor sich eintreten, damit er dessen Reaktion sehen konnte. Doch der Anwalt verzog keine Miene, als er das Schachspiel aufgestellt sah, sondern nahm einfach seinen üblichen Platz ein und sagte: »Du fängst an, wenn ich mich recht erinnere.«

»Stimmt.« Cornelius bemühte sich, seine Enttäuschung zu verbergen. Er schob seinen Bauern auf Q4.

»Eine konventionelle Eröffnung. Ich sehe schon, ich werde mich heute Abend konzentrieren müssen.«

Sie hatten etwa eine Stunde gespielt, ohne dass auch nur ein Wort gefallen war, als Cornelius es nicht mehr aushielt. »Bist du denn kein bisschen neugierig, wie ich das Spiel zurückbekommen habe?«

»Nein«, antwortete Frank, ohne den Blick vom Brett zu nehmen. »Nicht im Geringsten.«

»Und warum nicht?«

»Weil ich es schon weiß.« Frank zog seinen Läufer quer übers Brett.

»Wie kannst du das wissen?«, fragte Cornelius verwundert und bewegte einen Springer zurück, um seinen König zu verteidigen.

Frank lächelte. »Du vergisst, dass auch Hugh mein Mandant ist.« Er zog den Turm zwei Felder nach rechts.

Cornelius lächelte. »Dabei hätte er seine Anteile gar nicht opfern müssen, hätte er den wahren Wert des Schachspiels gekannt.« Er setzte seine Dame auf ihr Ausgangsfeld zurück.

»Er hat den wirklichen Wert durchaus gekannt«, versicherte ihm Frank und ließ sich den letzten Zug seines Gegners durch den Kopf gehen.

»Wie hatte er das herausfinden können? Du und ich sind die Einzigen, die es gewusst haben!«

»Ich habe es ihm gesagt«, antwortete Frank gleichmütig.

»Warum?« Cornelius starrte seinen alten Freund an.

»Weil es die einzige Möglichkeit war, mich zu vergewissern, ob er und Elizabeth unter einer Decke steckten.«

»Wieso hat er dann nicht bei der Vormittagsauktion für das Spiel geboten?«

»Eben weil er nicht wollte, dass Elizabeth erfuhr, was er vorhatte. Sobald er erkannt hatte, dass auch Timothy hoffte, das Spiel zu bekommen, um es dir wiederzugeben, hielt er sich zurück.«

»Aber er hätte doch weiter dafür bieten können, nachdem Timothy aufhörte.«

»Nein, konnte er nicht. Er hatte sich einverstanden erklärt, das Louis-quatorze-Tischchen zu ersteigern, und das war das letzte Stück, das unter den Hammer kam.«

»Aber Elizabeth war es nicht gelungen, die Standuhr zu bekommen, da hätte sie doch bieten können.«

»Elizabeth ist nicht meine Mandantin«, entgegnete Frank und zog seine Dame. »Sie glaubte, was du ihr gesagt hast – dass es höchstens ein paar hundert Pfund wert ist. Darum hat Hugh seine Sekretärin angewiesen, am Nachmittag dafür zu steigern.«

»Manchmal kann einem das Offensichtlichste entgehen, selbst wenn es einem ins Auge springt.« Cornelius schob seinen Turm fünf Felder vorwärts.

»Da hast du Recht«, bestätigte Frank. Er zog seine Dame und holte sich Cornelius' Turm. Dann blickte er seinen Gegner an und sagte: »Damit dürftest du Schachmatt sein.«

DER BRIEF

Alle Gäste saßen am Frühstückstisch, als Muriel Arbuthnot mit der Morgenpost hereinkam. Sie zog einen länglichen Umschlag hervor und reichte ihn ihrer ältesten Freundin.

Anna Clairmont blickte verwundert auf. Wer konnte wissen, dass sie das Wochenende bei den Arbuthnots verbrachte? Dann erkannte sie die vertraute Handschrift und musste über seinen Einfallsreichtum lächeln. Sie hoffte, dass Robert, ihr Mann, der am anderen Ende des Tisches saß, es nicht bemerkt hatte, und stellte erleichtert fest, dass er völlig in die *Times* vertieft war.

Anna versuchte den Daumen in die Ecke des Kuverts zu schieben, ohne Robert aus den Augen zu lassen. Der schaute plötzlich auf und lächelte Anna zu. Sie erwiderte sein Lächeln, ließ den Umschlag auf ihren Schoß fallen, griff nach der Gabel und stocherte in den lauwarmen Pilzen.

Sie machte keine Anstalten, nach dem Brief zu greifen, bevor ihr Mann nicht wieder hinter seiner Zeitung verschwand. Sobald er sich dem Börsenteil zugewandt hatte, legte sie das Kuvert rechts neben sich und schob das Buttermesser in die mit dem Daumen leicht aufgerissene Ecke. Langsam schnitt sie den Umschlag auf und legte das Messer neben die Butterdose zurück.

Vor ihrem nächsten Zug warf sie einen neuerlichen

verstohlenen Blick zu ihrem Mann, um sich zu vergewissern, dass er noch immer hinter der Zeitung verborgen war.

Jetzt nahm sie das Kuvert in die Linke und zog den Brief vorsichtig mit der Rechten heraus; dann steckte sie den Umschlag in ihre Handtasche, die sie neben sich liegen hatte.

Sie blickte hinunter auf das vertraute kremfarbene Briefpapier, das zweimal der Breite nach gefaltet war. Noch ein rascher Blick in Roberts Richtung. Als sein Kopf verborgen blieb, strich sie den zweiseitigen Brief glatt.

Kein Datum, keine Adresse.

»Meine geliebte Titania.« Die Neuinszenierung des *Sommernachtstraums* in Stratford, gefolgt von der ersten Nacht, in der sie miteinander geschlafen hatten. Sozusagen zwei Premieren, wie er seinerzeit gescherzt hatte. *»Ich sitze in meinem Schlafzimmer, unserem Schlafzimmer, und bringe diese Gedanken zu Papier, nur wenige Augenblicke nachdem du mich verlassen hast. Dies ist schon der dritte Versuch, weil ich nicht die richtigen Worte finden kann, meine Gefühle für dich zu beschreiben.«*

Anna lächelte. Einem Mann, der sich ein Vermögen erschrieben hatte, musste es besonders schwer fallen, so etwas zuzugeben.

»Vergangene Nacht warst du alles, was ein Mann von seiner Geliebten erträumt. Du warst aufregend, zärtlich, herausfordernd und einen wundervollen Augenblick lang eine zügellose Hure.

Es ist jetzt über ein Jahr her, dass wir uns bei der Dinnerparty der Selwyns in Norfolk kennen gelernt haben, und wie ich dir schon oft gesagt habe, wünschte ich mir schon damals nichts sehnlicher, als dich in die Arme zu schließen und die Nacht mit dir zu verbringen. Ich lag bis zum Morgengrauen wach und habe mir vorgestellt, wie du neben dem Weichei liegst.«

Anna schaute über den Tisch und sah, dass Robert an der letzten Seite seiner Zeitung angelangt war.

»Dann trafen wir uns durch einen glücklichen Zufall in Glyndebourne – doch es dauerte immer noch elf weitere Tage, ehe du ihm zum ersten Mal untreu warst, und dann auch erst, als das Weichei nach Brüssel musste. Jene Nacht verging viel zu schnell für mich.

Ich will mir lieber nicht vorstellen, wie das Weichei auf dein verführerisches Äußeres reagiert hätte. Vielleicht hätte er ja angenommen, dass du immer so im Wohnzimmer in der Lonsdale Avenue aufräumst – in einer durchsichtigen Bluse ohne BH, einem hautengen schwarzen Lederrock mit Reißverschluss vorne, Netzstrümpfen, Stöckelschuhen und, nicht zu vergessen, der shocking-pink Lippenstift.«

Anna schaute wieder auf und fragte sich, ob sie errötete. Wenn er wirklich so sehr davon angetan gewesen war, würde sie einen weiteren Einkaufsbummel in Soho machen müssen, sobald sie wieder in der Stadt war.

»Ach, Liebste, ich genieße unsere Leidenschaft wie sonst nichts auf der Welt, aber ich muss gestehen – was mich am meisten anmacht, sind die Orte, die du wählst, wenn du während deiner Mittagspause gerade mal eine Stunde Zeit hast. Ich erinnere mich an jeden einzelnen Schauplatz unserer glutvollen Begegnungen … der Rücksitz meines Mercedes auf dem NCP-Parkplatz in Mayfair, der Lastenaufzug von Harrods, die Toilette im Caprice. Aber am aufregendsten war es in der kleinen Loge auf dem ersten Rang in Covent Garden während der Aufführung von Tristan und Isolde. *Einmal vor der ersten Pause, dann noch einmal vor dem letzten Akt – nun, es ist ja auch eine lange Oper.«*

Anna kicherte unwillkürlich und legte rasch den Brief auf ihren Schoß, als Robert über den Rand der Zeitung spähte.

»Was findest du so lustig, meine Liebe?«, fragte er.

»Das Bild von James Bond, wie er auf der Kuppel landet.« Robert blinzelte verwirrt. »Auf dem Titelblatt deiner Zeitung.«

»Ach so.« Robert warf einen flüchtigen Blick darauf, dann kehrte er zu seiner Lektüre zurück.

Anna holte sich den Brief wieder.

»Was mich an deinem Wochenende bei Muriel und Reggie Arbuthnot am kribbligsten macht, ist die Vorstellung, dass du im selben Bett liegst wie das Weichei. Ich versuche mir einzureden, dass die Arbuthnots wahrscheinlich getrennte Zimmer genommen haben, da sie ja mit der Königsfamilie verwandt und deshalb außerordentlich sittsam sind.«

Anna nickte. Wie gern hätte sie ihm gesagt, dass er richtig vermutete.

»Schnauft er wirklich wie die Queen Elizabeth II, *wenn sie in den Hafen von Southampton einläuft? Ich kann ihn direkt vor mir sehen, wie er am hintersten Ende der Frühstückstafel sitzt, in einer Harris-Tweedjacke, grauer Hose, kariertem Hemd und MCC-Krawatte, wie auf einem Foto in der Zeitschrift* Hare and Hound *aus dem Jahr 1966.«*

Diesmal platzte Anna laut heraus. Glücklicherweise rettete Reggie Arbuthnot sie, als er sich von seinem Platz erhob und fragte: »Jemand an einem Tennisdoppel interessiert? Nach der Wettervorhersage müsste der Regen bald aufhören.«

»Sehr gern«, meldete sich Anna und ließ den Brief unter dem Tisch verschwinden.

»Was ist mit dir, Robert?«, fragte Reggie.

Anna sah zu, wie ihr Mann die *Times* zusammenfaltete, die Zeitung vor sich auf den Tisch legte und den Kopf schüttelte.

O Gott, dachte Anna. Er trägt tatsächlich eine Tweedjacke und eine MCC-Krawatte!

»Ich würde gern mitspielen«, erklärte Robert, »aber ich fürchte, ich muss ein paar Anrufe machen.«

»An einem Samstagmorgen?«, fragte Muriel, die vor dem reich bestückten kalten Büfett stand und ihren Teller zum zweiten Mal füllte.

»Leider ja«, antwortete Robert. »Weißt du, Verbrecher haben keine Fünftagewoche, und sie erwarten, dass ihre Anwälte rund um die Uhr für sie da sind.« Jetzt lachte Anna nicht. Genau diese Bemerkung hatte sie in den vergangenen sieben Jahren jeden Samstag gehört.

Robert erhob sich von der Tafel, blickte zu seiner Frau hinüber und sagte: »Wenn du mich brauchst, meine Liebe, ich bin in meinem Zimmer.«

Anna nickte und wartete, dass er die Tür hinter sich schloss.

Sie wollte gerade den Brief weiterlesen, als sie bemerkte, dass Robert seine Brille hatte liegen lassen. Sie würde sie ihm bringen, sobald sie zu Ende gefrühstückt hatte. Jetzt legte sie den Brief vor sich auf den Tisch und wandte sich der zweiten Seite zu.

»Weißt du, was ich für unseren Jahrestag geplant habe, während das Weichei in Leeds auf seiner Konferenz ist? Ich habe uns dasselbe Zimmer im Lygon Arms ge-

bucht, in dem wir unsere erste gemeinsame Nacht ver-
brachten. Diesmal habe ich Karten für Ende gut, alles
gut *reservieren lassen. Und ich hätte noch einen ganz*
besonderen Wunsch, sobald wir von Stratford in unser
Zimmer im Broadway-Hotel zurückgekehrt sind.

  Ich möchte an das Himmelbett gefesselt sein, und du
sollst über mir stehen als Police Sergeant: mit Schlag-
stock, Trillerpfeife, Handschellen, in enger schwarzer
Uniform mit silberfarbenen Knöpfen, die du langsam
öffnen wirst, damit man deinen schwarzen BH darunter
sieht. Und, mein Liebling, du darfst mich nicht freilas-
sen, ehe ich dich dazu gebracht habe, lauthals zu
schreien, wie du es in der Tiefgarage in Mayfair getan
hast.

  Bis dahin,
  dein dich liebender Oberon.«

Anna hob den Kopf und lächelte. Sie fragte sich, wo sie
eine solche Uniform bekommen könnte. Sie wollte sich
gerade wieder der ersten Seite zuwenden, als sie das
Postskriptum bemerkte.

»P.S. Ich frage mich, was das Weichei gerade macht.«

Plötzlich bemerkte Anna, dass Roberts Brille nicht mehr
auf dem Tisch lag.

  »Was muss das bloß für ein Halunke sein, der einer
verheirateten Frau einen so ungeheuerlichen Brief
schreibt!«, empörte sich Robert, während er seine Brille
zurechtrückte.

Anna drehte sich erschrocken um. Ihr Mann stand hinter ihr. Er starrte hinunter auf den Brief, und Schweißperlen glänzten auf seiner Stirn.

»Was fragst du mich das«, erwiderte Anna cool, als Muriel mit einem Tennisschläger kam. Sie faltete den Brief zusammen, reichte ihn ihrer ältesten Freundin, zwinkerte ihr zu und sagte: »Faszinierend, meine Liebe, aber ich hoffe für dich, dass Reggie nie dahinter kommt.«

VERBRECHEN LOHNT SICH

Kenny Merchant – es war nicht sein echter Name, aber was war schon echt an ihm? – hatte sich an einem ruhigen Montagmorgen Harrods als Ausgangspunkt für sein Unternehmen ausgesucht.

Kenny trug Nadelstreifenanzug, weißes Hemd und Guards-Krawatte. Wenige Kunden hätten gewusst, dass es sich um eine Guards-Krawatte handelte, doch Kenny war überzeugt, dass der Verkäufer, von dem er sich bedienen lassen wollte, die roten und dunkelblauen Streifen sofort erkennen würde.

Der Portier, der ihm die Tür aufhielt, hatte bei den Coldstream Guards gedient und salutierte, kaum dass er die Krawatte bemerkt hatte – derselbe Portier, der ihn während seiner Besuche in der vergangenen Woche kein einziges Mal beachtet hatte. Aber das war kein Wunder: da hatte Kenny einen abgetragenen Anzug, ein offenes Hemd und eine dunkle Brille getragen. Doch letzte Woche war er nur zum Erkunden hier gewesen – heute wollte er sich festnehmen lassen.

Harrods hat jede Woche gut hunderttausend Kunden. Am ruhigsten war es am Montag zwischen zehn und elf. Kenny kannte jede Einzelheit des großen Kaufhauses, so wie ein Fußballfan mit allem vertraut war, was »seine« Mannschaft betraf.

Er wusste, wo die Überwachungskameras angebracht

waren, und er erkannte jeden Wachmann schon aus dreißig Schritt Entfernung. Er kannte sogar den Namen des Verkäufers, der ihn heute bedienen sollte, obwohl Mr Parker keine Ahnung hatte, dass er ein winziges Rädchen in Kennys gut geölter Maschinerie sein sollte.

Als Kenny an diesem Morgen zur Schmuckabteilung kam, beauftragte Mr Parker gerade einen jungen Verkäufer mit einigen Änderungen, die er in einem offenen Schaukasten vornehmen sollte.

»Guten Morgen, Sir«, wandte Parker sich dem ersten Kunden des Tages zu. »Kann ich Ihnen behilflich sein?«

»Ich suche Manschettenknöpfe.« Kenny bemühte sich um einen abgehackten Tonfall und hoffte, dadurch wie ein Guards-Offizier zu klingen.

»Selbstverständlich, Sir.«

Kenny amüsierte sich, wie respektvoll er wegen der Guards-Krawatte behandelt wurde, die er erst gestern für 23 Pfund in der Herrenabteilung erstanden hatte.

»Eine bestimmte Art?«, erkundigte sich der Verkäufer.

»Nein, ich hätte sie nur gern in Silber.«

»Selbstverständlich, Sir.« Mr Parker brachte mehrere Schachteln mit silbernen Manschettenknöpfen herbei.

Kenny wusste genau, welche er wollte. Er hatte sie bereits am Samstagnachmittag ausgewählt. »Was ist mit diesen?« Er deutete auf das oberste Regalfach. Als der Verkäufer sich umdrehte, schaute Kenny nach der Überwachungskamera und machte einen Schritt nach rechts, damit sie ihn deutlicher im Bild hatte. Mr Parker streckte den Arm aus, um die Kollektion aus dem Fach zu nehmen. Kenny griff inzwischen nach den erwählten Manschettenknöpfen auf dem Verkaufstisch und steckte sie in die Jackentasche, bevor der Verkäufer sich ihm wieder zuwandte.

Aus den Augenwinkeln sah Kenny einen Sicherheitsmann eiligen Schrittes auf sich zukommen und gleichzeitig in sein Walkie-Talkie reden.

»Entschuldigen Sie, Sir.« Der Wachmann fasste ihn am Ellbogen. »Würden Sie mich freundlicherweise begleiten?«

»Was soll das?«, fragte Kenny scheinbar entrüstet, als ein zweiter Sicherheitsmann neben ihm auftauchte.

»Sie würden sich selbst einen Gefallen tun, wenn Sie uns begleiten, damit wir die Sache unauffällig regeln können«, meinte der zweite Wachmann und packte Kennys anderen Arm.

»So bin ich noch nie beleidigt worden!«, rief Kenny empört, so laut er konnte. Er legte die Manschettenknöpfe aus seiner Jackentasche auf den Verkaufstisch zurück und fügte hinzu: »Ich hatte natürlich die Absicht, sie zu bezahlen.«

Der Sicherheitsmann nahm das Etui an sich. Zu seiner Verwunderung begleitete der wütende Kunde ihn ohne ein weiteres Wort zum Besprechungszimmer.

Als sie das kleine Gelass mit den grünen Wänden betraten, wurde Kenny aufgefordert, hinter einem Schreibtisch Platz zu nehmen. Der eine Sicherheitsmann kehrte zu seinen Pflichten im Parterre zurück, der andere blieb an der Tür stehen. Kenny wusste, dass im Durchschnitt zweiundvierzig Personen wegen Ladendiebstahls im Harrods festgenommen und über neunzig Prozent der Täter der Polizei überstellt wurden.

Wenige Augenblicke später öffnete sich die Tür, und ein großer dünner Mann mit griesgrämigem Gesicht trat ein. Er setzte sich an die andere Seite des Schreibtisches und blickte zu Kenny hinüber, ehe er eine Schublade herauszog und ein grünes Formular herausnahm.

»Name?«, fragte er.

»Kenny Merchant«, antwortete Kenny ohne Zögern.

»Anschrift?«

»42 St Luke's Road, Putney.«

»Beruf?«

»Arbeitslos.«

Kenny beantwortete noch mehrere Minuten lang die Fragen des griesgrämigen Mannes. Ehe der Inquisitor zur letzten Frage kam, studierte er kurz die silbernen Manschettenknöpfe, ehe er anschließend ganz unten auf dem Formular »Wert 90 Pfund« eintrug. Kenny kannte die Bedeutung dieser Summe nur zu gut.

Das Formular wurde zum Unterzeichnen zu Kenny herübergedreht. Zur Überraschung des Inquisitors unterschrieb er sofort.

Der Sicherheitsmann führte ihn anschließend in ein Nebenzimmer, wo man ihn fast eine Stunde warten ließ. Der Wächter wunderte sich, dass Kenny nicht fragte, was als Nächstes geschehen würde, weil alle anderen es taten. Doch Kenny wusste genau, was nun bald passieren würde, obwohl er nie zuvor wegen Ladendiebstahls festgenommen worden war.

Etwa eine Stunde später traf die Polizei ein, und er wurde mit fünf anderen zum Magistrates Court in der Horseferry Road gebracht, dem Gericht für kleinere Vergehen. Wieder musste er lange warten, bis er vor den Magistrat kam, den Friedensrichter, der ohne Geschworene sein Urteil sprach. Die Anklage wurde verlesen, und Kenny erklärte sich für schuldig. Da der Wert der Manschettenknöpfe weniger als 100 Pfund betrug, würde man ihn nicht zu einer Haftstrafe, sondern zu einer Geldbuße verdonnern. Er wartete geduldig, bis der Magistrat ihm die gleichen Fragen stellte, wie Kenny sie mehrmals gehört hatte, als er vergangene Woche in den Zuschauerreihen gesessen hatte.

»Haben Sie noch irgendetwas zu sagen, ehe ich den Urteilsspruch fälle?«

»Ja, Sir«, sagte Kenny. »Ich habe vergangene Woche bei Selfridges eine Uhr gestohlen. Ich habe deshalb ein schlechtes Gewissen und möchte sie gern zurückgeben.« Er strahlte den Richter an.

Der Magistrat nickte. Er las die Adresse auf dem Formular, das vor ihm lag, und ordnete an, dass ein Polizist – hier nannte man sie noch Constable – Mr Merchant nach Hause begleite und den gestohlenen Artikel an sich nehme. Einen Augenblick sah es fast so aus, als würde er den verurteilten Täter belobigen. Ebenso wie Mr Parker, der Sicherheitsmann und der Inquisitor wusste auch der Richter nicht, dass er nur ein kleines Rädchen in einem großen Getriebe war.

Ein junger Constable fuhr Kenny nach Putney. Unterwegs erzählte er, dass er seinen Job erst seit ein paar Wochen habe. Na, dann kannst du dich auf etwas gefasst machen, dachte Kenny, als er die Haustür aufschloss und den Constable hereinbat.

»O Gott!«, rief der junge Mann in dem Moment, als er das Wohnzimmer betrat. Er drehte sich um, stürmte aus der Wohnung und rief über das Funkgerät im Wagen sofort seinen Reviervorsteher an. Schon wenige Minuten später parkten zwei Streifenwagen vor Kennys Zuhause in der St Luke's Road. Chief Inspector Travis marschierte durch die offene Tür. Kenny saß im Korridor und streckte ihm die gestohlene Uhr entgegen.

»Zum Teufel mit der Uhr«, brummte der Chief Inspector. »Was ist mit all diesem Zeug?« Er deutete mit einer weit ausholenden Armbewegung ins Wohnzimmer.

»Das gehört alles mir«, antwortete Kenny. »Ich hab nur die Uhr hier gestohlen, eine Timex Masterpiece im Wert von 44 Pfund. Ich hab sie bei Selfridges geklaut, gebe sie jetzt aber zurück.«

»Was führen Sie im Schilde, Mann?«, fragte Travis barsch.

»Ich habe keine Ahnung, was Sie meinen«, entgegnete Kenny scheinbar verständnislos.

»Und ob Sie wissen, was ich meine«, brauste der Chief Inspector auf. »Sie haben da teuren Schmuck, Gemälde, Kunstgegenstände und antike Möbelstücke aufgehäuft« – im Gesamtwert von ungefähr 300.000 Pfund, hätte Kenny ihm gern anvertraut –, »und ich glaube nicht, dass irgendetwas davon auf ehrliche Weise in Ihren Besitz gelangt ist.«

»Dann werden Sie es beweisen müssen, Chief Inspector. Falls Sie es nicht können, gehört es von Rechts wegen mir. Und wenn das der Fall ist, kann ich es verkaufen, oder was immer ich damit anfangen will.«

Der Chief Inspector informierte Kenny mit düsterer Miene über seine Rechte und verhaftete ihn wegen Diebstahls.

Wieder erschien Kenny vor Gericht, diesmal im Old Bailey, dem Schwurgericht für schwere Straftaten, die in London und Umgebung begangen wurden. In Anbetracht des feierlichen Anlasses trug Kenny seinen Nadelstreifenanzug, ein weißes Hemd und die Guards-Krawatte. Diesmal saß er wegen Diebstahls einer Beute im Wert von etwa 24.000 Pfund auf der Anklagebank.

Die Polizei hatte eine vollständige Inventur sämtlicher zweifelhaften Objekte in Kennys Wohnung vorgenommen und sechs Monate lang versucht, die Eigentümer dieser Gegenstände aufzuspüren. Doch trotz Anzeigen in sämtlichen Fachblättern, und obwohl die Gegenstände immer wieder in der Fernsehsendung *Crimewatch* gezeigt und sogar für die Öffentlichkeit zur Besichtigung ausgestellt wurden, machte für achtzig Prozent des Diebesguts niemand ein Eigentumsrecht geltend.

Chief Inspector Travis versuchte mit Kenny ein Abkommen zu treffen und versprach ihm, für eine milde Strafe zu sorgen, falls er aussagte, wem die Gegenstände gehörten.

»Es gehört alles mir«, wiederholte Kenny.

»Wenn Sie so stur bleiben, können Sie keine Hilfe von uns erwarten«, drohte der Chief Inspector.

Kenny hatte von vornherein keine Hilfe von Travis erwartet. Das hatte nie zu seinem Plan gehört.

Kenny war immer schon der Meinung gewesen, dass man bei einem Strafverteidiger nicht kleinlich sein dürfe, wollte man sich unliebsame Überraschungen vor Gericht ersparen. Er wurde in diesem Fall von einer der führenden Kanzleien vertreten, deren gerissenster Anwalt, Arden Duveen, 10.000 Pfund Honorar verlangte.

Kenny erklärte sich schuldig im Sinne der Anklage, da er genau wusste, dass die Polizei weder im Protokoll noch im Zeugenstand einen der Gegenstände benennen durfte, deren Eigentümer sich nicht gemeldet hatten, sodass man von Rechts wegen davon ausgehen musste, dass sie Kenny gehörten. Tatsächlich hatte die Polizei, wenngleich widerstrebend, sämtliche Gegenstände zurückgegeben, bei denen sie nicht beweisen konnte, dass es sich um Diebesgut handelte. Kenny war es gelungen, sie rasch für ein Drittel ihres Wertes an einen Händler zu verhökern – ein gutes Geschäft verglichen mit den zehn Prozent, die ihm sechs Monate zuvor ein Hehler geboten hatte.

Anwalt Duveen erklärte dem Richter, dass es nicht nur die erste Straftat seines Mandanten sei, sondern dass Kenny die Gesetzeshüter sogar aufgefordert habe, ihn nach Hause zu begleiten, obwohl ihm bewusst gewesen sei, dass die Polizei die gestohlenen Gegenstände entdecken und ihn festnehmen würde. Konnte es einen besseren Beweis für seine Bußfertigkeit und Reue geben?

Außerdem machte Anwalt Duveen das Gericht darauf aufmerksam, dass Mr Merchant neun Jahre lang Soldat gewesen war und nach seinem aktiven Dienst in der Golfregion ehrenhaft entlassen wurde. Nun aber kam er mit dem Leben als Zivilist offenbar nicht zurecht. Mr Duveen stellte dies nicht als Entschuldigung für seinen Mandanten hin, wollte jedoch betonen, dass Mr Merchant geschworen hatte, nie wieder ein solches Verbrechen zu begehen, und dass er den Richter um ein mildes Urteil bitte.

Kenny stand mit gesenktem Kopf vor dem Hohen Gericht.

Seine Ehren machte ihm klar, wie schlimm sein Verbrechen gewesen war, fügte jedoch hinzu, dass er alle mildernden Umstände in diesem Fall bedacht habe und ihn deshalb nur zu zwei Jahren Haft verurteile.

Kenny dankte und versicherte ihm, dass er nie wieder vor diesem Richterstuhl stehen würde. Er wusste, dass das Verbrechen, das er als Nächstes plante, nicht mit einer Haftstrafe geahndet werden könnte.

Chief Inspector Travis beobachtete, wie Kenny abgeführt wurde, und fragte den Staatsanwalt: »Wie viel, glauben Sie, hat der verdammte Kerl damit verdient, dass er sich genau an den Buchstaben des Gesetzes gehalten hat?«

»Hunderttausend, schätze ich«, antwortete der Ankläger der Krone.

»Mehr als ich in meinem ganzen Leben zur Seite legen könnte«, murmelte der Chief Inspector, ehe er eine wortreiche Verwünschung hervorstieß, die keiner der Anwesenden beim Dinner an diesem Abend aus Anstandsgründen vor seiner Gattin wiederholen konnte.

Der Ankläger war mit seiner Schätzung der Wahrheit ziemlich nahe gekommen. Kenny hatte zu Beginn der Woche einen Scheck über 86.000 Pfund bei der Hongkong- und Shanghai-Bank eingezahlt.

Der Chief Inspector konnte freilich nicht wissen, dass Kenny erst die Hälfte seines Plans in die Tat umgesetzt hatte und sich jetzt, da das Anfangskapital vorhanden war, auf einen frühen Ruhestand vorbereiten konnte. Ehe er in die Haftanstalt gebracht wurde, hatte er noch eine Bitte an seinen Anwalt.

Während Kenny im Ford-Open-Gefängnis saß, nutzte er seine Zeit. Er verbrachte jeden freien Augenblick damit, die Parlamentsakten zu studieren, die zurzeit im Unterhaus debattiert wurden. Er ignorierte mehrere Akten über die Regierungspolitik sowie Gesetzesentwürfe, die mit dem Gesundheits-, Bildungs- und Sozialleistungswesen zu tun hatten, ehe er zur Vorlage des Datenschutzgesetzes kam, von dem er jede Klausel so eingehend studierte, wie die Abgeordneten es bei den Entwürfen getan hatten. Er verfolgte jeden Zusatz, jede Änderung. Als das Gesetz 1992 ratifiziert war, bat er seinen Anwalt zu sich.

Der Mann hörte sich Kennys Fragen an, konnte sie aber nicht genau beantworten und gestand, dass er sich erst kundig machen müsse. »Ich werde mich sofort mit Mr Duveen in Verbindung setzen«, versprach er.

Während Kenny auf die Meinung seines Starverteidigers wartete, bat er seinen Anwalt, ihm die neuesten Ausgaben jeder Wirtschaftszeitung zu besorgen, die im Vereinigten Königreich erschienen.

Der Anwalt bemühte sich, bei dieser Bitte nicht wieder so verwundert dreinzuschauen wie damals, als Kenny ihn gebeten hatte, ihm sämtliche Parlamentsakten zu besorgen, über die im Unterhaus debattiert wurde. Während der folgenden Woche trafen die gewünschten Zeitungen und Zeitschriften bündelweise im Gefängnis ein, und Kenny verbrachte jede freie Minute damit, jedes Inserat auszuschneiden, das in mindestens drei Zeitungen und Zeitschriften erschien.

Genau ein Jahr nach seiner Verurteilung wurde Kenny wegen guter Führung auf Bewährung entlassen. Als er aus dem Ford-Open-Gefängnis schritt, nachdem er lediglich die Hälfte seiner Strafe abgesessen hatte, trug er nur einen großen braunen Umschlag bei sich, in dem sich dreitausend Inserate befanden, sowie die schriftlich niedergelegte Meinung von Mr Duveen über Artikel 9, Paragraf 6, Abschnitt a des Datenschutzgesetzes von 1992.

Eine Woche später flog Kenny nach Hongkong.

Die Hongkonger Polizei berichtete Chief Inspector Travis, dass Mr Merchant in einem kleinen Hotel abgestiegen sei und die Tage damit verbrachte, Druckereien aufzusuchen, sich Kostenvoranschläge für ein Journal namens *Business Enterprise UK* machen zu lassen und die Einzelhandelspreise für Geschäftspapier und Umschläge in Erfahrung zu bringen. Wie die Beamten bald herausfanden, sollte das Journal ein paar Beiträge über Finanzgeschäfte und Aktien enthalten, der Großteil aber waren Kleinanzeigen.

Die Hongkonger Polizei war verwundert, als sie erfuhr, wie viele Exemplare Kenny von diesem Journal drucken ließ.

»Und?«, erkundigte sich Chief Inspector Travis. »Wie viele?«

»Neunundneunzig.«

»Neunundneunzig? Dafür muss es einen ganz besonderen Grund geben«, war Travis' sofortige Entgegnung.

Es verwirrte ihn noch mehr, als er erfuhr, dass es bereits eine Zeitschrift namens *Business Enterprise* gab, die eine Auflage von 10.000 Exemplaren hatte.

Die Hongkonger Polizei meldete bald darauf, dass Kenny den Druck von 2.500 Blatt bestem Briefpapier und 2.500 braunen Kuverts in Auftrag gegeben habe.

»Was führt er bloß im Schilde?«, fragte sich Travis.

Niemand in Hongkong oder London hatte darauf eine vernünftige Antwort.

Drei Wochen später berichtete die Hongkonger Polizei, dass Mr Merchant in einem Postamt 2.400 Briefe an Adressen im gesamten Vereinigten Königreich aufgegeben habe.

Die Woche darauf flog Kenny zurück nach Heathrow.

Obgleich Travis Kenny observieren ließ, konnte sein Schatten, ein junger Constable, nichts Ungewöhnliches melden, außer dass er vom Postboten erfahren hatte, dass Mr Merchant jeden Tag etwa fünfundzwanzig Schreiben erhielt und sich pünktlich jeden Mittag zur

Lloyd's Bank in der King's Road begab, um dort diverse Schecks in einer Höhe zwischen zweihundert und zweitausend Pfund einzuzahlen. Der Constable erwähnte nicht, dass Kenny ihm jeden Tag zuwinkte, bevor er die Bank betrat.

Nach sechs Monaten trafen nur noch vereinzelte Briefe ein, und Kenny ging kaum noch zur Bank.

Als einzige Neuigkeit konnte der Constable seinem Vorgesetzten mitteilen, dass Mr Merchant aus seinem kleinen Apartment in der St Luke's Road in Putney in ein imposantes vierstöckiges Herrenhaus am Chester Square gezogen war.

Gerade als Travis sich dringenderen Fällen zuwandte, flog Kenny wieder nach Hongkong. »Wie fast genau vor einem Jahr«, lautete der einzige Kommentar des Chief Inspectors.

Die Hongkonger Polizei berichtete ihrem Londoner Kollegen, dass Kenny in etwa das Gleiche unternahm wie im Jahr zuvor, mit einem einzigen Unterschied: Diesmal bewohnte er eine ganze Suite im Hotel Mandarin. Er war zum selben Drucker gegangen, der aussagte, dass sein Kunde wieder eine Bestellung für *Business Enterprise UK* aufgegeben hatte. Diese zweite Nummer enthielt einige neue Beiträge zu wirtschaftlichen Themen, aber nur noch 1.971 Anzeigen.

»Wie viele Exemplare lässt er diesmal drucken?«, erkundigte sich der Chief Inspector.

»Die gleiche Anzahl wie beim letzten Mal. Neunundneunzig. Aber er hat diesmal lediglich zweitausend Blatt Briefpapier und zweitausend Umschläge bestellt.«

»Was führt er bloß im Schilde?«, fragte sich der Chief Inspector – auch diesmal, ohne eine Antwort zu erhalten.

Sobald das Journal gedruckt war, begab Kenny sich wieder ins gleiche Postamt und verschickte 1.971 Briefe, bevor er nach London zurückkehrte, diesmal erster Klasse mit der British Airways.

Travis wusste, dass Kenny irgendwie gegen das Gesetz verstieß, doch er hatte weder das Personal noch die Mittel, der Sache nachzugehen. Kenny hätte dieses Spielchen schier endlos weitertreiben können, wäre nicht die Beschwerde einer großen Maklerfirma auf dem Schreibtisch des Chief Inspectors gelandet.

Ein Mr Cox, Rechnungsführer der Firma, beschwerte sich, dass eine Rechnung über 500 Pfund für ein Inserat eingegangen sei, für das seine Firma gar keinen Auftrag erteilt hatte.

Der Chief Inspector besuchte Mr Cox in dessen Büro in der City. Nach einem langen Gespräch erklärte Cox sich einverstanden, der Polizei zu helfen, indem er Klage erhob.

Die Anklagebehörde brauchte fast sechs Monate, den Fall vorzubereiten, ehe sie ihn an den Lordsiegelbewahrer weiterleitete. Dieser brauchte ebenso lange, die Unterlagen zu prüfen, um sie anschließend dem Staatsanwalt zu übergeben. Dann aber fuhr der Chief Inspector sofort zum Chester Square und nahm Kenny höchstpersönlich wegen Betrugs fest.

Mr Duveen erschien am nächsten Morgen vor Gericht und beharrte darauf, dass sein Mandant ein vorbildlicher Bürger sei. Der Richter ließ Kenny gegen Kaution frei, verlangte jedoch, dass er seinen Reisepass abgab.

»Meinetwegen«, sagte Kenny zu seinem Anwalt, »ich werde ihn die nächsten zwei Monate sowieso nicht brauchen.«

Die Verhandlung begann sechs Wochen später im Old Bailey, und wieder war Mr Duveen Kennys Verteidiger. Während Kenny vor dem hohen Gericht strammstand, verlas der Schriftführer die sieben Anklagen wegen Betrugs. Bei jeder erklärte Mr Duveen seinen Mandanten für nicht schuldig. Mr Cox, der Privatkläger, legte alles haarklein dar, doch wie in vielen Prozessen, bei denen es um Wirtschafts- und Finanzdelikte ging, schienen die Geschworenen nicht sonderlich wild auf detaillierte Erklärungen zu sein.

Kenny wusste, dass es nun darauf ankam, ob die zwölf Geschworenen Mr Duveen oder Mr Cox glaubten, denn von den Feinheiten des Datenschutzgesetzes von 1992 verstanden sie bestimmt nichts.

Als Mr Cox am dritten Tag den Eid ablegte, wuchs Kennys Überzeugung, dass man diesem Mann seinen letzten Penny anvertrauen konnte. Tatsächlich überlegte er bereits, ob er nicht ein paar Tausender in Mr Cox' Firma investieren sollte.

Mr Matthew Jarvis, der Staatsanwalt, stellte Mr Cox eine Reihe behutsamer Fragen, deren Antworten ihn als Mann von makelloser Rechtschaffenheit ausweisen sollten, der es als seine Bürgerpflicht ansah, dass der Angeklagte für seinen Betrug bezahlte und nie wieder eine Straftat begehen konnte.

Mr Duveen erhob sich, um das Kreuzverhör zu führen.

»Mr Cox, ich möchte Sie als Erstes fragen, ob Sie die betreffende Anzeige überhaupt gesehen haben.«

Mr Cox starrte ihn ungläubig an. »Selbstverständlich.«

»War die Anzeige so beschaffen, dass sie unter normalen Umständen akzeptabel für Ihre Firma gewesen wäre?«

»Ja, aber ...«

»Kein Aber, Mr Cox. Entweder war sie akzeptabel für Ihre Firma, oder sie war es nicht.«

»Sie war es«, antwortete Mr Cox durch geschürzte Lippen.

»Hat Ihre Firma letztendlich für die Anzeige bezahlt?«

»Natürlich nicht!«, entgegnete Mr Cox entrüstet. »Ein Angestellter meiner Abteilung hatte Zweifel an der Richtigkeit der Rechnung und machte mich sofort darauf aufmerksam.«

»Sehr lobenswert«, sagte Mr Duveen. »Und ist dieser Angestellte auch auf die Zahlungsbedingungen aufmerksam geworden?«

»Nein, das war ich.« Mr Cox blickte mit selbstzufriedenem Lächeln zu den Geschworenen.

»Außerordentlich beeindruckend, Mr Cox. Können Sie sich noch an den genauen Wortlaut der Zahlungsbedingungen erinnern?«

»Ja, ich glaube schon.« Mr Cox überlegte kurz. »Falls Sie mit der Anzeige nicht zufrieden sind, besteht keinerlei Verpflichtung, diese Rechnung zu begleichen.«

»Keinerlei Verpflichtung, diese Rechnung zu begleichen«, wiederholte Duveen.

»Ja.« Mr Cox nickte. »Genauso lautete der Zusatz.«

»Dann ließen Sie die Rechnung also nicht bezahlen?«

»Nein. Ich habe es untersagt.«

»Gestatten Sie mir, Ihre Aussage zu resümieren, Mr Cox. Sie erhielten eine kostenlose Anzeige im Journal meines Mandanten, eine für Ihre Firma vorteilhafte Anzeige, die Sie in jeder anderen Zeitschrift akzeptiert hätten. Verstehe ich das richtig?«

»Ja, aber ...«, begann Mr Cox.

»Keine weiteren Fragen, Euer Ehren.«

Duveen hatte vermieden, jene Kunden zu erwähnen, die für ihre Anzeigen bezahlt hatten, von denen aber keiner bereit gewesen war, aus Angst vor schlechter Publicity vor Gericht auszusagen. Kenny fand, dass sein Anwalt den wichtigsten Zeugen der Anklage lächerlich gemacht hatte, doch Duveen warnte ihn vor, dass Jarvis das Gleiche mit ihm versuchen würde, sobald er aussagen musste.

Der Richter schlug eine Mittagspause vor. Kenny hatte keinen Appetit und studierte stattdessen noch einmal das Datenschutzgesetz.

Als die Verhandlung nach dem Lunch wieder aufgenommen wurde, teilte Mr Duveen dem Richter mit, dass er nur den Beklagten aufrufen würde.

Kenny betrat den Zeugenstand in dunkelblauem Anzug, weißem Hemd und Guards-Krawatte.

Mr Duveen ließ sich viel Zeit, Kenny von seiner Armeelaufbahn und den Diensten erzählen zu lassen, die er seinem Land am Golf geleistet hatte, ohne auf jene Dienste hinzuweisen, denen er später im Namen Ihrer Majestät unfreiwillig unterzogen worden war. Als Duveen sich schließlich wieder setzte, hegten die Geschworenen keinen Zweifel mehr, dass sie es hier mit einem Geschäftsmann von untadeligem Ruf zu tun hatten.

Mr Matthew Jarvis erhob sich bedächtig von seinem Platz und tat so, als würde er seine Papiere neu ordnen, ehe er seine erste Frage stellte.

»Mr Merchant, gestatten Sie mir, Ihnen zunächst einmal Fragen über dieses Journal zu stellen, *Business Enterprise UK*. Wieso haben Sie diesen Namen für Ihre Zeitschrift gewählt?«

»Es steht für alles, woran ich glaube.«

»Das bezweifle ich nicht, Mr Merchant, aber ist es nicht so, dass Sie potenzielle Inserenten glauben machen wollen, es handle sich dabei um die Zeitschrift *Business Enterprise,* die seit vielen Jahren auf dem Markt ist und einen untadeligen Ruf besitzt? *Das* ist es doch, was Sie wirklich bezweckt haben, nicht wahr?«

»Dann müssten Sie *Woman* das Gleiche unterstellen, denn es gibt ja auch *Woman's Own,* oder *House and Garden,* das sich ähnlich anhört wie *Homes and Gardens*«, entgegnete Kenny.

»Aber sämtliche Zeitschriften, die Sie soeben erwähnten, haben eine Auflage von vielen Tausend Exemplaren. Wie hoch ist die Auflage Ihrer *Business Enterprise UK?*«

»Neunundneunzig«, antwortete Kenny.

»Nur neunundneunzig? Dann können Sie kaum hoffen, an die Spitze der Bestsellerliste zu kommen. Bitte erklären Sie dem Gericht, wieso Sie sich ausgerechnet für diese Zahl entschieden haben.«

»Weil sie unter einhundert liegt, und das Datenschutzgesetz von 1992 besagt, dass eine Publikation eine Auflage von wenigstens einhundert haben muss. Artikel 2, Unterabschnitt 11.«

»Das mag ja sein, Mr Merchant, aber gerade deshalb erkennt man umso leichter«, sagte Mr Jarvis, »dass es unverschämt von Ihnen ist, von Kunden 500 Pfund für eine nicht georderte Anzeige in Ihrem Journal zu erwarten.«

»Unverschämt vielleicht, aber kein Vergehen«, entgegnete Kenny mit einem entwaffnenden Lächeln.

»Gestatten Sie mir fortzufahren, Mr Merchant. Vielleicht könnten Sie dem Gericht erklären, welche Kriterien dafür entscheidend waren, wenn Sie einer Firma eine Rechnung schickten.«

»Ich habe nachgeforscht, wie viel die Buchhaltung

ausgeben durfte, ohne sich an eine höhere Stelle innerhalb der betreffenden Firma wenden zu müssen.«

»Und durch welches Täuschungsmanöver sind Sie an diese Informationen gelangt?«

»Ich rief in der Buchhaltung an und bat, mit dem Prokuristen verbunden zu werden.«

Belustigtes Gelächter erklang im Saal. Der Richter räusperte sich laut und bat um Ruhe.

»Und nur davon sind Sie bei der Höhe des jeweiligen Rechnungspreises ausgegangen?«

»Nicht ganz. Ich habe mich auch nach meiner Preisliste gerichtet. Die Preise variierten zwischen 2000 Pfund für eine ganze farbige Seite und 200 Pfund für eine Viertelseite in Schwarzweiß. Sie werden feststellen, dass wir sehr wettbewerbsorientiert sind, ja, mit unseren Preisen sogar leicht unter dem Durchschnitt im Vereinigten Königreich liegen.«

»Mit Ihrer *Auflage* lagen Sie ganz bestimmt unter dem Durchschnitt im Vereinigten Königreich«, brauste Mr Jarvis auf.

»Ich kenne Publikationen, die haben kaum mehr.«

»Vielleicht können Sie dem Gericht ein Beispiel nennen.« Mr Jarvis war überzeugt, dass er den Beklagten damit in die Enge getrieben hatte.

»Die Konservative Partei.«

»Wie meinen Sie das, Mr Merchant?«

»Die Konservativen geben alljährlich ein Dinner im Grosvenor House und verkaufen zu diesem Anlass ungefähr fünfhundert Programme, wobei sie 5000 Pfund für ein einseitiges Inserat in Farbe verlangen.«

»Aber zumindest geben sie potenziellen Inserenten die Möglichkeit, einen solchen Preis nicht zu akzeptieren.«

»Genau wie ich«, entgegnete Kenny.

»Sie wollen also nicht einsehen, dass es gesetzwidrig ist, Firmen Rechnungen für etwas zu senden, das ihnen zuvor nicht gezeigt wurde.«

»Das mag ja Gesetz im Vereinigten Königreich sein«, gestand Kenny ihm zu, »vielleicht sogar in Europa. Aber es trifft nicht zu, wenn die Zeitschrift in Hongkong hergestellt ist, einer britischen Kolonie, und wenn die Rechnungen von dort geschickt werden.«

Mr Jarvis blätterte durch seine Papiere.

»Ich glaube, Sie finden es unter dem im Oberhaus beschlossenen Zusatzartikel 9, Absatz 4«, half ihm Kenny.

»Aber das lag nicht in der Intention des Oberhauses, als dieser Zusatzartikel beschlossen wurde«, entgegnete Jarvis, nachdem er die entsprechende Textstelle gefunden hatte.

»Ich bin kein Gedankenleser, Mr Jarvis«, sagte Kenny, »darum kann ich auch nicht wissen, was die hohen Herren im Parlament beabsichtigt hatten. Ich bin nur daran interessiert, mich genau an das von ihnen verabschiedete Gesetz zu halten.«

»Sie aber, Mr Merchant, haben das Gesetz gebrochen, als Sie Geld in England annahmen und hier nicht versteuerten.«

»Das entspricht nicht den Tatsachen, Mr Jarvis. *Business Enterprise UK* ist eine Tochterfirma der in Hongkong eingetragenen Muttergesellschaft. Bei einer Britischen Kolonie erlaubt es das Gesetz, dass Tochterfirmen in dem Land, in dem das Produkt verbreitet wird, auch Umsätze tätigen dürfen.«

»Aber Sie haben keine Anstalten gemacht, die Zeitschrift hier zu verbreiten, Mr Merchant!«

»Ein Exemplar von *Business Enterprise UK* ging an

die British Library, weitere Exemplare an mehrere füh-
rende Institutionen, wie es in Artikel 19 vorgeschrieben ist.«

»Das mag stimmen, aber Sie können die Tatsache
nicht leugnen, Mr Merchant, dass Sie unter Vorspiege-
lung falscher Tatsachen Geld gefordert haben.«

»Nicht, wenn aus der Rechnung klar hervorgeht, dass
der Kunde nicht verpflichtet ist, sie zu bezahlen, falls er
mit dem Produkt nicht zufrieden sein sollte.«

»Aber die Schrift dieses Zusatzes auf der Rechnung ist
so winzig, dass man eine Lupe braucht, um sie überhaupt sehen zu können!«

»Konsultieren Sie den Gesetzestext, Mr Jarvis, wie ich
es getan habe. Da steht nichts über die Größe der
Schrift.«

»Und die Farbe?«

»Die Farbe?« Kenny täuschte Verwunderung vor.

»Ja, Mr Merchant, die Farbe. Ihre Rechnungsformula-
re sind dunkelgrau, und die Schrift ist hellgrau gedruckt.«

»Das sind die Farben der Gesellschaft, Mr Jarvis, wie
jeder wüsste, der sich das Titelblatt der Zeitschrift ange-
sehen hat. Und es gibt in dem erwähnten Gesetzestext
keine Direktiven, welche Farbe für das Design von
Rechnungen und für die Schrift benutzt werden soll.«

»Ah!«, rief der Staatsanwalt, »aber es gibt sehr wohl einen Artikel, der unmissverständlich festlegt, dass der
Text an einer ins Auge fallenden Stelle zu finden sein
muss. Artikel 3, Absatz 14.«

»Das stimmt, Mr Jarvis.«

»Und sind Sie der Meinung, dass die Rückseite des
Formulars als ins Auge fallende Stelle bezeichnet werden kann?«

»Ganz gewiss«, antwortete Kenny. »Schließlich befindet sich sonst nichts auf der Rückseite. Ich bemühe mich immer, mich genau nach dem Buchstaben des Gesetzes zu richten.«

»Dann werde ich das auch tun«, brummte Jarvis. »Es stimmt doch, dass eine Firma, die für ein Inserat in *Business Enterprise UK* bezahlt hat, ein Belegexemplar des Journals bekommen muss, richtig?«

»Nur wenn sie es anfordert – Artikel 42, Absatz 9.«

»Und wie viele Firmen haben ein Belegexemplar von *Business Enterprise UK* angefordert?«

»Im vergangenen Jahr waren es einhundertsieben, in diesem nur noch einundneunzig.«

»Und bekamen alle ihre Belegexemplare?«

»Letztes Jahr leider nicht, in diesem Jahr konnte ich dagegen alle Wünsche berücksichtigen.«

»Sie haben also im letzten Jahr das Gesetz gebrochen?«

»Ja, aber nur, weil ich keine hundert Exemplare des Journals drucken konnte, wie ich bereits erklärte.«

Mr Jarvis legte eine Pause ein, um dem Richter Gelegenheit zu geben, seine Notiz zu beenden. »Sie werden feststellen, dass dies unter Artikel 84, Absatz 6 fällt, Euer Ehren.«

Der Richter nickte.

»Ich möchte noch etwas zur Sprache bringen, Mr Merchant, das Sie bedauerlicherweise nicht erwähnt haben, als Ihr Verteidiger Sie befragt hat.«

Kenny versteifte sich auf der Zeugenbank.

»Sie haben letztes Jahr zweitausendvierhundert Rechnungen verschickt. Wie viele wurden bezahlt?«

»Etwa fünfundvierzig Prozent.«

»Wie viele sind das, Mr Merchant?«

»Tausendeinhundertdreißig«, gab Kenny zu.

»Und dieses Jahr haben Sie nur neunzehnhundert Rechnungen verschickt. Darf ich fragen, warum fünfhundert Firmen keine erhielten?«

»Ich beschloss, jene Firmen zu verschonen, die eine schlechte Jahresbilanz gemacht hatten und keine Dividenden ausschütten konnten.«

»Wie lobenswert. Doch wie viele haben den vollen Betrag bezahlt?«

»Eintausendneunzig«, antwortete Kenny.

Mr Jarvis blickte eindringlich auf die Geschworenen, ehe er fragte: »Wie viel Gewinn haben Sie im ersten Jahr gemacht?«

Es wurde so still im Gerichtssaal wie nie zuvor während des achttägigen Prozesses, als Kenny überlegte.

»4.412.000 Pfund«, sagte er schließlich.

»Und in diesem Jahr?«, erkundigte Mr Jarvis sich ruhig.

»Weniger. Ich nehme an, es lag an der Rezession, und ...«

»Wie viel?«, fragte Mr Jarvis scharf.

»Knapp über 1.200.000.«

»Keine weiteren Fragen, Euer Ehren.«

Beide Anwälte hielten ihre beschwörenden Schlussplädoyers, doch Kenny ahnte, dass die Geschworenen, ehe sie zu einer Entscheidung gelangten, das morgige Resümee des Richters abwarteten.

Richter Thornton nahm sich viel Zeit für seine Zusammenfassung. Er wies die Geschworenen darauf hin, dass es seine Pflicht sei, ihnen die in diesem Fall geltenden Gesetze genau zu erläutern.

»Wir haben es hier offenkundig mit einem Mann zu tun, der die betreffenden Gesetze gründlich studiert hat. Und das ist sein Recht, denn es sind die Parlamentarier, welche die Gesetze machen. Es steht den Gerichten nicht an, erforschen zu wollen, woran sie gedacht haben, als sie die Gesetze erließen.«

»Mr Merchant steht in sieben Punkten unter Anklage. Bei sechs Punkten möchte ich Ihnen raten, ihn für nicht schuldig zu befinden, denn in diesen Fällen hat Mr Merchant kein Gesetz gebrochen.«

»Beim siebenten Punkt – der Anklage, dass er jenen Kunden kein Belegexemplar seiner Zeitschrift *Business Enterprise UK* zukommen ließ, die für ein Inserat bezahlten und ein Belegexemplar verlangten – gab er zu, in einigen Fällen kein solches Exemplar verschickt zu haben. Sie mögen der Meinung sein, meine Damen und Herren Geschworenen, dass der Angeklagte hier das Gesetz brach, auch wenn er diesen Missstand im nächsten Jahr behob – doch wie ich vermute, nur weil die Zahl der verlangten Belegexemplare geringer war. Sie werden sich gewiss an die Bestimmungen des Datenschutzgesetzes und deren Bedeutung erinnern.« Zwölf völlig ausdruckslose Gesichter ließen darauf schließen, dass die Geschworenen keine Ahnung hatten, wovon der Richter sprach.

Der Richter endete mit den Worten: »Ich hoffe, Sie sind sich der Tragweite Ihrer Entscheidung bewusst, da dieser Urteilsspruch nicht nur vom Beklagten mit allergrößtem Interesse erwartet wird.«

Kenny pflichtete ihm insgeheim bei, während er beobachtete, wie die Geschworenen in Begleitung der Gerichtsdiener den Saal verließen. Er wurde in seine Zelle zurückgebracht, wo er seinen Lunch ablehnte. Eine Stunde lag er untätig auf seiner Pritsche, bis man ihn wieder zur Anklagebank führte, um dort den Urteilsspruch zu hören. Wieder musste er ein paar Minuten warten, bis die Geschworenen auf ihre Plätze zurückkehrten.

Der Richter setzte sich, blickte hinunter zum Schriftführer und nickte. Der Mann wandte sich an die Geschworenen und verlas jeden der sieben Anklagepunkte; dann fragte er den Vorsitzenden der Geschworenen nach ihrem Urteil.

Bei den ersten sechs Punkten hatten die Geschworenen den Rat von Richter Thornton befolgt und für »nicht schuldig« gestimmt.

Dann verlas der Gerichtsdiener den siebenten Punkt: die Unterlassung, jenen Kunden, die für ein Inserat bezahlt und ein Belegexemplar des Journals angefordert hatten, selbiges zu liefern. »Wie befinden Sie den Beklagten in diesem Fall?«, erkundigte sich der Schriftführer.

»Schuldig«, antwortete der Sprecher der Geschworenen und nahm wieder Platz.

Der Richter wandte sich nun Kenny zu, der strammstand.

»Ebenso wie Sie, Mr Merchant«, sagte er, »habe ich das Datenschutzgesetz von 1992 gründlich studiert, vor allem die empfohlene Strafe bei Nichteinhaltung von Artikel 84, Paragraf eins. Ich bin zu dem Schluss gelangt, dass mir keine Wahl bleibt, als die Höchststrafe zu verhängen, die das Gesetz in diesem Fall gestattet.« Er starrte auf Kenny hinunter, als wollte er ihn zum Tode verurteilen.

»Sie beträgt 1000 Pfund.«

Mr Duveen erhob sich nicht, um zu erklären, dass er Berufung einlegen würde; er bat auch nicht um Stundung. Das Urteil entsprach genau dem, was Kenny vorhergesagt hatte. Er hatte in den vergangenen zwei Jahren nur einen einzigen Fehler gemacht, und dafür würde er gern bezahlen. Kenny verließ die Anklagebank, stellte einen Scheck über den geforderten Betrag aus und überreichte ihn dem Gerichtsdiener.

Nachdem er sich bei seinem Anwalt bedankt hatte, blickte er auf die Uhr und verließ rasch den Gerichtssaal. Der Chief Inspector wartete im Korridor auf ihn.

»Damit dürfte Ihren geschäftlichen Aktivitäten ein Ende gesetzt sein!«, triumphierte Travis, der mit ihm Schritt zu halten versuchte.

»Ich wüsste nicht wieso«, entgegnete Kenny und eilte unbeirrt weiter.

»Weil das Parlament nun das Gesetz ändern muss«, sagte Travis schadenfroh. »Und diesmal wird es zweifellos alle Ihre kleinen Schlupflöcher stopfen.«

»Nicht in naher Zukunft, Chief Inspector.« Kenny verließ das Gebäude und eilte munter die Freitreppe hinunter. »Das Parlament steht vor der Sommerpause. Ich kann mir nicht vorstellen, dass es vor Februar oder März nächsten Jahres Zeit für neue Ergänzungsanträge und Zusatzartikel zum Datenschutzgesetz finden wird.«

»Aber falls Sie wieder versuchen sollten, mit solchen Tricks zu Geld zu kommen, verhafte ich Sie, noch ehe Sie aus dem Flugzeug gestiegen sind«, drohte Travis, als Kenny auf dem Bürgersteig kurz stehen blieb.

»Das glaube ich nicht, Chief Inspector.«

»Warum nicht?«

»Ich kann mir nicht vorstellen, dass die Justizbehörde bereit ist, noch einmal einen so teuren Prozess zu führen, wenn bloß eine Strafe von 1000 Pfund dabei herausspringt. Denken Sie darüber nach, Chief Inspector.«

»Nun, dann schnappe ich Sie mir im übernächsten Jahr«, brummte Travis verbissen.

»Das bezweifle ich. Bis dahin ist Hongkong keine

Kronkolonie mehr, und ich werde mir etwas anderes ausdenken.« Kenny stieg in ein Taxi.

»Etwas anderes ausdenken?«, wiederholte der Chief Inspector verwirrt.

Kenny ließ das Taxifenster herunter, lächelte Travis an und sagte: »Wenn Sie mit Ihrer Freizeit nichts Besseres anzufangen wissen, Chief Inspector, empfehle ich Ihnen, das neue Kapitalbeschaffungsgesetz zu studieren. Sie würden nicht glauben, wie viele Schlupflöcher da zu finden sind. Machen Sie's gut, Chief Inspector.«

»Wohin?«, fragte der Taxifahrer.

»Heathrow. Aber halten Sie kurz bei Harrods an. Die haben da ein Paar Manschettenknöpfe, das ich noch mitnehmen möchte.«

Verschieden wie
Tag und Nacht

»So ein begabter Junge«, sagte Robins Mutter, während sie ihrer Schwester Tee nachschenkte. »Der Rektor sagte beim letzten Elternsprechtag, die Schule habe seit langer Zeit kein so großes künstlerisches Talent mehr hervorgebracht.«

»Du musst sehr stolz auf ihn sein.« Miriam nahm einen Schluck Tee.

»O ja, das bin ich«, gab Mrs Summers zufrieden zu. »Obwohl alle wussten, dass Robin als Einziger für ein Kunststudium in Frage kam, hat sogar sein Zeichenlehrer gestaunt, als die Akademie ihn aufnahm, noch ehe er dort eine Prüfung abgelegt hat. Ach, es ist schade, dass sein Vater nicht mehr lebt! Er hätte sich sosehr darüber gefreut!«

»Und wie kommt John in Manchester voran?«, erkundigte sich Miriam und wählte ein Tortenstück aus.

Mrs Summers seufzte, als sie an ihren älteren Sohn dachte. »Er wird im Sommer mit seinem Betriebswirtschaftsstudium fertig. Aber er kann sich offenbar nicht entscheiden, was er danach tun soll.« Sie machte eine Pause und gab ein weiteres Stück Zucker in ihre Tasse. »Weiß der Himmel, was aus ihm wird. Er fragt sich, ob er einen kaufmännischen Beruf ergreifen soll.«

»Er hat sich in der Schule immer so angestrengt«, meinte Miriam.

»Ja, aber er ist nie der Beste geworden, und er hat auch nie einen Preis bekommen. Habe ich dir schon gesagt, dass man Robin angeboten hat, im Oktober eine Vernissage zu machen? Es ist zwar nur in einer kleinen hiesigen Galerie, aber wie Robin selbst sagte – irgendwo muss schließlich jeder Künstler anfangen.«

John Summers reiste von Manchester nach Peterborough, da er bei der Vernissage seines Bruders nicht fehlen wollte. Seine Mutter hätte es ihm nie verziehen, wäre er nicht erschienen. Er hatte gerade sein Betriebswirtschaftsstudium mit »Gut« abgeschlossen, wollte seiner Mutter aber noch nichts von seinem Erfolg erzählen, da heute ja nicht seiner, sondern Robins großer Tag war.

Nachdem Johns Mutter jahrelang von kaum etwas anderem geredet hatte als vom überragenden künstlerischen Talent seines Bruders, nahm John an, dass es nicht mehr lange dauern konnte, bis auch alle anderen ihrer Meinung waren. Er dachte oft darüber nach, wie verschieden er und Robin waren – aber wusste die Allgemeinheit denn, wie viele Brüder Picasso gehabt hatte? Vielleicht hatte auch einer von denen einen kaufmännischen Beruf ergriffen.

John brauchte eine Weile, bis er die kleine Gasse entdeckte, in der sich die Galerie befand. Als er eintrat, stellte er zu seiner Freude fest, dass sie bereits voller Gratulanten und Freunden der Familie war. Robin stand neben seiner Mutter, die auf einen Reporter des *Peterborough Echo* einredete. Dabei fielen die Worte: grandios, hervorragend, unvergleichliche Begabung, ja, sogar Genie.

»Oh, sehen Sie, John ist gekommen!« Johns Mutter verließ für einen Moment ihre vor Ehrfurcht erstarrte Clique, um ihren anderen Sohn zu begrüßen.

John küsste sie auf die Wange und sagte: »Robin könnte für seine künstlerische Karriere gar keinen besseren Einstand haben.«

»Da muss ich dir Recht geben.« Seine Mutter nickte. »Und es wird bestimmt nicht lange dauern, bis auch du dich in seinem Ruhm sonnen kannst. Du wirst damit angeben können, dass du Robin Summers' älterer Bruder bist!«

Damit ließ Mrs Summers ihren Erstgeborenen stehen, um auf einen weiteren Schnappschuss mit Robin zu kommen, was John die Gelegenheit verschaffte, in der Galerie umherzuschlendern und sich die Bilder seines Bruders anzuschauen. Sie stammten hauptsächlich aus der Mappe, die Robin während seines letzten Jahres an der Kunsthochschule zusammengestellt hatte. John machte kein Geheimnis daraus, dass er von Kunst nichts verstand. Wahrscheinlich war das auch der Grund dafür, dass er das offensichtliche Talent seines Bruders nicht würdigen konnte. Ja, er hatte manchmal sogar Gewissensbisse, weil er solche Bilder niemals bei sich zu Hause aufhängen würde. Vor einem Porträt seiner Mutter blieb er stehen. Ein roter Punkt neben dem Kunstwerk verriet, dass es bereits verkauft war. John lächelte, weil er sich gut vorstellen konnte, bei wem es sich um den Käufer handelte.

»Sieh doch nur, wie wunderbar dieses Werk das Wesen ihrer Seele wiedergibt«, erklang eine Stimme hinter ihm.

»O ja, ist nicht zu übersehen«, meinte John und drehte sich zu seinem Bruder um. »Gut gemacht. Ich bin wirklich stolz auf dich.«

»Am meisten bewundere ich an dir, John, dass du nie auf mein Talent neidisch warst.«

»Warum sollte ich?«, entgegnete John. »Ich freue mich darüber.«

»Dann wollen wir hoffen, dass ein wenig von meinem Talent auf dich abfärbt, welchen Beruf du auch ergreifen magst.«

»Ja, hoffen wir's«, murmelte John, weil er nicht wusste, was er sonst antworten sollte.

Robin beugte sich näher an John heran und senkte die Stimme: »Du kannst mir nicht zufällig ein Pfund leihen? Ich gebe es dir selbstverständlich zurück.«

»Selbstverständlich.«

John lächelte. Manche Dinge änderten sich nie. Vor Jahren hatte es mit einem Sixpence auf dem Spielplatz begonnen und war mit einer Zehnshillingnote bei der Abschlussfeier geendet. Und jetzt wollte sein Bruder ein Pfund von ihm und würde nie auch nur einen Penny zurückgeben. Nicht, dass John seinem jüngeren Bruder das Geld nicht gönnte. Schließlich würden ihre Rollen bald vertauscht sein. John zog seine Geldscheintasche hervor, in der sich zwei Pfundnoten und seine Rückfahrkarte nach Manchester befanden. Er zog einen der Scheine heraus und reichte ihn Robin.

Dann wollte John ihn etwas über ein Bild fragen – ein Ölgemälde mit dem Titel *Barabbas in der Hölle –*, doch sein Bruder war bereits verschwunden und stand schon wieder bei seiner Mutter und seinen Bewunderern.

Als John die Universität in Manchester verließ, bot ihm die Firma Reynolds & Company sofort eine Assistentenstelle an. Robin war inzwischen in eine Wohnung in

Chelsea gezogen. Ein zwar sehr kleines Apartment, wie seine Mutter zu Miriam sagte, dafür in einer vornehmen Gegend. Allerdings verschwieg sie, dass Robin die drei mickrigen Räume mit fünf anderen Studenten teilte.

»Und John?«, erkundigte sich Miriam.

»Er arbeitet bei einer Firma in Birmingham, die Räder herstellt – oder so was Ähnliches, glaube ich«, antwortete Johns Mutter.

John hatte eine billige Bude am Stadtrand von Solihull gefunden, in einer keineswegs vornehmen Gegend. Aber sie lag ganz in der Nähe der Fabrik, in der er als Assistent in der kaufmännischen Abteilung arbeitete, wo er von Montag bis Samstag pünktlich um acht Uhr anfing.

Er langweilte seine Mutter nicht mit den Einzelheiten der Produktpalette von Reynolds & Company, denn die Herstellung von Reifen für die Autofabrik Longbridge, die sich ganz in der Nähe befand, war bei weitem nicht so romantisch wie die Vorstellung eines genialen Avantgardemalers, der im Künstlerviertel Chelsea lebte.

Während Robin die Kunsthochschule besuchte, sah John ihn nur noch selten, doch er reiste stets nach London, um sich die Ausstellungen am Ende eines jeden Studienjahres anzuschauen.

Nach ihrem ersten Jahr durften die Studenten je zwei Bilder ausstellen. Wieder einmal musste John sich eingestehen, dass ihm keines der beiden Werke seines Bruders gefiel. Aber er verstand ja auch nichts von Kunst. Doch als die Kritiker Johns Einschätzung teilten, tat seine Mutter es damit ab, dass Robin seiner Zeit voraus sei und versicherte ihm, dass bald auch der Rest der Welt zu dieser Erkenntnis gelangen würde. Außerdem wies sie darauf hin, dass beide Bilder gleich am ersten Tag verkauft worden waren und machte Andeutungen, dass ein sehr bekannter Sammler sie vom Fleck weg erworben hatte, da er ein viel versprechendes Talent auf Anhieb erkannte.

John bekam keine Gelegenheit, sich länger mit seinem Bruder zu unterhalten; dazu war Robin viel zu sehr mit seiner Clique beschäftigt. Allerdings kehrte John an diesem Abend mit zwei Pfund weniger in seiner Geldscheintasche nach Birmingham zurück, als er ursprünglich dabeigehabt hatte.

Am Ende seines zweiten Jahres stellte Robin zwei neue Gemälde vor: *Messer und Gabel im All* und *Todesschmerzen*. John betrachtete sie aus einigen Schritten Entfernung und war erleichtert, als er die Mienen der anderen sah, die stehen geblieben waren, um sich die Arbeiten seines Bruders anzuschauen. Die Leute waren offenbar genauso verwirrt wie er – nicht zuletzt über die zwei roten Punkte, die bereits seit der Eröffnung neben den Kunstwerken prangten.

John entdeckte seine Mutter in einer Ecke des Saals. Sie erklärte Miriam soeben, warum Robin den Preis in diesem Jahr nicht errungen hatte. Zwar war ihre Begeisterung für Robins Werk ungebrochen, doch sie sah ein wenig schlechter aus als bei ihrer letzten Begegnung.

»Wie kommst du voran, John?«, fragte Miriam, als sie aufblickte und ihren Neffen dastehen sah.

»Man hat mich zum Assistenten der Geschäftsleitung befördert, Tante Miriam«, antwortete er in dem Moment, als Robin sich näherte.

»Gehen wir doch alle zusammen zum Dinner«, schlug er vor. »Dann kannst du ein paar meiner Freunde kennen lernen.« John war gerührt über diese Einladung –

bis der Ober ihm die Rechnung für alle sieben Personen vorlegte.

»Es wird nicht mehr lange dauern, dann kann ich es mir leisten, dich ins Ritz einzuladen«, erklärte Robin, nachdem die sechste Flasche Wein geleert war.

Auf der Heimfahrt nach Birmingham New Street, in einem Dritte-Klasse-Abteil, war John froh, dass er wenigstens noch eine Rückfahrkarte besaß, denn nachdem er seinem Bruder nach dem Essen auch noch fünf Pfund geliehen hatte, war seine Geldscheintasche leer.

John kehrte erst zu Robins Abschluss nach London zurück, und das auch nur, weil seine Mutter darauf bestanden hatte und meinte, dass Robin ganz sicher unter den drei Besten wäre und einen Preis gewinnen würde.

Als John in der Ausstellungshalle eintraf, herrschte dort bereits beträchtliches Gedränge. Er schlenderte im Saal herum und blieb des Öfteren stehen, um das eine oder andere Bild zu bewundern. Robins neueste Werke studierte er eingehend. Kein Schild wies darauf hin, dass er einen der ersten Preise gewonnen hatte; ja nicht einmal eine der »besonderen Empfehlungen« gab es für seine Werke. Doch was vielleicht am bedeutungsvollsten war: Diesmal fehlten sogar die roten Punkte. Das erinnerte John daran, dass die Rente seiner Mutter nicht mehr mit der Inflation Schritt hielt.

»Diese Preisrichter haben ihre Günstlinge!«, schimpfte seine Mutter, während sie allein in einer Ecke saß und noch verhärmter wirkte als bei ihrem letzten Wiedersehen. John nickte. Er fand, dass es nicht der richtige Augenblick war, ihr von seiner neuerlichen Beförderung zu erzählen.

»Als Student hat Turner auch nie einen Preis gewonnen«, war die einzige weitere Bemerkung seiner Mutter zu diesem Thema.

»Was hat Robin denn jetzt vor?«, fragte John.

»Er zieht in eine Atelierwohnung in Pimlico, damit er mit seinen Freunden zusammenbleiben kann – das ist sehr wichtig, wenn man noch dabei ist, sich einen Namen zu machen.« John brauchte nicht zu fragen, wer die Miete bezahlte, solange Robin »noch dabei war, sich einen Namen zu machen«.

Als Robin danach wieder mit allen Freunden zum Dinner gehen wollte, redete John sich mit der Entschuldigung heraus, dass er nach Birmingham zurückmüsse. Robins so genannte Freunde blickten enttäuscht drein, bis John eine Zehnpfundnote aus seiner Geldscheintasche zog.

Nachdem Robin die Kunstakademie verlassen hatte, trafen die zwei Brüder sich kaum noch.

Etwa fünf Jahre später, als John gebeten worden war, bei einer Konferenz des Verbandes der britischen Großindustrie in London einen Vortrag über die Probleme der Automobilbranche zu halten, beschloss er, seinem Bruder einen Überraschungsbesuch abzustatten und ihn zum Dinner einzuladen.

Nach der Konferenz nahm John ein Taxi und fuhr nach Pimlico. Aber irgendwie fühlte er sich nicht recht wohl dabei, ohne jede Vorwarnung bei Robin aufzutauchen.

Als er die Treppe zum obersten Stock hinaufstieg, wuchs seine Besorgnis. Er drückte auf die Wohnungsklingel, doch als die Tür – nach geraumer Zeit – geöffnet wurde, erkannte er seinen Bruder zunächst gar nicht. Es war fast unglaublich, wie er sich in den wenigen Jahren verändert hatte.

Robin sah ziemlich abgewirtschaftet aus. Sein Gesicht war aufgedunsen, die Haut fleckig, er hatte Tränensäcke unter den Augen und wenigstens zwanzig Kilo zugelegt.

»John«, sagte er, »was für eine Überraschung! Ich hatte keine Ahnung, dass du in der Stadt bist. Komm doch herein.«

Als Erstes schlug John ein aufdringlicher Geruch entgegen. Er fragte sich, ob er von den Malfarben kam, doch nachdem er sich verstohlen umgeschaut hatte, war ihm nicht entgangen, dass es hier viel mehr leere Weinflaschen gab als halb fertige Gemälde.

»Bereitest du dich auf eine Ausstellung vor?«, fragte er, während er die angefangenen Bilder betrachtete.

»Nein, zurzeit nicht«, entgegnete Robin. »Es besteht natürlich großes Interesse, aber es steht noch kein Termin fest. Du weißt ja, wie Londoner Kunsthändler sind.«

»Um ehrlich zu sein, das weiß ich nicht«, antwortete John.

»Nun, man muss entweder *in* sein, oder man ist dauernd in den Medien präsent. Hast du gewusst, dass van Gogh zu Lebzeiten nicht ein einziges Bild verkaufen konnte?«

Beim Dinner in einem Restaurant in der Nähe erfuhr John mehr über die Welt der Kunst, die Wechselfälle des schöpferischen Lebens, und was einige der Kritiker von Robins Werken hielten. John freute sich, dass sein Bruder sein Selbstvertrauen nicht verloren hatte, ebenso wenig die Überzeugung, dass er über kurz oder lang berühmt werden würde.

Robins Monolog zog sich während des gesamten Essens dahin; erst als sie in seiner Wohnung zurück waren, gelang es John, Robin für einen Moment zum Schweigen zu bringen und ihm zu erzählen, dass er sich verliebt hatte und beabsichtigte, Susan in Kürze zu heiraten. Robin hatte sich nicht einmal erkundigt, ob John noch bei Reynolds & Co. arbeitete, wo er inzwischen stellvertretender Geschäftsführer geworden war.

Bevor John zum Bahnhof zurückfuhr, beglich er für Robin mehrere längst überfällige Rechnungen für Lebensmittel und steckte ihm einen Scheck über 100 Pfund zu, den keiner mehr als geliehen betrachtete. Beim Einsteigen ins Taxi sagte Robin zum Abschied: »Ich habe gerade zwei Gemälde für die Sommerausstellung in der Royal Academy eingereicht. Ich bin sicher, sie werden ausgestellt. Du musst zur Eröffnung unbedingt wiederkommen.«

Am Euston-Bahnhof kaufte John sich eine Abendzeitung sowie ein Buch mit dem Titel *Eine Einführung in die Welt der Kunst von Fra Angelico bis zu Picasso*. Im Zug schlug er es sofort auf und fing zu lesen an. Als er in New Street in Birmingham einfuhr, war er bei Caravaggio angelangt.

Er hörte ein Klopfen draußen am Abteilfenster und sah Susan zu ihm hinauflächeln.

»Das muss ja ein spannendes Buch sein«, meinte sie, als sie kurz darauf Arm in Arm über den Bahnsteig gingen.

»Ist es wirklich. Ich hoffe nur, dass ich auch den zweiten Band noch bekommen kann.«

Die Brüder sahen sich während des folgenden Jahres noch zweimal. Das erste Mal bei einem betrüblichen

Anlass, der Beerdigung ihrer Mutter. Nach dem Trauergottesdienst fanden sie sich bei Miriam zum Tee ein. Dort informierte Robin seinen Bruder, dass die Royal Academy seine beiden eingereichten Gemälde im Sommer ausstellen würde.

Drei Monate später reiste John nach London zur Eröffnung. Ehe er sich zum ersten Mal in seinem Leben in die hehren Hallen der Royal Academy wagte, hatte er gut ein Dutzend Kunstbücher über die frühe Renaissance bis zur Popart studiert und jede Kunstgalerie in Birmingham besucht; nun konnte er es kaum erwarten, den Galerien in den kleinen Seitenstraßen von Mayfair einen Besuch abzustatten.

Während er in den geräumigen Sälen der Academy herumspazierte, sagte sich John, dass es an der Zeit wäre, in ein Bild zu investieren. »Hören Sie auf die Sachverständigen, aber verlassen Sie sich letztendlich auf Ihr Auge«, hatte Godfrey Barker im *Telegraph* geschrieben. Johns Auge sagte ihm Bernard Dunstan, obwohl die Sachverständigen William Russell Flint vorschlugen. Das Auge gewann, denn Dunstan kostete 75 Pfund, der billigste Russell Flint dagegen 600 Pfund.

John schaute sich in den Sälen nach den beiden Ölgemälden seines Bruders um, doch ohne den kleinen blauen Katalog der Academy hätte er sie nie gefunden. Sie waren in der mittleren Galerie in der obersten Reihe ausgestellt, wo sie fast die Decke berührten. Er bemerkte, dass keines der Bilder verkauft war.

Nachdem er mehrmals durch die Ausstellungsräume spaziert war und sich für den Dunstan entschieden hatte, ging er zur Kasse und bezahlte die Hinterlegungsgebühr. Er schaute auf die Uhr. Es war kurz vor zwölf – die Zeit, zu der er sich mit seinem Bruder verabredet hatte.

Robin ließ ihn vierzig Minuten warten, dann zerrte er ihn, ohne sich für seine Verspätung zu entschuldigen, durch die Ausstellung. Er lehnte sowohl Dunstan wie Russell Flint als »gerade in Mode gekommene, aber mit Sicherheit bald in Vergessenheit geratene Kunstmaler« ab, ohne zu sagen, wen er für begabt hielt, falls überhaupt.

Robin konnte seine Enttäuschung nicht verbergen, als er seine Bilder endlich in der mittleren Galerie entdeckte. »Welche Chance habe ich denn, auch nur eines davon zu verkaufen, wenn sie da oben so gut wie unsichtbar sind?«, beschwerte er sich. John versuchte mitfühlend dreinzuschauen.

Bei einem späten Lunch machte John seinen Bruder mit der Bedeutung des letzten Willens ihrer Mutter bekannt, da der Familienanwalt keine Antwort auf mehrere Schreiben erhalten hatte, die an Mr Robin Summers gesandt waren.

»Ich öffne prinzipiell nichts, was in braunen Kuverts steckt«, erklärte Robin.

Zumindest das kann nicht der Grund dafür gewesen sein, dass Robin der Einladung zu meiner Hochzeit nicht gefolgt ist, dachte John. Wieder kehrte er zu den Einzelheiten des Testaments ihrer Mutter zurück. »An ihrem letzten Willen ist nichts zu deuten. Sie hat alles dir vermacht, mit Ausnahme eines Bildes.«

»Welches?«, fragte Robin sofort.

»Das du noch in der Schule von ihr gemalt hast.«

»Es ist eines meiner besten Werke«, behauptete Robin. »Es muss mindestens 50 Pfund wert sein, und ich habe immer angenommen, dass sie es mir hinterlassen würde.«

John stellte ihm einen Scheck über fünfzig Pfund aus.

Als er an diesem Abend nach Birmingham zurückkam, sagte er Susan nicht, wie viel er für die beiden Gemälde bezahlt hatte. Er hängte *Venedig* von Dunstan ins Wohnzimmer über den Kamin, und das Porträt seiner Mutter in sein Arbeitszimmer.

Bei der Geburt ihres ersten Kindes schlug John seinen Bruder als Taufpate vor.

»Warum?«, fragte Susan. »Er ist ja nicht einmal zu unserer Hochzeit gekommen.«

Diesem Argument wollte John nicht widersprechen, und obwohl sie Robin zur Taufe einluden, hielt er es nicht für nötig zu erscheinen, ja, sich auch nur zu entschuldigen. Und das, obwohl sie die Einladung in einem weißen Umschlag geschickt hatten.

Es dürfte ungefähr zwei Jahre später gewesen sein, als John von der Crewe-Galerie in der Cork Street eine Einladung zu Robins lange erwarteter Vernissage erhielt. Tatsächlich stellte sein Bruder jedoch nicht allein aus, sondern gemeinsam mit einem anderen Künstler. John hätte ganz sicher eines der Werke des anderen gekauft, hätte er nicht befürchtet, seinen Bruder damit zu beleidigen.

Allerdings gefiel ihm ein Ölgemälde so gut, dass er sich dessen Nummer notierte und seine Sekretärin am nächsten Vormittag bat, die Galerie anzurufen und das Bild in ihrem Namen zurücklegen zu lassen.

»Der Peter Blake, den Sie wollten, wurde leider bereits am Abend der Eröffnung verkauft«, ließ sie ihn kurz darauf wissen.

John runzelte die Stirn. »Bitte fragen Sie, wie viele Bilder von Robin Summers verkauft wurden.«

Die Sekretärin leitete die Frage weiter, legte die Hand um den Hörer und sagte: »Zwei.«

Wieder runzelte John die Stirn.

In der folgenden Woche musste John erneut nach London, um seine Firma bei der Motorshow im Earls Court zu vertreten. Er beschloss, sich noch einmal in der Crewe-Galerie umzuschauen, um zu sehen, wie sich die Bilder seines Bruders verkauften. Es waren auch jetzt nur zwei rote Punkte an der Wand, während Peter Blake fast ausverkauft war.

Aus zweierlei Gründen enttäuscht, verließ John die Galerie und machte sich auf den Rückweg zum Picadilly. Beinahe wäre er an ihr vorbeigegangen, doch als ihm die zarte Farbe ihrer Wangen und ihre bezaubernde Figur auffiel, verliebte er sich auch schon in sie. Er blieb stehen, bewunderte sie und hatte nur eine Befürchtung: dass sie sich als zu teuer erwies.

Er betrat die Galerie, um sie sich aus nächster Nähe anzusehen. Sie war zierlich, zart und exquisit.

»Wie viel?«, erkundigte er sich leise bei der Frau, die hinter dem Glastisch saß.

»Der Vuillard?«, fragte sie.

John nickte.

»1200 Pfund.«

Wie in einem Tagtraum zog er sein Scheckbuch hervor und trug die Summe ein, die sein Konto nahe an den Nullstand bringen würde.

Den Vuillard hängte er dem Dunstan gegenüber, und damit begann seine Liebe zu diversen gemalten Damen aus allen Teilen der Welt. Doch John gestand seiner Frau nie, wie viel diese gerahmten Geliebten ihn kosteten.

Obwohl das eine oder andere seiner Bilder bei irgendwelchen obskuren Verkaufsausstellungen zu finden war, bekam Robin mehrere Jahre lang keine Chance auf eine neuerliche Vernissage. Was Künstler angeht, deren Bilder unverkauft bleiben, haben Galeristen ein taubes Ohr, auch bei dem Hinweis, dass die betreffenden Künstler nach ihrem Tod berühmt werden könnten – hauptsächlich, weil die Galeristen bis dahin vermutlich ebenfalls das Zeitliche gesegnet hatten.

Als schließlich doch eine Einladung zu Robins nächster Vernissage eintraf, hatte John keine Wahl, als an der Eröffnung teilzunehmen.

John hatte es bei Reynolds & Company kürzlich zu einem der Hauptaktionäre gebracht. Da in den Siebzigerjahren der Markt für Personenkraftwagen unablässig wuchs, wuchs auch der Bedarf an Reifen. Und die dadurch steigenden Umsätze gestatteten es John, seinem neuen Hobby als Amateurkunstsammler zu frönen. Er hatte seiner Sammlung in letzter Zeit einen Bonnard, einen Dufy, einen Camoin und einen Luce hinzugefügt. Wie zu Anfang hörte er auch jetzt noch auf die Sachverständigen, verließ sich schließlich aber doch auf sein Auge.

John stieg in Euston aus dem Zug und nannte dem vordersten Taxifahrer in der langen Schlange die Adresse, zu der er gebracht werden wollte. Der Mann kratzte sich am Kopf, bevor er Richtung East End fuhr.

Als John die Galerie betrat, stürmte Robin ihm mit den

Worten entgegen: »Und hier ist jemand, der nie an meinem Talent gezweifelt hat.«

John lächelte seinen Bruder an, der ihm ein Glas Weißwein anbot. Dann blickte er sich in der kleinen Galerie um. Die Leute, die allein oder in Gruppen herumstanden, schienen mehr an dem mittelmäßigen Wein interessiert zu sein als an den mittelmäßigen Bildern. Wann würde sein Bruder endlich begreifen, dass andere unbekannte Künstler mit ihrem Gefolge bei einer Vernissage nichts zu suchen hatten?

Robin nahm John am Arm, führte ihn von Grüppchen zu Grüppchen und stellte ihn Leuten vor, die sich nicht einmal einen der Bilderrahmen leisten könnten, geschweige denn ein Gemälde.

Je länger der Abend sich dahinzog, desto mehr Mitleid empfand John für seinen Bruder, und diesmal tappte er willig in die Dinnerfalle und bezahlte für zwölf von Robins Begleitern, einschließlich dem Galeriebesitzer, dessen Gewinn an diesem Abend nach Johns Ansicht für kaum mehr als ein Dreigängemenü reichen würde.

»Wir haben bereits zwei Bilder verkauft, und viele Besucher haben Interesse an anderen gezeigt«, sagte der Galeriebesitzer, als hätte er Johns Gedanken gelesen. »Leider haben die Kritiker Robins Werke nie ganz verstanden, wie sicher niemandem mehr bewusst ist als Ihnen.«

John blickte betrübt drein, während die Freunde seines Bruders Bemerkungen über Robin machten – dass er »nie angemessen gewürdigt« worden sei; ein »verkanntes Genie«, das man »schon vor Jahren hätte einladen müssen, Mitglied der Royal Academy zu werden«. Bei diesen Worten erhob Robin sich etwas wacklig und rief: »Das kommt schon noch! Aber dann werde ich es

Henry Moore und David Hockney gleichtun! Wenn die Einladung kommt, lehne ich sie ab!« Ein neuerlicher Begeisterungssturm folgte, auf den noch mehr von Johns Wein getrunken wurde.

Um dreiundzwanzig Uhr entschuldigte sich John mit der Ausrede, er habe am frühen Morgen eine Besprechung. Er bezahlte die Rechnung und ließ sich zum Savoy bringen. Auf dem Rücksitz des Taxis akzeptierte er endlich, was er schon lange vermutet hatte: dass sein Bruder schlichtweg kein Talent hatte.

Es dauerte ein paar Jahre, bis John wieder von Robin hörte. Offenbar gab es in London keine Galerien mehr, die seine Werke ausstellten; deshalb würde er sich gern einer Gruppe von Freunden in Südfrankreich anschließen, die »ebenso begabt und ebenso verkannt« seien wie er, schrieb er John in einem Brief. »Es würde mir neuen Auftrieb geben«, fuhr er fort, »und wäre eine Chance, mein wahres Potenzial zu zeigen, das von den Pygmäen des Londoner Kunst-Establishments viel zu lange unterdrückt wurde. Könntest du mir vielleicht ...?«

John überwies 5000 Pfund auf ein Konto in Vence, einer Gemeinde nordöstlich von Nizza, um es Robin zu ermöglichen, in wärmere Gefilde zu entschwinden.

Das Übernahmeangebot für Reynolds & Co. kam wie aus heiterem Himmel, obwohl John schon lange wusste, dass der Konzern für jede japanische Autofirma die idealen Voraussetzungen bot, sich in Europa zu etablieren. Aber sogar er war überrascht, als ihre größten Konkurrenten in Europa ein Gegenangebot machten.

Der Wert seiner Aktien stieg von Tag zu Tag, doch erst als Honda schließlich Mercedes überbot, erkannte er an, dass er eine Entscheidung treffen musste. Er beschloss, seine Anteile zu verkaufen, aus der Firma auszutreten und eine Weltreise zu machen, die ihn in die Städte mit den berühmtesten Kunstsammlungen der Welt führen sollte. Als Erstes plante er den Louvre zu besuchen, gefolgt vom Prado, dann die Uffizien, die Eremitage in Sankt Petersburg und schließlich die Museen in New York.

John wunderte sich nicht, als er von Robin einen Brief mit französischem Poststempel erhielt, in dem er John zu seinem Reichtum gratulierte und ihm viel Erfolg im Ruhestand wünschte, gleichzeitig aber durchblicken ließ, dass er selbst weiterschuften müsse, bis die Kritiker endlich zur Vernunft kämen.

John überwies diesmal 10.000 Pfund auf das Konto in Vence.

John bekam seinen ersten Herzinfarkt in New York, während er im Frick einen Bellini bewunderte.

An diesem Abend sagte er zu Susan, die an seinem Bett saß, er sei froh, das Metropolitan und das Whitney bereits besucht zu haben.

Sein zweiter Herzanfall erfolgte kurz nach ihrer Rückkehr in Warwickshire. Susan hielt es für ihre Pflicht, Robin in Südfrankreich darüber zu informieren und ihn vorzuwarnen, dass die Diagnose des behandelnden Arztes leider nicht sehr ermutigend sei.

Robin antwortete nicht. Sein Bruder starb drei Wochen später.

Zur Beerdigung und dem Trauergottesdienst fanden sich alle Freunde und Kollegen Johns ein, doch kaum einer erkannte den korpulenten Mann, der einen Platz in der vordersten Reihe beanspruchte. Susan und die Kinder wussten genau, weshalb er gekommen war – jedenfalls nicht, um ihnen zu kondolieren.

»Er hat versprochen, mich in seinem Testament nicht zu vergessen. Bestimmt hat er mir genug hinterlassen, dass ich mich fortan ausschließlich der Kunst widmen kann«, wandte Robin sich an die trauernde Witwe, kaum dass sie die Grabstätte verlassen hatten. Wenig später erklärte er seinen zwei Neffen das Gleiche, obwohl er während der vergangenen dreißig Jahre keinen Kontakt zu ihnen gepflegt hatte. »Wisst ihr«, sagte er, »euer Dad war einer der wenigen Menschen, die mein Talent gewürdigt haben.«

Beim Tee im Haus, während andere die Witwe trösteten, schlenderte Robin von Zimmer zu Zimmer und betrachtete die Gemälde, die sein Bruder im Lauf der Jahre zusammengetragen hatte. »Eine kluge Investition«, versicherte er dem Vikar, »auch wenn es den meisten Bildern an Wahrhaftigkeit und Leidenschaft mangelt.« Der Vikar nickte höflich.

Kaum war Robin dem Familienanwalt vorgestellt worden, fragte er ihn: »Wann werden Sie Johns letzten Willen verkünden?«

»Das muss ich erst noch mit Mrs Summers besprechen. Aber ich würde sagen, Ende nächster Woche.«

Robin nahm sich ein Zimmer im Bell and Duck, einem Pub in der Nähe. Jeden Vormittag erkundigte er sich im Notariat, bis man ihm schließlich mitteilte, dass die Testamentseröffnung am kommenden Donnerstag stattfinden würde.

Robin erschien bereits einige Minuten vor fünfzehn Uhr im Anwaltsbüro. Es war seit vielen Jahren das erste Mal, dass er pünktlich zu einem Treffen kam. Susan erschien kurz nach ihm in Begleitung der Jungen, die sich, ohne Robin zu beachten, auf die andere Seite setzten.

Obwohl John Summers' Nachlass an seine Frau und ihre beiden Söhne ging, hatte er doch auch seinem Bruder Robin etwas vermacht.

»Ich hatte im Lauf meines Lebens das Glück, eine Sammlung von Gemälden zusammenzutragen, von denen einige beachtlich im Wert gestiegen sind. Als ich die Bilder das letzte Mal zählte, waren es insgesamt einundachtzig. Meine Frau Susan hat das Recht, sich als Erste zwanzig davon auszuwählen. Meine beiden Söhne, Nick und Chris, dürfen sich anschließend ebenfalls je zwanzig aussuchen. Die übrigen einundzwanzig sollen an meinen Bruder Robin gehen. Das wird es ihm ermöglichen, in einem Stil zu leben, der seinem Talent angemessen ist.«

Robin strahlte zufrieden. Der gute John! Den Tod vor Augen, hatte er nicht an der Begabung seines Bruders gezweifelt.

Als der Notar mit der Testamentsverlesung fertig war, erhob Susan sich und ging zur anderen Zimmerseite, um mit Robin zu sprechen.

»Wir werden die Bilder auswählen, die wir in der Familie behalten wollen. Danach lasse ich die übrigen einundzwanzig für Sie ins Bell and Duck bringen.«

Sie drehte sich um und ging, ehe Robin Gelegenheit hatte, etwas zu sagen. Dummes Weibsstück, dachte er. So ganz anders als mein Bruder – sie erkennt wahres Talent nicht einmal dann, wenn sie es vor sich hat.

Beim Dinner im Bell and Duck an diesem Abend machte Robin Pläne, wie er seinen neu erworbenen Reichtum ausgeben würde. Nachdem er die teuerste Flasche Rotwein des Restaurants getrunken hatte, war er zu dem Entschluss gekommen, sich darauf zu beschränken, jedes halbe Jahr nur ein Gemälde zu Sothebys und eines zu Christies zu bringen. Das würde ihm gestatten, in einem Stil zu leben, der seinem Können angemessen war, um seinen Bruder zu zitieren.

Gegen dreiundzwanzig Uhr begab er sich zu Bett und schwelgte in Gedanken an Bonnard, Vuillard, Dufy, Camoin und Luce, und was wohl einundzwanzig solche Meisterwerke wert sein mochten.

Er schlief noch tief und fest, als am nächsten Tag um zehn Uhr an seine Tür geklopft wurde.

»Wer ist da?«, fragte er schlaftrunken und gereizt, die Decke über dem Kopf.

»George, der Portier, Sir. Vor der hinteren Tür steht ein Lieferwagen. Der Fahrer sagt, er darf die Ladung nicht ohne Ihre Unterschrift herausgeben.«

»Lassen Sie ihn nicht weg!«, brüllte Robin. Zum ersten Mal seit Jahren sprang er eilig aus dem Bett, schlüpfte in sein altes Hemd, die Hose und die Schuhe, und flitzte hinunter auf den Hof.

Ein Mann in blauem Overall, mit einem Klemmbrett in der Hand, lehnte an einem großen Lieferwagen.

Robin schritt auf ihn zu. »Sind Sie der Herr, der einundzwanzig Gemälde erwartet?«, fragte er.

»Ja, der bin ich«, antwortete Robin. »Wo muss ich unterschreiben?«

»Hier.« Der Mann legte seinen Daumen neben die dafür vorgesehene Zeile.

Robin kritzelte seinen Namen rasch auf das Formular,

dann folgte er dem Fahrer, der die hintere Wagentür aufschloss und öffnete.

Robin riss stumm den Mund auf.

Er starrte auf ein Porträt seiner Mutter, das oben auf dem Stapel lag – mit zwanzig anderen Bildern von Robin Summers, die zwischen 1951 und 1999 entstanden waren.

DER BEKEHRTE

Ein Mann aus Kapstadt fährt jeden Tag in die von Farbigen bevölkerte Township Crossroads. Am Vormittag unterrichtet er Englisch an der dortigen Schule; am Nachmittag trainiert er mit den sportbegeisterten Kids Fußball oder Kricket, je nach der Jahreszeit, und an den Abenden streift er durch die Straßen, um die Jugendlichen mit guten Worten davon abzuhalten, sich zu Banden zusammenzurotten oder Verbrechen zu begehen und sie zu überzeugen, wie schlimm es ist, Drogen zu nehmen. Er ist als der »Bekehrte von Crossroads« bekannt geworden.

Niemand hat schon von Geburt an Vorurteile, allerdings werden sie manchen Leuten sehr früh anerzogen. Das traf ohne Zweifel auf Stoffel van den Berg zu. Stoffel wurde in Kapstadt geboren und reiste sein Leben lang nie ins Ausland. Seine Vorfahren waren im achtzehnten Jahrhundert aus Holland eingewandert, und Stoffel war es von frühester Kindheit an gewöhnt, dass es genügend schwarze Diener im Haus gab, die er nach Belieben herumkommandieren konnte.

Wenn die Boys – einen richtigen Namen gab es für die Diener nicht; jeder wurde nur »Boy« genannt, egal wie alt er war – Stoffel nicht gehorchten, wurden sie schlimm verprügelt oder bekamen nichts zu essen. Machten sie ihre Arbeit gut, dachte niemand daran, sich dafür zu bedanken und schon gar nicht, sie zu loben. Warum sollte man sich die Mühe machen, wenn diese Burschen ohnehin nur auf der Welt waren, um anderen zu dienen?

Als Stoffel in die Schule am Kap kam, verstärkte sich dieses törichte Vorurteil noch, denn hier gab es nur Klassenzimmer voll weißer Kinder, die von weißen Lehrkräften unterrichtet wurden. Die wenigen Schwarzen, die Stoffel im Schulhaus sah, putzten die Toiletten, die sie selbst nicht benutzen durften.

Stoffel erwies sich als überdurchschnittlicher Schüler mit einer bemerkenswerten Begabung für Mathematik und einer besonderen Vorliebe für Mannschaftssport. Auf dem Spielfeld war er unübertrefflich.

In seinem letzten Schuljahr glänzte der einsfünfundachtzig große blonde Bure beim Kricket. Noch ehe er sich um einen Studienplatz an einer Universität beworben hatte, sprach man bereits davon, ihn als Rugby- oder Kricketspieler bei den Springboks aufzunehmen. Mehrere College-Scouts boten ihm in seinem letzten Schuljahr Stipendien an. Auf den Rat seines Rektors und mit der Billigung seines Vaters entschied er sich für Stellenbosch.

Stoffels unaufhaltsamer Aufstieg setzte sich fort, kaum dass er auf dem Campus angekommen war. In seinem ersten Jahr wurde er Schlagmann der Universitäts-Kricketmannschaft. Er fehlte während der Saison bei keinem einzigen Spiel. Zwei Jahre später wurde er Kapitän der ungeschlagenen Uni-Auswahl und spielte im Team der Western Province.

Nach Abschluss seines Studiums rekrutierte ihn die Barclays Bank für ihre Public-Relations-Abteilung. Stoffel wurde beim Einstellungsgespräch rasch der vorrangige Grund klar: Sie wollten, dass er für Barclays den Inter-Bank Kricketcup gewann.

Er arbeitete erst wenige Wochen in der Bank, als die Manager von Springbok ihm schriftlich mitteilten, sie würden ihn gern in den Kader der südafrikanischen Kricket-Nationalmannschaft aufnehmen, die sich auf eine mit Spannung erwartete Begegnung mit den Engländern vorbereitete. Die Bank reagierte erfreut und versicherte ihm, dass sie ihm so viel Urlaub geben würde, wie er benötigte, um Nationalspieler zu werden.

Voller Interesse verfolgte Stoffel die in England stattfindende Ashes-Serie. Er hatte über Spieler wie Underwood und Snow gelesen, doch ihre Berühmtheit schüchterte ihn nicht ein. Er wollte ihnen zeigen, wozu die südafrikanischen Bowler, die Schläger, fähig waren.

Die südafrikanischen Zeitungen verfolgten die Ashes-Serie ebenfalls mit großem Interesse, weil sie ihre Leser über die Stärken und Schwächen des Teams auf dem Laufenden halten wollten, das in wenigen Wochen gegen ihre Mannschaft antreten würde. Diese Berichte wurden plötzlich aus dem Sportteil auf die Titelseite verlegt, als England einen Allroundspieler aus Worcester namens Basil D'Oliveira in die Nationalmannschaft aufnahm. Mr D'Oliveira, so nannte ihn die Presse, kam deshalb auf die Titelseite, weil er ein »Cape Coloured« war, wie die Südafrikaner es nannten, ein Kapfarbiger. Da man den in Südafrika Geborenen nicht gestattet hatte, in einer Mannschaft Weißer Kricket zu spielen, war er nach England emigriert.

Die Presse in beiden Ländern warf die Frage auf, wie die südafrikanische Regierung sich dazu stellen würde, sollte D'Oliveira vom MCC, dem britischen Kricketverband, für die Spiele in Südafrika ausgewählt werden.

»Falls die Engländer tatsächlich so dumm sind«, sagte Stoffel zu seinen Freunden in der Bank, »wird man die Sache abblasen müssen.« Schließlich konnte niemand von ihm erwarten, dass er gegen einen Farbigen spielte.

Die Südafrikaner konnten nur hoffen, dass Mr D'Oliveira beim letzten Testspiel Fehler machte und sich dadurch für die bevorstehenden Spiele disqualifizierte. Dann wäre das Problem behoben.

D'Oliveira tat ihnen scheinbar den Gefallen, als er beim ersten der beiden Test-Länderspiele gegen die Australier auf der ganzen Linie versagte; beim zweiten Spiel aber lief er zur Hochform auf und siegte praktisch im Alleingang. Trotzdem wurde er nicht in der Mannschaft aufgestellt, die gegen Südafrika spielen sollte; er reiste nur als Ersatzspieler mit.

Die südafrikanische Regierung ließ umgehend verlauten, dass in ihrem Land nur weiße Spieler willkommen seien. Während der folgenden Wochen kam es immer wieder zu heftigen diplomatischen Auseinandersetzungen, doch da der MCC sich weigerte, D'Oliveira aus dem Team auszuschließen, wurde das Länderspiel schließlich abgesagt. Erst nachdem Nelson Mandela 1994 Präsident wurde, besuchte wieder eine englische Mannschaft Südafrika.

Diese Entscheidung hatte Stoffel tief erschüttert. Zwar spielte er weiterhin für die Western Province und sorgte dafür, dass Barclays den Pokal behielt, doch er zweifelte, dass er je wieder eine Chance für die Nationalmannschaft bekommen würde.

Trotz seiner Enttäuschung blieb Stoffel überzeugt, dass seine Regierung die richtige Entscheidung getroffen hatte. Wie konnten die Engländer sich anmaßen zu bestimmen, wer Südafrika besuchen dürfe?

Bei einem Spiel der Western Province gegen Transvaal lernte er Inga kennen. Sie war nicht nur das aufregendste weibliche Wesen, das er je erblickt hatte, sie teilte auch seine durch nichts zu erschütternde Ansicht, was die Überlegenheit der weißen Rasse betraf. Ein Jahr später heirateten sie.

Als mehr und mehr Sanktionen gegen Südafrika verhängt wurden, unterstützte Stoffel die Regierung und nannte Politiker des Westens wirklichkeitsfremd und dekadent. Warum kamen diese liberalen Schwächlinge nicht nach Südafrika und machten sich selbst ein Bild? Sie würden rasch feststellen, dass er, Stoffel, seine Diener nicht schlug, und dass die Schwarzen einen anständigen Lohn erhielten, wie die Regierung es vorschlug. Was konnten sie sich sonst erhoffen? Er konnte nicht begreifen, dass die Regierung diesen Aufrührer Mandela und seine Terroristenfreunde nicht längst wegen Hochverrats aufgeknüpft hatte.

Piet und Marike nickten zustimmend, wenn ihr Vater diese Meinung äußerte. Beim Frühstück erklärte er ihnen immer wieder, dass man Menschen, die vor gar nicht so langer Zeit erst von den Bäumen gestiegen seien, nicht wie Gleichberechtigte behandeln könne. Das entspräche in keiner Weise der natürlichen Ordnung. Schließlich war ja auch Gott ein Weißer, oder etwa nicht?

Als Stoffel mit Ende dreißig seine aktive Kricket-Laufbahn beendete, wurde er zum Leiter der PR-Abteilung der Bank befördert und in den Vorstand übernommen. Die Familie zog in ein größeres Haus ein paar Kilometer vom alten entfernt am Kap, unmittelbar über dem Atlantik.

Während der Rest der Welt weiterhin Sanktionen verhängte, wuchs Stoffels Überzeugung, dass Südafrika das einzige Land auf Erden war, das die richtige politische Einstellung besaß. Er vertrat diese Meinung unbeirrbar, sowohl in der Öffentlichkeit wie im Privaten.

»Du solltest dich fürs Parlament aufstellen lassen«, riet ihm ein Freund. »Unser Land braucht Männer, die an den südafrikanischen Way of Life glauben und nicht bereit sind, ignoranten Ausländern nachzugeben, die sich hier überhaupt nicht auskennen.«

Anfangs nahm Stoffel solche Worte nicht wirklich ernst; dann aber flog der Vorsitzende der National Party extra nach Kapstadt, um mit ihm zu reden.

»Das Politische Komitee hofft, Sie als Kandidaten für die nächste Wahl aufstellen zu dürfen«, sagte er zu Stoffel.

Stoffel versprach, sich diesen Vorschlag durch den Kopf gehen zu lassen. Doch ehe er sich entscheiden könne, erklärte er, müsse er mit seiner Frau und den übrigen Mitgliedern des Bankvorstands sprechen. Zu seiner Überraschung ermutigten ihn alle, das Angebot anzunehmen. »Schließlich sind Sie allgemein bekannt und beliebt, und niemand kann an Ihrer Einstellung zur Apartheid zweifeln.« Eine Woche später rief Stoffel den Vorsitzenden der National Party an, um ihm mitzuteilen, er würde sich geehrt fühlen, wenn man ihn als Kandidaten für Noordhoek aufstelle, was dann auch geschah.

Seine Antrittsrede in Noordhoek beendete Stoffel mit den Worten: »Ich werde einmal mit der unerschütterlichen Überzeugung von dieser Welt abtreten, dass die Apartheid sowohl für die Schwarzen wie auch für die Weißen die einzig richtige Daseinsform ist.« Er erhielt begeisterten Applaus.

Das alles änderte sich am 18. August 1989.

Stoffel verließ die Bank an diesem Abend ein paar Minuten früher, da er vor einer Versammlung eine Rede halten sollte. Die Wahlen standen unmittelbar bevor, und wenn man der letzten Umfrage glauben durfte, hieß der nächste Abgeordnete für den Wahlkreis Noordhoek Stoffel van den Berg.

Als Stoffel aus dem Lift stieg, begegnete er Martinus de Jong, dem Generaldirektor der Bank. »Wieder nur ein kurzer Arbeitstag, Stoffel?«, zog er ihn auf.

»Wohl kaum, Martinus, ich muss eine Rede halten.«

»Ich weiß, alter Junge«, antwortete de Jong. »Überzeugen Sie die Leute, dass es sich diesmal niemand leisten kann, nicht zu wählen, wenn die Leute verhindern wollen, dass das Land in Zukunft von den Schwarzen regiert wird. Übrigens«, fügte er hinzu, »wir brauchen auch keine Plätze für Schwarze auf den Universitäten. Wenn wir uns die Politik unserer Bank von Studentengruppen in England vorschreiben lassen, könnte es leicht dazu kommen, dass irgendein Schwarzer meinen Posten will.«

»Ja, ich hab das Memo aus London gelesen. Diese verrückten Liberalen benehmen sich wie eine aufgescheuchte Straußenherde. Jetzt muss ich mich aber beeilen, Martinus, sonst komme ich zu spät zur Versammlung.«

»Tut mir Leid, Sie aufgehalten zu haben, alter Junge.«

Stoffel blickte auf die Uhr und rannte die Rampe zum Parkplatz hinunter. Als er sich in den Verkehr auf der Rhodes Street einreihte, erkannte er rasch, dass es ihm nicht mehr gelungen war, den Stau der Wochenendreisenden zu vermeiden.

Sobald er die Stadtgrenze hinter sich hatte, stieg er aufs Gas. Es waren nur knapp fünfundzwanzig Kilometer nach Noordhoek, doch die Straße war steil und kurvenreich. Da Stoffel aber jeden Zentimeter kannte, schaffte er die Strecke nach Hause für gewöhnlich in weniger als einer halben Stunde.

Er warf einen Blick auf die Uhr am Armaturenbrett. Mit etwas Glück blieb ihm zu Hause noch Zeit genug, zu duschen und sich umzuziehen, ehe er sich auf den Weg zur Versammlung machte.

Als er nach Süden auf die Straße abbog, die bergauf führte, trat Stoffel das Gaspedal durch und überholte die langsamer fahrenden Lastwagen und Autos, die mit der Strecke nicht so vertraut waren wie er. Er runzelte die Stirn, als er an einem schwarzen Fahrer vorbeischoss, der sich in einem alten, klapprigen Lieferwagen, der eigentlich gar nicht mehr zugelassen sein dürfte, den Berg hinaufplagte.

Stoffel jagte um die nächste Kurve und sah einen Lastwagen vor sich. Ehe die Straße danach wieder eine Biegung machte, lag ein langes, gerades Streckenstück vor ihm; er hatte also genügend Zeit, an dem Laster vorbeizukommen. Erneut stieg er aufs Gas und scherte aus. Doch er hatte die Geschwindigkeit des vor ihm fahrenden LKWs unterschätzt.

Als Stoffel nur noch etwa hundert Meter von der nächsten Kurve entfernt war, kam ihm plötzlich ein Wagen entgegen. Stoffel musste blitzschnell eine Entscheidung treffen. Sollte er auf die Bremse oder aufs Gas steigen? Er trat das Gaspedal durch, bis es beinahe den Wagenboden berührte, wobei er davon ausging, dass der andere Fahrer bremste. Er überholte den Laster und scherte so schnell es ging nach rechts ein; trotzdem konnte er nicht verhindern, dass er den Kotflügel des anderen traf. Einen Sekundenbruchteil sah er die entsetzten Augen des Fahrers, der zwar die Bremse durchgetreten hatte, aber über die Straße hinausgekommen war und über dem steilen Hang schaukelte. Stoffels Wagen prallte gegen die Leitplanken, ehe er auf die andere Straßenseite geschleudert wurde und schließlich in einer Baumgruppe zum Stehen kam.

Das war seine letzte Erinnerung, bevor er fünf Wochen später die Besinnung wiedererlangte.

Stoffel blickte auf und sah Inga neben seinem Bett stehen. Als sie bemerkte, dass er die Augen geöffnet hatte, drückte sie seine Hand und eilte aus dem Zimmer, um einen Arzt zu holen.

Als Stoffel das nächste Mal erwachte, standen Inga und der Arzt neben seinem Bett, doch es dauerte noch eine Woche, ehe der Arzt ihm erzählen konnte, was nach dem Unfall passiert war.

Stoffel hörte ihm in stummem Entsetzen zu, als er erfuhr, dass der andere Fahrer kurz nach der Einlieferung im Krankenhaus an seinen Kopfverletzungen gestorben war.

»Du hast Glück, dass du noch lebst«, sagte Inga.

»Das kann man wohl sagen«, bestätigte der Arzt, »nur wenige Augenblicke nach dem Tod des anderen Fahrers kam es bei Ihnen zum Herzstillstand. Sie hatten großes Glück, dass sich im nächsten Operationssaal ein passender Spender befand.«

»Doch nicht etwa der Fahrer des anderen Wagens?«, wollte der aufgewühlte Stoffel wissen, obwohl er die Antwort schon ahnte.

Der Arzt nickte nur.

»Aber – war er nicht schwarz?«, fragte Stoffel ungläubig.

»Allerdings«, bestätigte der Arzt. »Doch es mag Sie vielleicht überraschen, Mr van den Berg, dass es Ihrem Körper völlig gleichgültig ist. Sie sollten dankbar sein, dass die Frau des Verstorbenen der Transplantation zustimmte. Ich erinnere mich an ihre Worte.« Er legte eine Pause ein. »Sie sagte: ›Ich sehe keinen Sinn darin, dass beide sterben.‹ Wir verdanken es ihr, dass wir Ihr Leben retten konnten, Mr van den Berg.« Er zögerte, schürzte die Lippen, dann fuhr er leise fort: »Aber ich muss Ihnen leider sagen, dass Ihre anderen Verletzungen so ernst sind, dass die Prognose trotz der erfolgreichen Herzverpflanzung nicht sehr gut ist.«

Stoffel schwieg eine Zeit lang; dann fragte er: »Wie lange habe ich noch?«

»Drei, vielleicht vier Jahre«, antwortete der Arzt, »aber nur, wenn Sie sich schonen.«

Stoffel schlief wieder ein.

Erst nach weiteren sechs Wochen wurde Stoffel aus dem Krankenhaus entlassen, und selbst da bestand Inga noch auf einer langen Rekonvaleszenz.

Seine alten Freunde besuchten ihn zu Hause, darunter Martinus de Jong, der ihm versicherte, dass er selbstverständlich jederzeit seine Stelle bei der Bank wieder einnehmen könne.

»Nein, ich werde nicht in die Bank zurückkehren«, sagte Stoffel ruhig. »Sie bekommen in den nächsten Tagen meine Kündigung.«

»Aber wieso?«, fragte de Jong. »Ich versichere Ihnen ...«

Stoffel winkte ab. »Das ist sehr freundlich von Ihnen, Martinus, aber ich habe andere Pläne.«

Am selben Tag, an dem der Arzt ihm erlaubt hatte, das Haus wieder zu verlassen, bat Stoffel Inga, ihn nach Crossroads zu fahren. Er wollte die Witwe jenes Mannes besuchen, dessen Tod er verschuldet hatte.

Beobachtet von stumpfen, resignierten Augen schritt das hoch gewachsene blonde Paar durch die Hütten von Crossroads. Vor dem kleinen Elendsquartier, in dem die Witwe des Fahrers hauste, wie man ihnen gesagt hatte, blieben sie stehen.

Stoffel hätte angeklopft, aber es gab nicht einmal eine Tür. Er spähte durch die Öffnung in die Düsternis und sah eine junge Frau mit einem Baby auf den Armen in einer Ecke kauern.

»Ich bin Stoffel van den Berg«, stellte er sich vor. »Ich bin hier, um Ihnen zu sagen, wie Leid es mir tut, dass ich ungewollt den Tod Ihres Mannes verschuldet habe.«

»Danke, Master«, antwortete sie. »Sie brauchen mich nicht besuchen.«

Da es keine Sitzgelegenheit gab, ließ Stoffel sich auf den Boden sinken und überkreuzte die Beine.

»Ich möchte Ihnen auch dafür danken, dass Sie mir die Chance zu einem neuen Leben gegeben haben.«

Die Frau nickte bloß.

»Kann ich irgendetwas für Sie tun?« Er machte eine Pause. »Vielleicht möchten Sie mit Ihrem Kind zu uns ziehen?«

»Nein, danke, Master.«

»Gibt es denn gar nichts, was ich tun kann?«, fragte Stoffel hilflos.

»Nein, danke, Master.«

Stoffel stand auf. Er erkannte, dass seine Anwesenheit die Frau beunruhigte. Er und Inga schritten zurück durch das deprimierende Stadtviertel und sprachen erst wieder, als sie ihren Wagen erreicht hatten.

»Ich war so blind«, sagte er, als Inga ihn nach Hause fuhr.

»Nicht nur du«, gestand seine Frau mit Tränen in den Augen. »Aber was können wir tun?«

»Ich weiß, was ich tun muss.«

Inga hörte ihrem Mann zu, als er beschrieb, wie er den Rest seines Lebens verbringen wollte.

Am nächsten Morgen rief Stoffel die Bank an und berechnete mit Martinus de Jong, wie viel er in den nächsten drei Jahren ausgeben konnte.

»Haben Sie Inga gesagt, dass Sie sich Ihre Lebensversicherung auszahlen lassen wollen?«

»Es war ihre Idee«, entgegnete Stoffel.

»Was werden Sie mit dem Geld anfangen?«

»Ich werde Bücher aus zweiter Hand kaufen, außerdem Fußbälle und Kricketschläger.«

»Wir könnten helfen, indem wir die Summe verdoppeln, die Sie dafür ausgeben wollen«, schlug der Generaldirektor vor.

»Wie?«, erkundigte sich Stoffel.

»Indem wir den Überschuss verwenden, den wir in unserem Sportfonds haben.«

»Aber der ist nur für Weiße gedacht.«

»Sie sind Weißer«, entgegnete der Generaldirektor.

Martinus schwieg eine Weile, bevor er hinzufügte: »Bilden Sie sich nicht ein, dass Sie der Einzige sind, dem durch diese Tragödie die Augen geöffnet wurden. Und Sie sind am besten geeignet, andere ...« Er zögerte.

»Andere was?«, fragte Stoffel.

»Andere, die noch größere Vorurteile hatten als Sie, davon zu überzeugen, ihre früheren Fehler einzusehen.«

An diesem Nachmittag fuhr Stoffel wieder nach Crossroads. Er schritt mehrere Stunden in der Township herum, ehe er sich für ein von Wellblechhütten und armseligen Zelten umgebenes Stück Land entschied.

Obwohl der Boden nicht flach war und weder die richtige Form noch Größe hatte, begann er das künftige Spielfeld mit Schritten abzumessen, wobei Hunderte von Kindern ihm zuschauten.

Am nächsten Tag halfen ihm einige dieser Kinder, mit Kreide die Spielfeldmarkierungen zu ziehen und die Eckfahnen aufzustellen.

Vier Jahre, einen Monat und elf Tage fuhr Stoffel van den Berg jeden Morgen nach Crossroads, wo er die Kinder in einer armseligen Schule in Englisch unterrichtete.

Nachmittags brachte er diesen Kindern Rugby oder Kricket bei, je nach der Jahreszeit. In den Abendstunden streifte er durch die Straßen und redete den Teenagern gut zu, dass sie keine Banden bilden, keine Verbrechen begehen und keine Drogen nehmen sollten.

Stoffel van den Berg starb am 24. März 1994, nur wenige Tage, bevor Nelson Mandela zum Präsidenten gewählt wurde. Wie Basil D'Oliveira hatte er mitgeholfen, die Apartheid zu besiegen.

Zur Beerdigung des Bekehrten von Crossroads kamen mehr als zweitausend Trauergäste, die von überall im Land angereist waren, um ihm die letzte Ehre zu erweisen.

Die Journalisten konnten sich nicht darauf einigen, ob es mehr Schwarze oder mehr Weiße gewesen waren.

Zu viele Zufälle

Jedes Mal, wenn Ruth an die vergangenen drei Jahre zurückdachte, was oft der Fall war, vermutete sie, dass Max alles geplant hatte, bis zur letzten Einzelheit – sogar schon, bevor sie einander das erste Mal begegnet waren.

Bei diesem ersten Mal stießen sie – genauer gesagt, ihre Boote – durch Zufall aufeinander, wie Ruth glaubte.

Die *Sea Urchin* fuhr in der Abenddämmerung langsam zum nächsten Anlegeplatz, als es zu dem Zusammenstoß kam. Beide Skipper forschten sofort nach möglichen Schrammen und Kratzern, aber da beide Boote an den Seiten durch große Rettungsringe geschützt waren, hatte keines Schaden genommen. Der Eigner der *Scottish Belle* salutierte ironisch und verschwand unter Deck.

Max schenkte sich einen Gin Tonic ein und griff nach einem Taschenbuch, das er eigentlich bereits im vergangenen Sommer zu Ende lesen wollte, und machte es sich am Bug bequem. Er blätterte durch die Seiten, um sich zu erinnern, wie weit er gekommen war, als der Skipper der *Scottish Belle* an Deck zurückkehrte.

Der Ältere salutierte auch jetzt übertrieben. Max senkte sein Buch und sagte: »Guten Abend. Tut mir Leid, dass wir zusammengestoßen sind.«

»Ist ja nichts passiert«, entgegnete der Skipper und hob sein Glas Whisky.

Max stand auf, beugte sich ein wenig über den Bootsrand und streckte die Rechte aus. »Ich bin Max Bennett«, stellte er sich vor.

»Angus Henderson«, nannte nun auch der Ältere seinen Namen. Er hatte einen leichten Edinburgher Akzent.

»Wohnen Sie hier in der Gegend, Angus?«, fragte Max, offenbar, um ein Gespräch zu beginnen.

»Nein«, antwortete Angus. »Meine Frau und ich leben auf Jersey, aber unsere Zwillingssöhne gehen hier an der Südküste zur Schule, darum segeln wir zu Ferienbeginn immer herüber und holen sie heim. Und Sie? Sind Sie in Brighton zu Hause?«

»Nein, in London, aber wann immer ich ein bisschen Zeit zum Segeln finde, komme ich hierher, was leider für meine Segelkünste nicht oft genug ist – wie Sie ja bereits bemerkt haben«, fügte er lachend hinzu, gerade als eine Frau zum Deck der *Scottish Belle* heraufkam.

Angus drehte sich um und lächelte. »Ruth, das ist Max Bennett. Wir sind im wahrsten Sinne des Wortes aufeinander gestoßen.«

Max lächelte zu der Frau hinüber. Sie hätte Hendersons Tochter sein können, denn sie war mindestens zwanzig Jahre jünger als ihr Mann. Sie war zwar keine Schönheit, aber sehr attraktiv, und ihrer schlanken, durchtrainierten Figur nach zu schließen, machte sie jeden Tag Fitnessübungen. Sie lächelte Max beinahe schüchtern zu.

»Kommen Sie doch auf einen Drink zu uns«, schlug Angus vor.

»Gern, vielen Dank.« Max stieg auf das andere Boot

hinüber. Er verbeugte sich leicht und gab Ruth die Hand.

»Freut mich, Sie kennen zu lernen, Mrs Henderson.«

»Ruth, bitte. Wohnen Sie in Brighton?«

»Nein«, antwortete Max. »Ich habe Ihrem Mann gerade erzählt, dass ich nur hin und wieder zum Segeln hierher komme. Und was machen Sie auf Jersey?«, wandte er sich wieder an Angus. »Sie sind doch bestimmt nicht auf der Insel geboren, oder?«

»Nein, wir sind nach meiner Pensionierung vor sieben Jahren dorthin gezogen. Ich habe eine kleine Maklerfirma geleitet. Jetzt achte ich nur noch darauf, dass meine paar Immobilienanlagen genug Rendite bringen, segle ein wenig und spiele dann und wann Golf. Und Sie?«

»Bei mir ist es ähnlich, nur mit einem kleinen Unterschied.«

»Ach? Was für einer?«, fragte Ruth.

»Ich arbeite ebenfalls mit Immobilien, nur gehören sie nicht mir, sondern anderen. Ich bin Juniorpartner eines Immobilienmaklers im West End.«

»Wie sind die Preise in London zurzeit?«, erkundigte sich Angus nach einem weiteren Schluck Whisky.

»Die letzten beiden Jahre waren für die meisten Makler nicht gerade rosig – niemand will verkaufen, und nur Ausländer können sich leisten, etwas zu erwerben. Und jeder, dessen Mietvertrag zur Verlängerung ansteht, verlangt eine Senkung des Preises oder will seinen Vertrag gar nicht erst erneuern.«

Angus lachte. »Vielleicht sollten Sie nach Jersey ziehen. Da würden Sie zumindest ...«

»Wir sollten uns jetzt umziehen«, unterbrach ihn Ruth, »sonst kommen wir zu spät zum Konzert der Jungs.«

Henderson blickte auf die Uhr. »Tut mir Leid, Max«,

entschuldigte er sich. »War nett, sich mit Ihnen zu unterhalten. Aber Ruth hat Recht. Vielleicht sehen wir uns ja wieder.«

»Ich würde mich freuen.« Max stellte sein Glas auf ein Tischchen und stieg auf sein eigenes Boot zurück, während die Hendersons unter Deck verschwanden.

Max nahm wieder sein ziemlich abgegriffenes Taschenbuch. Er fand nach längerem Blättern zwar die richtige Stelle, konnte sich jedoch nicht auf den Roman konzentrieren. Dreißig Minuten später kamen die Hendersons in Abendkleidung an Deck zurück. Max winkte ihnen noch zu, als sie auf dem Kai in ein wartendes Taxi stiegen.

Als Ruth am nächsten Morgen mit einer Tasse Tee an Deck kam, stellte sie enttäuscht fest, dass die *Sea Urchin* nicht mehr neben ihnen lag. Sie wollte sich gerade wieder unter Deck begeben, als sie ein vertrautes Boot in den Hafen segeln sah. Sie rührte sich nicht von der Stelle, als die Segel beim Näherkommen größer wurden und hoffte, dass Max zu der gleichen Anlegestelle kam wie am Abend zuvor. Sie tat, als bemerkte sie es nicht.

Sobald Max sein Boot vertäut hatte, rief er zu Ruth hinüber: »Wo ist Angus?«

»Er holt die Jungs ab und geht mit ihnen zu einem Fußballspiel. Er wird wohl nicht vor dem Abend zurück sein«, fügte sie unnötigerweise hinzu.

»Dann kommen Sie doch mit mir zum Lunch, Ruth. Ich kenne ein kleines italienisches Restaurant, das noch nicht von Touristen überlaufen ist.«

Ruth tat, als müsste sie erst nachdenken, bevor sie schließlich antwortete: »Also gut, warum nicht.«

»Wie wär's in einer halben Stunde?«, schlug Max vor.

Ruth nickte zustimmend und verschwand wieder unter Deck. Allerdings wurden aus den dreißig Minuten fünfzig. Max wollte sich die Wartezeit wieder mit seinem Roman verkürzen, doch auch diesmal konnte er sich nicht richtig darauf konzentrieren.

Als Ruth endlich auftauchte, trug sie einen Minirock aus schwarzem Leder, eine weiße Bluse und schwarze Strümpfe, und hatte selbst für Brighton etwas zu viel Make-up aufgetragen.

Max blickte auf ihre Beine. Nicht übel für eine Achtunddreißigjährige, dachte er. Allerdings fand er ihren Rock etwas zu eng und viel zu kurz.

»Sie sehen großartig aus.« Er bemühte sich, überzeugend zu klingen. »Wollen wir gehen?«

Ruth stieg zu ihm auf den Kai. Sie schlenderten zur Stadt und plauderten, bis Max in eine Seitenstraße einbog und vor einem Restaurant namens Venitici stehen blieb. Als er Ruth die Tür öffnete, konnte sie ihre Enttäuschung nicht verbergen, so überfüllt war das Lokal. »Hier werden wir nie einen Tisch bekommen«, unkte sie.

»Oh, da wäre ich mir nicht so sicher«, entgegnete Max. Der Ober steuerte bereits auf sie zu.

»Ihren üblichen Tisch, Mr Bennett?«

»Ja, bitte, Valerio.« Sie wurden zu einem Tisch in einer ruhigen Ecke geführt.

Kaum saßen sie, fragte Max: »Einen Aperitif, Ruth? Vielleicht ein Glas Sekt?«

»Ja, gern«, erwiderte sie, als wäre sie es so gewöhnt; dabei hielt Angus so etwas für eine Extravaganz, außer vielleicht an ihrem Geburtstag.

Max schlug die Speisekarte auf. »Das Essen ist hier

ausgezeichnet, vor allem die Gnocchi, die Valerios Frau selbst macht. Sie zergehen auf der Zunge.«

»Hört sich gut an.« Ruth schlug ihre Speisekarte gar nicht erst auf.

»Und als Beilage vielleicht einen gemischten Salat?«

»Ja, gern.«

Max klappte die Speisekarte zu und blickte über den Tisch. »Die Jungs können nicht von Ihnen sein. Nicht, wenn sie schon auf ein Internat gehen.«

»Wieso nicht?«, fragte Ruth verlegen.

»Nun ... ich meine, wegen Angus' Alter. Ich dachte, dass sie seine Söhne aus einer früheren Ehe sind.«

»Nein.« Ruth lachte. »Angus hat erst geheiratet, als er über vierzig war. Ich fühlte mich sehr geschmeichelt, als er mich bat, seine Frau zu werden.«

Max schwieg.

»Und Sie?«, wollte Ruth wissen, ehe der Ober an den Tisch trat und ihnen vier verschiedene Brotsorten anbot.

»Ich war schon viermal verheiratet«, erwiderte Max.

Ruth riss erschrocken die Augen auf, bis Max sich vor Lachen fast überschlug.

»Nein, nein, noch nie«, gestand er. »Ich habe die Richtige wohl noch nicht kennen gelernt.«

»Sie sind ja auch noch jung genug, Ihre Traumfrau zu finden«, meinte Ruth.

»Ich bin älter als Sie«, behauptete Max galant.

Ruth seufzte. »Bei einem Mann spielt das Alter keine so große Rolle.«

Der Ober kam wieder an ihren Tisch. Er hielt einen Block in der Hand und blickte Max fragend an.

»Zweimal Gnocchi und eine Flasche vom eigenen Barolo«, bestellte Max und reichte dem Ober die Speisekarten. »Und eine große Portion Salat für uns beide, mit Spargel, Avokados und Salatherzen – Sie kennen ja meinen Geschmack.«

»Selbstverständlich, Mr Bennett«, versicherte ihm Valerio.

Max wandte seine Aufmerksamkeit wieder seinem Gast zu. »Findet jemand in Ihrem Alter Jersey nicht ein wenig langweilig?« Er lehnte sich über den Tisch und strich die blonde Strähne, die sich selbstständig gemacht hatte, aus Ruths Stirn.

Ruth lächelte schüchtern. »Es hat seine Vorteile«, antwortete sie nicht sehr überzeugend.

»Zum Beispiel?«, wollte Max wissen.

»Nur zwanzig Prozent Steuern.«

»Für Angus mag das ja ein guter Grund sein, aber doch nicht für Sie! Ich lebe lieber in England und bezahle vierzig Prozent.«

»Jetzt, da er im Ruhestand ist und wir ein festes Einkommen haben, passt uns das recht gut. In Edinburgh hätten wir den gleichen Lebensstandard nicht aufrechterhalten können.«

»Da ist Brighton also eine hübsche Abwechslung.« Max lächelte.

Valerio kehrte mit zwei Tellern Gnocchi zurück, und ein anderer Ober lud eine Riesenschüssel Salat auf dem Tisch ab.

»Ich kann mich nicht beklagen.« Ruth nippte an ihrem Sekt. »Angus ist immer sehr zuvorkommend. Es fehlt mir an nichts.«

»Nichts?«, wiederholte Max. Seine Rechte verschwand unter dem Tisch und legte sich auf ihr Knie.

Ruth wusste, dass sie sofort auf Distanz hätte gehen müssen, aber sie tat es nicht.

Als Max die Hand schließlich wegzog, um sich auf seine Gnocchi zu konzentrieren, versuchte Ruth, so zu tun, als wäre nichts geschehen. »Gibt es im West End irgendetwas, das einen Besuch lohnen würde?«, fragte sie beiläufig. »Ich habe gehört, dass *Ein Inspektor kommt* gut ist.«

»Das ist wirklich sehr gut«, versicherte Max. »Ich war bei der Neuinszenierung.«

»Ach? Wann war das?«, erkundigte Ruth sich arglos.

»Vor ungefähr fünf Jahren.«

Ruth lachte. »Jetzt, da Sie wissen, wie weit ich hinter dem Mond bin, können Sie mir ja sagen, was ich mir anschauen sollte.«

»Nächsten Monat wird der neue Tom Stoppard uraufgeführt.« Max machte eine Pause. »Wenn es Ihnen möglich wäre, ein paar Tage wegzukommen, könnten wir gemeinsam ins Theater gehen.«

»So einfach ist das nicht, Max. Angus erwartet, dass ich bei ihm auf Jersey bleibe. Wir kommen nicht allzu oft nach London.«

Max blickte auf ihren leeren Teller. »Sieht ganz so aus, als würden die Gnocchi ihrem Ruf alle Ehre machen.«

Ruth bestätigte es mit einem Nicken.

»Sie sollten die *Crème brûlée* probieren, ebenfalls eine Spezialität von Valerios talentierter Gattin.«

»Lieber nicht. Ich war schon drei Tage nicht im Fitnesscenter. Nein, ich nehme lieber Kaffee.« Ruth runzelte die Stirn, als ihr ohne Aufforderung ein weiteres Glas Sekt vorgesetzt wurde.

»Stellen Sie sich vor, es wäre Ihr Geburtstag«, meinte Max, und schon verschwand seine Hand wieder unter dem Tisch. Diesmal blieb sie etwas höher auf ihrem Oberschenkel liegen.

Jetzt, in der Erinnerung, wusste sie, dass dies der Moment gewesen wäre, an dem sie hätte aufstehen und gehen sollen.

»Wie lange sind Sie schon Immobilienmakler?«, fragte sie stattdessen und versuchte so zu tun, als würde gar nichts geschehen.

»Seit ich aus der Schule bin. Ich fing ganz unten an, als Laufbursche, und wurde erst vergangenes Jahr Partner.«

»Ich gratuliere. Wo ist Ihr Büro?«

»Direkt im Zentrum von Mayfair. Besuchen Sie mich doch mal. Vielleicht, wenn Sie das nächste Mal in London sind.«

»So oft komme ich nicht nach London«, erinnerte ihn Ruth.

Als Max einen Ober an den Tisch kommen sah, zog er die Hand von Ruths Schenkel. Der Ober stellte zwei Cappuccinos vor sie. Max lächelte zu ihm auf und sagte: »Ich hätte gern die Rechnung.«

»Sind Sie so in Eile?«, fragte Ruth.

»Ja. Mir ist gerade eingefallen, dass ich auf der *Sea Urchin* eine Flasche erlesenen Cognac für einen ganz besonderen Anlass aufbewahrt habe. Und jetzt scheint mir dieser besondere Anlass gekommen zu sein.« Er beugte sich über den Tisch und nahm ihre Hand. »Wissen Sie, ich habe diese Flasche aufgehoben, um sie mit jemandem wie Ihnen zu trinken.«

»Ich halte das nicht für klug.«

»Tun Sie immer nur, was klug ist?«

»Es ist nur, dass ich auf die *Scottish Belle* zurückmuss.«

»Damit Sie drei Stunden herumsitzen und auf Angus' Rückkehr warten?«

»Nein, es ist bloß, dass ...«

»Haben Sie Angst, dass ich versuchen könnte, Sie zu verführen?«

»Ist das Ihre Absicht?« Ruth entzog ihm ihre Hand.

»Ja, aber nicht, ehe wir den Cognac gekostet haben.« Max blickte auf die Rechnung, die der Ober ihm gebracht hatte. Er zog seine Geldtasche und legte vier Zehnpfundnoten auf das Silbertablett.

Angus hatte einmal zu ihr gesagt: »Wer in einem Restaurant bar bezahlt, braucht entweder keine Kreditkarte oder verdient zu wenig, um eine zu bekommen.«

Max stand auf, dankte Valerio ein bisschen zu überschwänglich und steckte dem Ober, der ihnen die Tür aufhielt, einen Fünfpfundschein zu.

Als sie die Straße zum Kai überquerten, sagte keiner ein Wort. Ruth glaubte, jemanden von der *Sea Urchin* springen zu sehen, doch bei einem zweiten Blick auf das Boot war niemand zu erblicken. Eigentlich hatte sie sich schnell verabschieden wollen; trotzdem folgte sie Max an Bord und hinunter in die Kabine.

»Ich hatte nicht erwartet, dass es hier so eng ist«, gestand sie, als sie unten ankamen. Sie drehte sich um hundertachtzig Grad und landete in Max' Armen. Sanft entzog sie sich ihm.

»Es ist ideal für einen Junggesellen«, sagte er, als er zwei großzügige Cognacs einschenkte. Er reichte Ruth einen Schwenker und legte den freien Arm um ihre Taille. Dann zog er sie sanft an sich, bis ihre Körper einander berührten. Er küsste sie auf die Lippen, bevor er ihr die Möglichkeit ließ, einen Schluck Cognac zu nehmen.

Er schaute zu, wie sie das Glas an den Mund hob; dann nahm er sie wieder in die Arme. Als er sie noch einmal küsste, sträubte sie sich nicht mehr dagegen und ließ es auch geschehen, dass er den obersten Knopf ihrer Bluse öffnete.

Jedes Mal, wenn Ruth doch einen schwachen Versuch machte, sich zu wehren, hielt er inne und wartete, bis sie einen weiteren Schluck nahm, bevor er seine Bemühungen fortsetzte, bis es ihm endlich gelang, ihr die weiße Bluse auszuziehen und den Reißverschluss ihres hautengen Minirocks zu finden. Bis es so weit war, versuchte sie gar nicht mehr, ihn davon abzuhalten.

»Du bist erst der zweite Mann, mit dem ich Liebe gemacht habe«, sagte sie leise, als sie später auf dem Boden lag.

»Du warst noch Jungfrau, als du Angus kennen gelernt hast?«, staunte Max.

»Sonst hätte er mich nicht geheiratet«, antwortete sie leise.

»Und während der letzten zwanzig Jahre hat es keinen anderen Mann gegeben?« Max schenkte sich noch einen Cognac ein.

»Nein. Aber ich glaube, dass Gerald Prescott mich verehrt. Er ist Rektor der alten Schule, die meine Jungs besucht haben. Gerald verehrt mich. Doch er hat sich nie mehr getraut, als mir einen Kuss auf die Wange zu hauchen. Und sonst schaut er mich immer nur mit wehmütigen Augen an.«

»Und du magst ihn?«

»O ja. Ich finde ihn sehr nett«, gestand Ruth zum ersten Mal in ihrem Leben. »Doch ein Mann wie er würde nie die Initiative ergreifen.«

»Wie dumm von ihm.« Max nahm sie wieder in die Arme.

Ruth blickte auf die Uhr. »O Gott, ist es wirklich schon so spät? Angus kann jeden Augenblick zurück sein.«

»Keine Panik, mein Liebling. Wir haben noch genug Zeit für einen weiteren Cognac, oder vielleicht sogar noch einen Orgasmus – was immer dir lieber ist.«

»Beides, aber ich möchte das Risiko nicht eingehen, dass er uns mittendrin ertappt.«

»Dann müssen wir bis zu einem anderen Mal damit warten.« Max drückte den Korken fest in die Flasche zurück.

»Oder bis zum nächsten Mädchen«, meinte Ruth, während sie in ihre Strumpfhose schlüpfte.

Max langte nach dem Kugelschreiber auf dem Beistelltischchen und kritzelte auf das Flaschenetikett: »Darf nur mit Ruth getrunken werden.«

»Wann werde ich dich wieder sehen?«, fragte sie.

»Das hängt von dir ab, Liebling«, erwiderte Max, ehe er sie in die Arme nahm und noch einmal küsste. Nachdem er sie losgelassen hatte, drehte sie sich um, stieg die steile Treppe hinauf aufs Deck und verschwand rasch.

Kaum war Ruth zurück auf der *Scottish Belle*, versuchte sie, die Erinnerung an die letzten beiden Stunden auszulöschen, doch als Angus am Abend mit den Jungs kam, wurde ihr bewusst, dass es nicht so leicht sein würde, Max zu vergessen.

Als sie am nächsten Morgen an Deck ging, war die *Sea Urchin* nirgendwo in Sicht.

Angus kam zu ihr. »Suchst du was Bestimmtes?«, fragte er.

Sie drehte sich um und lächelte ihn an. »Nein. Ich kann es nur kaum erwarten, nach Jersey zurückzukommen.«

Es war vielleicht ein Monat vergangen, als das Telefon läutete und Max am anderen Ende der Leitung war. Als Ruth seine Stimme hörte und daran dachte, wie sie sich geliebt hatten, stockte ihr der Atem.

»Ich komme morgen nach Jersey hinüber, um ein Haus für einen Kunden anzuschauen. Besteht die Möglichkeit, dich zu sehen?«

»Wie wär's, wenn du zum Dinner zu uns kommst?«, hörte Ruth sich überrascht sagen.

»Wie wär's, wenn du zu mir in mein Hotel kommst?«, entgegnete Max. »Das Dinner können wir streichen.«

»Nein, ich halte es für besser, wenn du zum Dinner zu uns kommst. Auf Jersey haben sogar die Wände Ohren und Augen.«

»Wenn das die einzige Möglichkeit ist, dich zu sehen – in Ordnung«, sagte Max.

»Um zwanzig Uhr?«

»Zwanzig Uhr.«

Kaum hatte er aufgelegt, fiel Ruth ein, dass sie ihm ihre Adresse gar nicht gegeben hatte, und sie konnte ihn auch nicht zurückrufen, weil sie seine Nummer nicht kannte.

Sie gestand Angus, dass sie am nächsten Abend einen Dinnergast haben würden, und er freute sich offenbar darüber. »Das trifft sich gut, da ist ohnehin eine Sache, in der ich mir gern seinen Rat holen würde«, sagte er.

Den nächsten Vormittag verbrachte Ruth damit, in Saint Hélier einzukaufen. Sie wählte das beste Fleisch, das frischeste Gemüse und einen teuren Rotwein, obwohl sie wusste, dass Angus einen derartigen Aufwand als Verschwendung bezeichnete.

Den Nachmittag brachte sie in der Küche zu. Sie erklärte der Köchin genau, wie sie die Speisen zubereitet haben wollte. Am Abend verbrachte sie noch mehr Zeit damit, ständig ein anderes Kleid auszuwählen und es schließlich doch wieder in den Schrank zu hängen. Sie war noch nicht angezogen, als es kurz nach zwanzig Uhr an der Haustür klingelte.

Ruth öffnete die Schlafzimmertür und lauschte, wie ihr Mann Max begrüßte. Wie alt Angus sich doch anhört, dachte sie, als die beiden Männer sich unterhielten. Sie hatte Angus immer noch nicht gefragt, worüber er mit Max reden wollte, um nicht den Eindruck übermäßigen Interesses zu erwecken.

Sie kehrte ins Schlafzimmer zurück und entschied sich für ein Kleid, das eine Freundin einmal als verführerisch bezeichnet hatte. Ruth erinnerte sich an ihre Antwort: »Dann ist es auf dieser Insel vergeudet.«

Die beiden Männer erhoben sich, als Ruth das Wohnzimmer betrat. Max ging auf sie zu und küsste sie auf beide Wangen, wie Gerald Prescott es immer tat.

»Ich habe Max von unserem Cottage in den Ardennen erzählt«, sagte Angus, noch ehe sie es sich bequem gemacht hatten, »und dass wir die Absicht haben, es zu verkaufen, nun, da die Zwillinge auf die Universität gehen.«

Typisch Angus, dachte Ruth. Bring das Geschäftliche hinter dich, ehe du deinem Gast auch nur einen Drink angeboten hast. Sie ging zum Sideboard und schenkte Max ohne zu überlegen einen Gin Tonic ein.

»Ich habe Max gebeten, sich das Cottage anzuschauen, den Wert zu schätzen und mir den günstigsten Zeitpunkt für einen Verkauf zu nennen.«

»Sehr vernünftig«, murmelte Ruth. Sie vermied es, Max direkt anzusehen – aus Angst, Angus könnte bemerken, was sie für ihren Gast empfand.

»Wenn Sie möchten, könnte ich gleich morgen nach Frankreich reisen. Ich habe keine Pläne für das Wochenende«, fügte er hinzu. »Montag würde ich Ihnen dann Bescheid geben.«

»Wunderbar«, erwiderte Angus. Er nippte am Malzwhisky, den seine Frau ihm gebracht hatte. »Noch etwas. Ich dachte, wenn du mitfährst, meine Liebe, würde es die Dinge beschleunigen.«

»Ich bin sicher, Max kommt sehr gut allein ...«

»O nein«, widersprach Angus. »Immerhin hat er es vorgeschlagen. Du könntest ihn herumführen und ihm alles zeigen, und er müsste nicht ständig anrufen, wenn er irgendeine Frage hat.«

»Weißt du, ich habe momentan einige Verpflichtungen ...«

»Ja, der Bridge-Verband, der Fitness-Club und so weiter. Ich glaube, die werden ein paar Tage auch mal ohne dich auskommen.« Angus lächelte.

Ruth hasste es, dass sie vor Max als so spießig hingestellt wurde. »Na gut, wenn du meinst, dass es etwas bringt, begleite ich Max in die Ardennen.« Diesmal blickte sie ihn an.

Die Chinesen wären von Max' undurchdringlicher Miene beeindruckt gewesen.

Die Reise in die Ardennen dauerte drei Tage, und – was noch erfreulicher war – drei Nächte. Als sie nach Jersey zurückkehrten, hoffte Ruth, man würde ihnen die Intimität nicht schon auf den ersten Blick ansehen.

Max legte Angus einen detaillierten Bericht mit Schätzwert vor, und der Ältere beschloss seinem Rat zu folgen und das Cottage ein paar Wochen vor der Sommersaison zum Verkauf auszuschreiben. Die beiden Männer bekräftigten das Geschäft mit Handschlag, und Max versprach Bescheid zu geben, sobald sich Interessenten meldeten.

Ruth fuhr ihn zum Flughafen. Ihre letzten Worte, bevor er durch den Zoll verschwand, waren: »Bitte lass mich nicht wieder einen ganzen Monat warten, bevor du von dir hören lässt.«

Max rief am nächsten Tag an, um Angus mitzuteilen, dass er den Verkauf des Cottages in die Hände von zwei renommierten Immobilienmaklern in Paris gelegt hatte. »Bevor Sie fragen«, fügte er hinzu, »ich berechne die Vermittlungsgebühr nur einmal.«

»Ein Mann so recht nach meinem Herzen.« Angus legte auf, ehe Ruth Gelegenheit hatte, ein paar Worte mit Max zu wechseln.

In den nächsten Tagen nahm Ruth jedes Mal den Hörer ab, bevor Angus das Telefon erreichte, doch Max rief in dieser Woche nicht wieder an. Als er sich schließlich am Montag darauf meldete, saß Angus im gleichen Zimmer.

»Ich kann es nicht erwarten, dir wieder die Kleider vom Leib zu reißen, mein Liebling«, waren Max' erste Worte.

»Freut mich zu hören, Max«, entgegnete sie, »aber sprich lieber direkt mit Angus darüber.« Als sie ihrem Mann das Telefon brachte, hoffte sie, dass Max irgendetwas einfiel, worüber er mit Angus sprechen konnte.

»Also, was gibt es Neues?«, erkundigte Angus sich sofort.

»Wir hatten ein Angebot von 900.000 Francs für die Immobilie«, begann Max. »Also fast 100.000 Pfund. Aber ich werde noch nicht verkaufen, da sich bereits zwei weitere Interessenten das Cottage ansehen möchten. Ich habe den französischen Maklern mitgeteilt, dass wir jeden Preis akzeptieren, der über einer Million Francs liegt.«

»Wenn Sie es für richtig halten, mache ich gerne mit«, versicherte Angus. »Und wenn Sie den Verkauf abschließen, fliege ich hinüber, um den Vertrag zu unterzeichnen. Ich habe Ruth schon lange eine Reise nach London versprochen.«

»Gut. Ich würde mich freuen, Sie beide bald wieder zu sehen«, sagte Max, ehe er auflegte.

Ende der Woche rief er noch einmal an, und obwohl Ruth ein ganzer Satz glückte, ehe Angus an ihrer Seite erschien, kam sie nicht dazu, auf seine sehr persönlichen Worte einzugehen.

»107.600 Pfund?«, staunte Angus. »Das ist ja viel mehr, als ich erwartet hatte. Gut gemacht, Max. Setzen Sie bitte den Vertrag auf. Sobald die Anzahlung auf der Bank gutgeschrieben ist, fliege ich hinüber.« Angus legte den Hörer auf und wandte sich an Ruth: »Es sieht ganz so aus, als könnten wir die versprochene Reise nach London bald machen.«

Nachdem sie in einem kleinen Hotel in der Marble Arch abgestiegen waren, schlossen Ruth und Angus sich Max in einem Restaurant in der Audley Street an, von dem Angus noch nie gehört hatte. Beim Anblick der Preise auf der Karte war ihm klar, dass er es auch nie ausgesucht hätte. Doch die Bedienung war äußerst aufmerksam, und Max schien in diesem Gourmettempel sehr gut bekannt zu sein.

Für Ruth war das Dinner ziemlich langweilig, denn Angus wollte sich über nichts anderes unterhalten als Grundbesitz und Kapital und redete dann zu allem Überfluss auch noch über seine Immobilien in Schottland.

»Sie bringen leider keine sehr hohe Rendite«, meinte Angus. »Vielleicht könnten Sie sich die Häuser ansehen und mir raten, was ich tun soll?«

»Sehr gern«, versicherte Max. Ruth blickte von ihrer Gänseleber auf und starrte ihren Mann an. »Fühlst du dich nicht gut, Liebes?«, fragte sie besorgt. »Du bist mit einem Mal kreidebleich.«

»Ich hab plötzlich einen starken Schmerz in der linken Brust«, klagte Angus. »Es war ein langer Tag, und ich bin das Essen in so modischen Restaurants nicht gewöhnt. Aber ich bin sicher, wenn ich mich richtig ausschlafe, bin ich morgen wieder auf dem Damm.«

»Das mag ja sein, aber ich finde trotzdem, dass wir jetzt gleich ins Hotel zurückkehren sollten«, sagte Ruth besorgt.

»Da muss ich Ruth Recht geben«, warf Max ein. »Ich bezahle rasch die Rechnung und bitte den Portier, ein Taxi zu besorgen.«

Angus erhob sich auf unsicheren Beinen und stützte sich beim Verlassen des Restaurants schwer auf Ruths Arm. Max holte sie ein, als Ruth und der Portier Angus in ein Taxi halfen.

»Gute Nacht, Angus«, sagte Max. »Ich hoffe, Sie fühlen sich morgen besser. Zögern Sie nicht, mich anzurufen, wenn ich Ihnen irgendwie helfen kann.« Er lächelte und schloss die Tür des Taxis.

Schließlich gelang es Ruth, ihren Mann ins Bett zu bringen. Doch als sein Zustand sich immer noch nicht besserte, rief sie den Hotelarzt, obwohl sie wusste, dass Angus diese extra Ausgabe nicht billigen würde.

Nachdem der Arzt ihn untersucht hatte, fragte er Ruth, was Angus zum Dinner alles gegessen hatte. Aber so angestrengt sie auch nachdachte, sie erinnerte sich nicht mehr an die Speisenfolge, sondern nur daran, dass ihm alles Recht gewesen war, was Max vorgeschlagen hatte. Der Hotelarzt riet ihr zum Besuch eines Spezialisten, möglichst gleich am Morgen.

»Unsinn«, protestierte Angus schwach. »Mir fehlt nichts, was unser Hausarzt auf Jersey nicht auch kurieren könnte. Wir nehmen den ersten Flug nach Hause.«

Ruth hätte zwar gern auf den Rat des Hotelarztes gehört, aber es war sinnlos, mit ihrem Mann zu diskutieren. Als er schließlich eingeschlafen war, rief sie Max vom Foyer aus an und sagte ihm, dass sie in der Frühe nach Jersey zurückfliegen würden. Max' Stimme klang besorgt, und er wiederholte sein Angebot, alles zu tun, womit er ihnen helfen könnte.

Als sie am nächsten Morgen ins Flugzeug stiegen und der Chefsteward Angus' Zustand bemerkte, bedurfte es Ruths ganzer Überzeugungskunst, dass er ihren Mann an Bord behielt.

»Ich muss ihn so rasch wie möglich zu seinem Arzt bringen«, flehte sie ihn an, und der Steward gestattete, wenngleich widerstrebend, dass Angus mitfliegen durfte.

Ruth hatte bereits einen Wagen bestellt, um sie abzuholen – wieder eine Sache, die Angus nicht gebilligt hätte. Doch bis sie eintrafen, war Angus nicht mehr in der Verfassung, überhaupt eine Meinung zu äußern.

Sobald Ruth ihn zu Hause und in seinem eigenen Bett hatte, rief sie sofort ihren Hausarzt an. Dr. Sinclair nahm eine ähnliche Untersuchung vor wie der Hotelarzt; auch er wollte wissen, was Angus am Abend gegessen hatte, und meinte ebenfalls, dass unbedingt ein Spezialist hinzugezogen werden müsse.

Ein Krankenwagen brachte Angus am Nachmittag zum Cottage Hospital. Nach eingehender Untersuchung bat der Facharzt Ruth, mit ihm in sein Sprechzimmer zu kommen. »Ich fürchte, ich habe keine gute Neuigkeit für Sie, Mrs Henderson«, begann er. »Ihr Mann hatte einen schweren Herzinfarkt, wahrscheinlich die Folge eines anstrengenden Tages und zu üppiger Speisen. Ich kann Ihnen unter diesen Umständen nur raten, die Kinder aus der Schule zu holen.«

Ruth kehrte an diesem Abend spät nach Hause zurück. Sie wusste nicht, an wen sie sich wenden könnte, als das Telefon läutete. Sie erkannte die Stimme sofort.

»Max«, schluchzte sie. »Ich bin ja so froh, dass du anrufst! Der Spezialist hat gesagt, dass Angus nicht mehr lange leben wird, und dass ich die Jungs nach Hause holen soll.« Sie machte eine Pause, um sich die Tränen abzuwischen. »Ich glaube nicht, dass ich es über mich bringe, ihnen zu sagen, was passiert ist. Sie lieben ihren Vater über alles, weißt du.«

»Überlass es mir«, entgegnete Max ruhig. »Ich werde ihren Rektor anrufen, sie morgen früh gleich abholen und mit ihnen nach Jersey herüberfliegen.«

»Ich weiß gar nicht, wie ich dir danken soll, Max.«

»Es ist das Wenigste, das ich unter diesen Umständen tun kann«, sagte Max. »Versuch jetzt, ein wenig zu schlafen. Ich kann an deiner Stimme hören, dass du völlig erschöpft bist. Ich gebe dir Bescheid, sobald ich weiß, welchen Flug wir bekommen.«

Ruth kehrte ins Krankenhaus zurück und saß den größten Teil der Nacht am Bett ihres Mannes. Der einzige Besucher, den Angus sehen wollte, war sein Notar. Ruth sorgte dafür, dass er am nächsten Vormittag zu ihm kommen würde, um die Zeit, da sie Max und die Zwillinge am Flughafen abholte.

Max und die Jungs kamen gerade von der Zollabfertigung. Ruth stellte erleichtert fest, dass sie alle viel ruhiger waren als sie selbst. Max fuhr die drei zum Krankenhaus. Ruth war enttäuscht, dass er bereits mit dem Nachmittagsflug nach England zurückwollte, aber er fand, sie sollte mit ihrer Familie allein sein.

Am nächsten Freitag starb Angus friedlich im Cottage Hospital von Saint Hélier. Ruth und die Zwillinge wachten an seinem Krankenbett.

Max erschien zur Beerdigung und brachte die Zwillinge am Tag darauf in die Schule zurück. Als Ruth ihnen nachwinkte, fragte sie sich, ob sie je wieder von Max hören würde.

Doch er rief schon am nächsten Tag an und erkundigte sich, wie es ihr ging.

»Ich fühle mich sehr einsam und habe ein schlechtes Gewissen, weil du mir mehr fehlst, als es derzeit schicklich für mich ist.« Sie hielt kurz inne. »Wann kommst du wieder nach Jersey?«

»Nicht so bald. Vergiss nicht, du hast selbst gesagt, dass in Jersey sogar die Wände Ohren und Augen haben.«

»Aber was soll ich tun? Die Jungs sind im Internat, und du bist in London.«

»Wie wär's, wenn du zu mir in die Stadt kommst? Es ist hier viel einfacher unterzutauchen, und in London kennt dich ja auch niemand.«

»Vielleicht hast du Recht. Lass mich darüber nachdenken, dann geb ich dir Bescheid.«

Eine Woche später war Ruth auf dem Weg nach London. Max holte sie vom Flughafen ab und brachte sie in ein kleines Hotel in Mayfair. Sie war gerührt, wie rücksichtsvoll und sanft er war, und dass er sich nicht beklagte, wenn sie kaum redete – von Sex ganz zu schweigen.

Als er sie am Montag zum Flughafen zurückbrachte, schmiegte sie sich an ihn.

»Jetzt habe ich nicht mal deine Wohnung oder dein Büro gesehen«, sagte sie leise.

»Es war sehr vernünftig, dass du diesmal in einem Hotel geschlafen hast. Mein Büro kannst du dir bei deinem nächsten Besuch immer noch anschauen.«

Sie lächelte zum ersten Mal seit der Beerdigung. Als sie sich im Terminal verabschiedeten, nahm er sie in die Arme und sagte: »Ich weiß, dass es noch zu früh ist, darüber zu reden, mein Liebling, aber du sollst wissen, wie sehr ich dich liebe. Ich hoffe, du wirst mich eines Tages als würdig erachten, Angus' Platz einzunehmen.«

Auf dem Rückflug nach Saint Hélier an diesem Abend gingen ihr seine Worte immer wieder durch den Kopf wie der Refrain eines Liedes.

Ungefähr eine Woche später erhielt Ruth einen Anruf von Mr Craddock, dem Familienanwalt, der sie bat, ihn aufzusuchen, damit er sie mit dem letzten Willen ihres verstorbenen Gatten vertraut machen könne. Sie vereinbarten einen Termin gleich für den nächsten Morgen.

Da sie finanziell immer recht gut gestellt waren und sich einen hohen Lebensstandard leisten konnten, nahm Ruth an, dass sich daran kaum etwas ändern würde. Bestimmt hatte Angus Vorkehrungen getroffen, dass es seiner Familie nach seinem Ableben an nichts fehlte. Ruth erinnerte sich an seinen ausdrücklichen Wunsch, Mr Craddock möge ihn im Krankenhaus besuchen.

Ruth hatte nie Interesse an Angus' geschäftlichen Angelegenheiten gezeigt. Er war zwar immer sparsam mit seinem Geld umgegangen, doch wenn sie etwas wollte, hatte er es ihr nie abgeschlagen. Wie auch immer, Max hatte eben erst einen Scheck über 100.000 Pfund auf Angus' Konto eingezahlt. So begab sich Ruth am nächsten Morgen voll Zuversicht zum Notariat, dass Angus ihr genügend Mittel hinterlassen hatte, ihren bisherigen Lebensstandard beibehalten zu können.

Sie traf ein paar Minuten zu früh ein. Trotzdem führte die Sekretärin sie sofort zum Büro des Seniorpartners. Beim Eintreten sah sie drei Männer um einen Tisch sitzen, die sich bei ihrem Anblick sofort erhoben. Mr Craddock stellte sie als seine Partner vor. Ruth nahm an, dass sie gekommen waren, um ihr zu kondolieren. Sie blieben jedoch sitzen und studierten die dicken Akten, die vor ihnen lagen. Zum ersten Mal erwachte in Ruth ein Gefühl der Besorgnis. Mit Angus' Nachlass war doch bestimmt alles in Ordnung ...?

Der Seniorpartner nahm am Kopfende des Tisches Platz, knüpfte ein umfangreiches Bündel Akten auf und zog ein auf dickem Pergament geschriebenes Dokument heraus. Dann blickte er die Frau seines verstorbenen Mandanten an.

»Lassen Sie mich Ihnen als Erstes im Namen unserer Kanzlei versichern, wie betroffen wir waren, als wir von Mr Hendersons Ableben erfuhren«, begann er.

»Danke.« Ruth senkte den Kopf.

»Wir haben Sie gebeten, hierher zu kommen, damit wir Ihnen die Einzelheiten des letzten Willens Ihres verstorbenen Mannes erläutern können. Anschließend werden wir Ihnen gern alle Fragen beantworten.«

Ruth lief ein kalter Schauer über den Rücken, und sie fing zu zittern an. Warum hatte Angus sie nicht darauf aufmerksam gemacht, dass sich Probleme ergeben mochten?

Der Notar las die Präambel und kam schließlich zu den Verfügungen.

»Ich hinterlasse meinen gesamten weltlichen Besitz meiner Ehefrau Ruth, mit folgender Ausnahme:

a) 200 Pfund für jeden meiner beiden Söhne, Nicholas und Ben. Ich möchte, dass sie dieses Geld für irgendetwas zu meinem Angedenken ausgeben.

b) 500 Pfund für die Scottish Royal Academy. Für das Geld soll die Academy ein Gemälde ihrer Wahl erstehen, das von einem schottischen Künstler geschaffen wurde.

c) 1000 Pfund für das George Watson College, meiner alten Schule, und 2000 Pfund für die Universität zu Edinburgh.«

Der Notar fuhr mit einer Liste kleinerer Verfügungen fort, die mit einer Spende von 100 Pfund an das Cottage Hospital endete, das Angus während seiner letzten Lebenstage so fürsorglich gepflegt hatte.

Mr Craddock blickte zu Ruth auf: »Haben Sie irgendwelche Fragen, Mrs Henderson? Oder möchten Sie, dass wir Ihre geschäftlichen Angelegenheiten weiterhin so führen, wie wir es für Ihren Gatten getan haben?«

»Ehrlich gesagt, Mr Craddock, hat Angus seine geschäftlichen Angelegenheiten nie mit mir besprochen, deshalb weiß ich auch nicht, was das alles bedeutet. Solange ein ausreichendes Vermögen für meine Söhne und mich vorhanden ist, dass wir unser Leben so weiterführen können wie vor dem Tod meines Mannes, würde ich mich freuen, wenn Sie so weitermachen wie bisher.«

Der Partner rechts von Mr Craddock sagte: »Ich hatte den Vorzug, Mr Henderson beraten zu dürfen, seit er vor sieben Jahren auf die Insel zog. Ich beantworte Ihnen gern alle Fragen, Mrs Henderson.«

»Das ist sehr freundlich von Ihnen«, entgegnete Ruth, »aber ich habe keine Ahnung, welche Fragen ich stellen sollte, außer vielleicht, wie hoch das Vermögen meines verstorbenen Mannes ist.«

»Das lässt sich nicht so leicht beantworten«, warf Mr Craddock ein, »weil er so wenig Bares hinterlassen hat. Es war jedoch meine Pflicht, dem Nachlassgericht eine Summe zu nennen«, fügte er hinzu und schlug einen der Ordner auf, der vor ihm lag. »Meine Schätzung – die vielleicht ein wenig zu vorsichtig ist – deutet auf einen Betrag zwischen achtzehn und zwanzig Millionen hin.«

»Francs?«, wisperte Ruth.

»Pfund, Madam«, antwortete Mr Craddock gleichmütig.

Nach reiflicher Überlegung beschloss Ruth, niemandem von dem Vermögen zu erzählen, das ihr zugefallen war, auch den Kindern nicht. Als sie am folgenden Wochenende nach London flog, erzählte sie Max, dass Angus' Anwälte ihr sein Testament verlesen hatten.

»Irgendwelche Überraschungen?«, fragte Max beiläufig.

»Eigentlich nicht. Er hat den Jungs je zweihundert Pfund hinterlassen, und mit den 100.000 Pfund, die du durch den Verkauf des Cottages in den Ardennen erzielt hast, müsste das gerade ausreichen, uns den Bettelstab zu ersparen, falls ich nicht zu viele unnötige Dinge einkaufe. Ich fürchte also, dass du weiterarbeiten musst, wenn du immer noch willst, dass ich deine Frau werde.«

»Jetzt sogar noch mehr. Ich hätte es gehasst, von Angus' Geld zu leben. Ich habe sogar gute Neuigkeiten für dich. Die Firma hat mich beauftragt, mich mit der Möglichkeit zu befassen, im neuen Jahr eine Zweigstelle in Saint Hélier zu eröffnen. Ich habe ihnen gesagt, dass ich dieses Angebot nur unter einer Bedingung annehme.«

»Und was ist diese Bedingung?«, wollte Ruth wissen.

»Dass eine Einheimische sich bereit erklärt, mich zu heiraten.«

Ruth umarmte ihn und war überzeugter denn je, dass er der Mann war, mit dem sie den Rest ihres Lebens verbringen wollte.

Max und Ruth heirateten drei Monate später auf dem Standesamt von Chelsea, wobei die eher missgelaunten Zwillinge als Trauzeugen fungierten. »Er wird nie den Platz unseres Vaters einnehmen!«, hatte Ben seiner Mutter ziemlich heftig erklärt, und Nicholas hatte bestätigend dazu genickt.

»Mach dir keine Sorgen«, sagte Max auf der Fahrt zum Flughafen. »Die Zeit wird auch dieses Problem lösen.«

Auf dem Flug in ihre Flitterwochen gestand Ruth ihre Enttäuschung, dass keiner von Max' Freunden zur Trauung gekommen war.

»Wir wollen doch so kurz nach Angus' Tod keine peinlichen Bemerkungen provozieren«, entgegnete Max. »Es ist bestimmt klüger, ein wenig Zeit verstreichen zu lassen, bevor ich dich in die Londoner Gesellschaft einführe.« Er lächelte und nahm ihre Hand. Ruth gab sich mit seiner Erklärung zufrieden und verdrängte das ungute Gefühl, das sie befallen hatte.

Drei Stunden später landete der Jet auf dem Flughafen von Venedig, und ein Motorboot brachte sie zu einem Hotel mit Blick auf den Markusplatz. Alles war hervorragend organisiert, und Ruth war überrascht, mit welcher Bereitwilligkeit ihr neuer Ehemann Stunden über Stunden in Modesalons und Boutiquen mit ihr verbrachte und ihr beim Aussuchen neuer Kleider und Kostüme half. Er wählte sogar ein Kleid für sie aus, das ihr selbst viel zu teuer schien. Und eine ganze Woche lang, während der sie sich durch die Lagunen gondeln ließen, wich er nicht von ihrer Seite.

Am Freitag mietete Max einen Wagen und fuhr mit Ruth nach Florenz, wo sie über die berühmte Ponte Vecchio schlenderten und die Uffizien, den Palazzo Pitti und die Accademia della Crusca besichtigten. An den Abenden aßen sie viel zu viel Pasta und schlossen sich dann den Tanzenden auf der Piazza an. Oft kehrten sie erst bei Sonnenaufgang in ihr Hotel zurück. Nur ungern flogen sie für die dritte Woche nach Rom, wo das Hotelzimmer, das Kolosseum und die mehr als fünfhundert Kirchen der Stadt fast ihre ganze Zeit beanspruchten. Die drei Wochen vergingen so schnell, dass Ruth sich gar nicht an die einzelnen Tage erinnern konnte.

Jeden Abend, bevor sie ins Bett ging, schrieb sie an die Zwillinge, schwärmte von der schönen Zeit, die sie hatte, und betonte immer wieder, wie zuvorkommend Max war. Sie wünschte sich sehnlich, dass die Jungs ihn akzeptierten, befürchtete jedoch, dass die Zeit allein nicht genügen würde.

Nachdem sie und Max nach Saint Hélier zurückgekehrt waren, blieb er weiterhin zuvorkommend und aufmerksam. Nur hatte er zu Ruths Enttäuschung kein Glück, geeignete Räumlichkeiten für die neue Zweigstelle seiner Firma zu finden. Er verließ das Haus jeden Morgen gegen zehn Uhr, schien aber mehr Zeit im Golfclub zu verbringen als in der Stadt. »Ich knüpfe Verbindungen«, erklärte er, »denn sie werden sehr wichtig sein, sobald die Zweigstelle eröffnet ist.«

»Und wann wird das sein?«, fragte Ruth.

»Es kann nicht mehr lange dauern«, beruhigte er sie. »Du darfst nicht vergessen, dass das Wichtigste in meiner Branche das richtige Umfeld ist. Es ist viel besser, auf den geeigneten Standort zu warten, als etwas Zweitklassiges zu wählen.«

Doch die Wochen vergingen, und Max schien den geeigneten Standort einfach nicht zu finden. Jedes Mal, wenn Ruth das Thema anschnitt, warf er ihr Nörgelei vor, worauf sie mindestens einen Monat lang nicht den Mut fand, wieder darüber zu sprechen.

Als sie sechs Monate verheiratet waren, schlug sie vor, doch einmal ein Wochenende in London zu verbringen. »Das würde mir die Gelegenheit verschaffen, einige deiner Freunde kennen zu lernen und ins Theater zu gehen, und du könntest dich wieder einmal bei deiner Firma sehen lassen.«

Doch Max fand jedes Mal eine neue Ausrede, erklärte sich jedoch sofort damit einverstanden, zur Feier ihres ersten Hochzeitstags wieder nach Venedig zu reisen.

Ruth erhoffte sich, dass der zweiwöchige Urlaub die Erinnerungen an den ersten Besuch in der Lagunenstadt zurückbringen würde, und dass Max nach ihrer Heimreise neuen Schwung hatte, endlich die Zweigstelle einzurichten. Doch wie sich sehr schnell zeigte, gab es einen überaus schmerzlichen Unterschied zwischen dem Urlaub und der Flitterwochenreise.

Es regnete, als sie in Venedig eintrafen. Fröstelnd standen sie am Flughafen in der Warteschlange für ein Taxi. Im Hotel angelangt, stellte Ruth fest, dass Max damit gerechnet hatte, sie hätte das Zimmer bestellt. Er schrie den schuldlosen Hoteldirektor an und stürmte aus dem Gebäude. Nachdem sie mit ihrem Gepäck eine Stunde lang durch den Regen gepilgert waren, quartierten sie sich in einem Hotel in einer Nebenstraße ein, in dem allerdings nur noch ein Zimmer direkt über der Hotelbar frei war und das getrennte Betten hatte.

Bei ein paar Drinks an diesem Abend gestand Max, dass er seine Kreditkarten zu Hause vergessen hatte. Er hoffte, es würde Ruth nichts ausmachen, alles zu bezahlen, bis sie wieder auf Jersey waren. Ruth hatte in letzter Zeit sowieso fast alle Rechnungen bezahlt, unterließ es jedoch, ihn jetzt darauf hinzuweisen.

In Florenz erwähnte Ruth beim Frühstück, sie hoffe, er würde nach ihrer Heimkehr mehr Glück haben, Räumlichkeiten für sein Büro zu finden und erkundigte sich arglos, ob seine Firma denn nicht schon ungeduldig würde, weil die Gründung der Filiale so lange auf sich warten ließe.

Max bekam einen schrecklichen Wutanfall. Er fuhr sie an, endlich mit den ewigen Vorwürfen aufzuhören, und ließ sie allein am Tisch sitzen. Sie bekam ihn den ganzen Tag nicht mehr zu Gesicht.

Auch in Rom regnete es ununterbrochen, und es beruhigte Ruths angespannte Nerven nicht gerade, dass Max wortlos verschwand und manchmal erst ins Hotel zurückkam, nachdem sie längst zu Bett gegangen war.

Ruth war erleichtert, als das Flugzeug sie zurück nach Saint Hélier brachte. Zu Hause gab sie sich große Mühe, Max nicht an den Auftrag seiner Firma zu erinnern. Sie versuchte Verständnis zu zeigen, dass er noch immer keine geeigneten Räumlichkeiten gefunden hatte, doch sosehr sie sich auch anstrengte – er dankte es ihr nur mit mürrischem Schweigen oder unkontrollierten Wutausbrüchen.

Je mehr Zeit verging, desto mehr lebten sie sich auseinander. Ruth machte sich gar nicht mehr die Mühe, nach seinen Geschäften zu fragen. Sie nahm schon längst an, dass das Ganze aufgegeben worden war und fragte sich nur noch, ob Max überhaupt je einen entsprechenden Auftrag bekommen hatte.

Eines Tages erklärte ihr Max plötzlich beim Frühstück, dass seine Firma sich entschlossen hatte, doch keine Zweigstelle in Saint Hélier zu eröffnen. Und wenn er Wert darauf läge, Partner zu bleiben, müsse er umgehend nach London an seinen alten Posten zurück.

»Und wenn du dich weigerst?«, fragte Ruth. »Hast du eine Alternative?«

»Sie haben sehr deutlich gemacht, dass sie in diesem Fall meine Kündigung erwarten.«

»Ich würde gern nach London ziehen.« Ruth hoffte, dass dies das Problem lösen würde.

»Ich glaube nicht, dass das etwas nützen würde.« Max hatte offenbar schon eine andere Lösung beschlossen. »Ich halte es für besser, wenn ich die Woche über in London bleibe und das Wochenende zu dir herüberfliege.«

Ruth hielt das für keine gute Idee, aber sie wusste, dass eine Widerrede sinnlos wäre.

Max flog schon am nächsten Tag nach London.

Ruth konnte sich nicht erinnern, wann sie sich das letzte Mal geliebt hatten, und als Max nicht einmal zu ihrem zweiten Hochzeitstag nach Jersey kam, nahm sie eine Dinnereinladung von Gerald Prescott an.

Der ehemalige Lehrer der Zwillinge war wie immer freundlich und zuvorkommend, und als sie allein waren, küsste er Ruth nur auf die Wange. Sie beschloss, ihm von ihren Problemen mit Max zu erzählen. Gerald hörte aufmerksam zu und nickte hin und wieder verständnisvoll. Ruth blickte ihn dabei unverwandt an. Zum ersten Mal kam ihr der Gedanke, sich scheiden zu lassen, doch sie verdrängte ihn schnell.

Als Max das Wochenende darauf nach Hause kommen wollte, gab Ruth sich ganz besondere Mühe. Sie kaufte am Morgen auf dem Markt ein, wählte die frischesten Zutaten für *Coq au Vin* aus, sein Leibgericht, und kaufte den edelsten Rotwein dazu. Sie zog das Kleid an, das er während ihrer Flitterwochen in Venedig für sie ausgesucht hatte, und fuhr zum Flughafen, um ihn abzuholen. Er kam jedoch nicht mit dem üblichen Flug, sondern schlenderte erst zwei Stunden später durch die Zollschranke. Er behauptete, im Heathrow aufgehalten worden zu sein, dachte jedoch gar nicht daran, sich zu entschuldigen, dass er nicht angerufen hatte, und es schien ihm gleichgültig zu sein, dass sie zwei Stunden in der zugigen Flughafenlounge gewartet hatte. Er würdigte weder das Abendessen, noch den Wein, noch ihr Kleid auch nur mit einem Wort.

Ruth beeilte sich, das Geschirr abzuräumen und Ordnung zu schaffen. Doch als sie ins Schlafzimmer kam, tat er, als schliefe er tief und fest.

Den Samstag verbrachte Max fast ausschließlich mit Golf, und am Sonntag nahm er den Nachmittagsflug zurück nach London. Ehe er an Bord ging, sagte er nur, dass er nicht wisse, wann er wiederkommen würde.

Es war das zweite Mal, dass Ruth an Scheidung dachte.

Als die Wochen vergingen, nur dann und wann von einem kurzen Anruf aus London und gelegentlichen unpersönlichen Wochenenden zu Hause unterbrochen, traf Ruth sich immer öfter mit Gerald. Obwohl er sie immer nur zu Beginn und am Ende ihrer heimlichen Treffen auf die Wange küsste und sich nie herausnahm, mit der Hand auch nur ihr Knie zu berühren, fand sie, dass es an der Zeit war, ihn zu verführen.

»Willst du mich heiraten?«, fragte sie, als sie ihm am Morgen danach dabei zuschaute, wie er sich anzog.

»Aber du bist doch schon verheiratet«, erinnerte Gerald sie sanft.

»Nur noch auf dem Papier, seit Monaten schon, und das weißt du genau. Max' Charme hat mir damals den Verstand geraubt. Ich habe mich wie ein verliebter Teenager benommen. Weiß der Himmel, dabei habe ich genügend Romane über Frauen gelesen, die nur deswegen so schnell einen neuen Mann im Ehebett wollten, weil sie sich einsam fühlten.«

»Ich würde dich schon morgen heiraten, wenn das möglich wäre«, versicherte Gerald ihr lächelnd. »Du weißt, ich verehre dich, seit ich dich zum ersten Mal gesehen habe.«

»Auch wenn du nicht auf Knien um mich angehalten hast, Gerald, werde ich deinen Antrag in Erwägung ziehen«, sagte Ruth lachend. Sie blickte ihren Liebsten an, der im Dämmerlicht vor ihr stand. »Wenn ich Max das nächste Mal sehe, werde ich ihm sagen, dass ich mich scheiden lassen will«, fügte sie leise hinzu.

Gerald zog sich wieder aus und schlüpfte ins Bett zurück.

Es dauerte einen Monat, ehe Max wieder einmal auf die Insel kam. Obwohl er den Nachtflug nahm, erwartete Ruth ihn an der Haustür. Er beugte sich zu ihr hinunter, um sie auf die Wange zu küssen, doch sie wich ihm aus.

»Ich will mich scheiden lassen«, sagte sie nüchtern.

Max folgte ihr wortlos ins Wohnzimmer. Er ließ sich in einen Sessel fallen und schwieg noch immer. Ruth wartete geduldig, bis er sich gefasst hatte.

»Hast du einen anderen?«, fragte er schließlich.

»Ja.«

»Kenne ich ihn?«

»Ja.«

»Gerald?« Er blickte sie an.

»Ja.«

Wieder schwieg Max verdrießlich.

»Ich bin durchaus bereit, es dir leicht zu machen«, versprach Ruth. »Du kannst die Scheidung einreichen und Gerald als Scheidungsgrund benennen. Ich werde den Sachverhalt nicht bestreiten.«

Max' Erwiderung überraschte sie. »Ich würde darüber nachdenken. Vielleicht wäre es am vernünftigsten, wenn wir nichts unternehmen, bevor die Jungs Weihnachten nach Hause kommen.«

Widerstrebend erklärte Ruth sich einverstanden. Und sie war verwundert, denn sie konnte sich nicht erinnern, wann er die Jungs zum letzten Mal in ihrer Gegenwart erwähnt hatte.

Max schlief in dieser Nacht im Gästezimmer und flog gleich am nächsten Morgen mit zwei vollen Koffern nach London zurück.

Er ließ sich mehrere Wochen nicht auf Jersey sehen. Ruth und Gerald planten inzwischen ihre gemeinsame Zukunft.

Als die Zwillinge zu Weihnachten von der Uni nach Hause kamen, waren sie nicht überrascht, dass ihre Mutter sich scheiden lassen wollte, und sie bedauerten es auch nicht.

Max machte gar nicht erst den Versuch, die Feiertage mit ihnen zu verbringen, sondern flog einen Tag, nachdem die Jungs auf die Universität zurückgekehrt waren, wieder nach Jersey. Er nahm ein Taxi zum Haus, blieb jedoch nur eine Stunde.

»Ich bin bereit, in eine Scheidung einzuwilligen«, sagte er zu Ruth. »Und ich werde sie einreichen, sobald ich wieder in London bin.«

Ruth nickte nur.

»Wenn du es rasch und glatt hinter dich bringen möchtest, schlage ich vor, du nimmst dir einen Londoner Anwalt, dann brauche ich nicht ständig nach Jersey zu fliegen, was die Sache nur unnötig verzögern würde.«

Ruth hatte nichts gegen den Vorschlag, denn sie war so weit, dass sie Max keine Hindernisse in den Weg legen wollte.

Ein paar Tage nachdem Max nach London zurückgekehrt war, erhielt Ruth die Scheidungsunterlagen von einem Londoner Rechtsanwaltsbüro, von dem sie noch nie gehört hatte. Sie wies Angus' alten Anwalt in der Chancery Lane an, sich der Sache anzunehmen, und erklärte einem Juniorpartner, dass sie es gern so schnell wie möglich hinter sich bringen wollte.

»Möchten Sie eine Unterhaltszahlung oder Abfindung irgendwelcher Art?«, erkundigte sich der junge Mann.

»Nein«, entgegnete Ruth und bemühte sich, nicht zu lachen. »Ich will nur, dass das Ganze so rasch wie möglich über die Bühne geht. Ich gestehe Ehebruch.«

»Wenn das Ihre Anweisungen sind, Madam, setze ich die nötigen Papiere auf, die Sie bereits in einigen Tagen unterschreiben können.«

Nachdem das erledigt war, musste nur noch die endgültige Scheidung ausgesprochen werden, was sicher nicht mehr lange dauern konnte. Gerald schlug vor, das Ereignis mit einer Urlaubsreise zu feiern. Ruth war damit einverstanden, solange die Reise nicht in die Nähe von Italien führte.

»Machen wir eine Tour durch die griechische Inselwelt«, schlug Gerald vor. »Wenn wir ein Boot mieten, besteht kaum die Gefahr, dass wir irgendwelchen meiner Schüler oder deren Eltern in die Arme laufen.« Schon am nächsten Tag flogen sie nach Athen.

Als sie in den Hafen von Skyros einliefen, sagte Ruth: »Ich hätte nie gedacht, dass ich meinen dritten Hochzeitstag mit einem anderen Mann verbringen würde.«

Gerald schloss sie in die Arme. »Versuch Max zu vergessen«, bat er. »Er ist bereits Vergangenheit.«

»Noch nicht ganz«, widersprach Ruth. »Ich hatte eigentlich gehofft, dass wir geschieden sein würden, ehe wir von Jersey abflogen.«

»Hast du eine Ahnung, was die Verzögerung bewirkt hat?«, fragte Gerald.

»Weiß der Himmel.« Ruth seufzte. »Aber was auch immer, Max hat bestimmt seine Gründe.« Nach kurzem Überlegen sagte sie: »Weißt du, dass ich sein Büro in Mayfair nie gesehen und auch nie irgendwelche von seinen Freunden oder Kollegen kennen gelernt habe? Es ist beinahe so, als hätte ich mir alles nur eingebildet.«

»Oder er hat alles nur erfunden.« Gerald legte den Arm um ihre Taille. »Aber warum von Max reden? Es ist schade um die Zeit. Denken wir an Griechenland und bacchantische Orgien.«

»Bringst du deinen unschuldigen Schülern in ihren Entwicklungsjahren so etwas bei?«

Gerald grinste. »Nein, sie bringen es *mir* bei.«

Die nächsten drei Wochen segelten die beiden um die griechischen Inseln, aßen zu viel Moussaka, tranken zu viel Retsina und hofften, viel Sex würde verhindern, dass sie zu viele Pfunde zulegten. Am Ende ihrer Reise war Gerald sonnenverbrannt, und Ruth hatte Angst, zu Hause wieder auf ihre Badezimmerwaage zu steigen. Der Urlaub hätte schöner nicht sein können, nicht nur, weil Gerald ein großartiger Jachtkapitän war, sondern weil er sie auch während eines Sturms zum Lachen bringen konnte, wie Ruth feststellte.

Sobald sie zurück in Jersey waren, fuhr Gerald Ruth zum Haus, wo sie eine Unmenge Briefe vorfanden. Sie seufzte und sagte sich, die Post könne ruhig noch bis morgen warten.

In dieser Nacht schlief sie sehr unruhig und wälzte sich immer wieder herum. In aller Frühe stand sie auf und machte sich eine Tasse Tee. Sie warf einen Blick auf die Briefe und hielt erst inne, als sie zu einem länglichen, hellbraunen, in London abgestempelten Umschlag mit der Aufschrift DRINGEND kam.

Sie riss ihn auf und zog ein Dokument heraus, das ein Lächeln auf ihr Gesicht zauberte. Die Scheidung war rechtskräftig.

»Endlich habe ich das alles hinter mir«, sagte sie laut und rief sofort Gerald an, um ihm die gute Neuigkeit mitzuteilen.

»Das ist schade«, murmelte er.

»Schade?«

»Ja, mein Schatz, du hast keine Ahnung, wie sehr mein Ansehen gestiegen ist, seit meine Schüler dahinter gekommen sind, dass ich mit einer verheirateten Frau Urlaub mache.«

Ruth lachte. »Benimm dich, Gerald, und gewöhn dich daran, dass du bald ein ehrbarer Ehemann sein wirst.«

»Ich kann es gar nicht erwarten«, versicherte er ihr. »Aber ich muss mich jetzt beeilen. In Sünde zu leben verzeiht man mir leichter, als wenn ich zu spät zur heutigen Morgenandacht käme.«

Ruth ging ins Bad und stellte sich vorsichtig auf die Waage. Als sie sah, wo der Zeiger schließlich hielt, stöhnte sie auf und beschloss, gleich heute Vormittag auf mindestens eine Stunde ins Fitnesscenter zu gehen. Kaum saß sie in der Wanne, läutete das Telefon. Da sie annahm, dass es Gerald war, stieg sie aus dem Wasser und griff nach einem Badetuch.

»Guten Morgen, Mrs Bennett«, sagte eine förmliche Stimme. Wie sehr sie allein schon den Klang dieses Namens hasste!

»Guten Morgen«, erwiderte sie.

»Hier ist Craddock, Madam. Ich versuche schon seit drei Wochen, Sie zu erreichen.«

»Oh, das tut mir Leid. Ich bin eben erst von einem Urlaub in Griechenland zurückgekommen.«

»Ich verstehe. Nun, würden Sie uns aufsuchen, sobald Sie es einrichten können?«

»Ja, natürlich, Mr Craddock. Würde Ihnen heute um zwölf Uhr passen?«

»Wann immer Sie möchten, Mrs Bennett«, erwiderte er auch jetzt sehr förmlich.

Ruth strengte sich im Fitnesscenter sehr an. Sie war fest entschlossen, die Pfunde abzutrainieren, die sich in Griechenland angesammelt hatten. Ehrbare, verheiratete Frau oder nicht – sie wollte auch weiterhin schlank sein. Als sie sich schließlich von ihren Übungen trennen konnte, war es zwölf Uhr. Obwohl sie sich mit Duschen und Umziehen beeilte, traf sie fünfunddreißig Minuten später als verabredet bei Mr Craddock ein.

Wieder führte die Sekretärin sie direkt ins Büro des Seniorpartners, in dem Mr Craddock hin und her stapfte.

»Tut mir Leid, dass ich Sie warten ließ«, entschuldigte Ruth sich ein wenig verlegen. Zwei der Partner erhoben sich vom Tisch.

Diesmal bot Mr Craddock ihr keinen Tee an, sondern forderte sie nur auf, sich an den Tisch zu setzen. Dann ließ er sich am anderen Ende ihr gegenüber nieder. Er blickte auf den Stapel Papiere, der vor ihm lag, und zog ein Schreiben hervor.

»Mrs Bennett, wir haben von den Anwälten Ihres Mannes eine Aufforderung erhalten, ihm nach vollzogener Scheidung umgehend die ihm zustehende Abfindung auszuzahlen.«

Ruth blickte ihn ungläubig an. »Aber wir haben nie eine Abfindung in Erwägung gezogen!«

»Das mag ja sein«, entgegnete der Seniorpartner und

blickte auf die Papiere. »Nur haben Sie sich leider auf der Grundlage eines Ehebruchs mit einer Scheidung einverstanden erklärt. Ihr Partner war ein gewisser«, er las den Namen, »Prescott, während Ihr Gatte in London arbeitete.«

»Das stimmt. Aber wir haben uns nur deshalb auf Ehebruch geeinigt, um die Scheidung zu beschleunigen. Das war unser beider Wunsch.«

»Das bezweifle ich nicht, Mrs Bennett.«

Sie würde diesen Namen auf ewig hassen!

»Doch indem Sie sich mit Mr Bennetts Bedingung einverstanden erklärten, tragen Sie in diesem Fall die alleinige Schuld.«

»Aber das spielt keine Rolle mehr«, entgegnete Ruth. »Heute Morgen haben meine Londoner Anwälte mir mitgeteilt, dass die Scheidung rechtskräftig ist.«

Der Partner zu Mr Craddocks Rechten wandte sich an Ruth.

»Gestatten Sie die Frage, ob es Mr Bennetts Rat war, dass Sie sich einen Londoner Scheidungsanwalt nahmen?«

Ah, das ist es also, dachte Ruth. Sie sind verärgert, weil ich mich nicht an sie gewandt habe. »Ja«, antwortete sie fest. »Es war eine rein praktische Erwägung, da Max in London lebte und wegen der Scheidung nicht ständig hin und her fliegen wollte.«

»Das hat sich als äußerst günstig für Mr Bennett erwiesen«, sagte der Seniorpartner. »Hat Ihr Mann je über eine finanzielle Abfindung mit Ihnen gesprochen?«

»Nie«, entgegnete Ruth noch fester. »Er hatte keine Ahnung, über welche Vermögenswerte ich verfüge.«

»Ich glaube«, warf nun der Partner zu Mr Craddocks Linken ein, »dass Mr Bennett es nur zu gut wusste.«

»Das ist unmöglich!«, beharrte Ruth. »Ich habe nie über mein Vermögen mit ihm gesprochen.«

»Trotzdem hat er Anspruch darauf erhoben. Und er hat eine erstaunlich genaue Schätzung der Vermögenswerte Ihres verstorbenen Gatten angegeben.«

»Dann müssen Sie sich weigern, ihm auch nur einen Penny zu zahlen, denn es war nie Teil unserer Abmachung.«

»Das bezweifle ich nicht, Mrs Bennett. Aber da Sie die schuldige Partei sind, haben wir keinen rechtlichen Anhaltspunkt.«

»Wie kann das möglich sein?«, fragte Ruth heftig.

»Das Scheidungsrecht auf Jersey ist in dieser Hinsicht eindeutig«, sagte Mr Craddock bedauernd. »Und da Sie uns nicht konsultiert haben, konnten wir Sie auch nicht darauf aufmerksam machen.«

Ruth ignorierte die Spitze und fragte nur: »Worum geht es da genau?«

»Nach dem auf Jersey gültigen Recht steht der bei einer Scheidung als schuldlos anerkannten Partei, egal ob Mann oder Frau, automatisch ein Drittel des Vermögens der schuldigen Partei zu.«

Ruth fing zu zittern an. »Gibt es da keine Ausnahmen?«

»Doch«, erwiderte Mr Craddock.

Ruth blickte ihn hoffnungsvoll an.

»Das Gesetz tritt nicht in Kraft, wenn die Ehe weniger als drei Jahre währte. Sie, Mrs Bennett, waren jedoch drei Jahre und acht Tage verheiratet.« Er machte eine Pause und rückte seine Brille zurecht. »Ich habe das Gefühl, dass Mr Bennett nicht nur die Höhe Ihres Vermögens ganz genau kannte, sondern auch das auf Jersey gültige Scheidungsrecht.«

Drei Monate später, nachdem die Anwälte beider Seiten über die Höhe von Ruth Ethel Bennetts Vermögen einig waren, erhielt Max Donald Bennett als einmalige Abfindung einen Scheck über 6.270.000 Pfund.

Wann immer Ruth an die vergangenen drei Jahre dachte – was oft der Fall war –, gelangte sie zu der Überzeugung, dass Max alles zuvor schon geplant hatte, bis in die letzte Einzelheit. Sogar schon, bevor sie das erste Mal aufeinander stießen.

Liebe auf den ersten Blick

Andrew hatte sich verspätet. In der Hauptverkehrszeit war natürlich kein freies Taxi in Sicht, deshalb versuchte er sich durch die nach Hause strömenden Menschenmassen zu schlängeln und hastete die Rolltreppe hinunter zur Metro.

Andrew selbst war nicht auf dem Heimweg. Schon nach vier Stationen würde er die U-Bahn wieder verlassen, um sich zu Ely Bloom zu begeben, Direktor der Chase Manhattan Bank in Paris. Er war Ely zwar bisher noch nicht persönlich begegnet, doch wie alle seine Kollegen bei der Bank hatte er Wunderdinge über ihn gehört. Ein Mann wie Ely Bloom bestellte niemanden ohne guten Grund zu sich.

Seit Blooms Sekretärin vor achtundvierzig Stunden angerufen und ihn von diesem Meeting in Kenntnis gesetzt hatte, überlegte Andrew verzweifelt, was der Grund dafür sein mochte. Eine Versetzung von der Crédit Suisse zur Chase wäre am wahrscheinlichsten, doch so einfach konnte es nicht sein, wenn Bloom höchstpersönlich sich damit befasste. Wollte er Andrew etwa ein Angebot machen, das er nicht ablehnen konnte? Erwartete er gar von ihm, dass er nach New York zurückkehrte, obwohl er noch keine zwei Jahre in Paris war? Fragen über Fragen gingen ihm durch den Kopf. Dabei sagte er sich vernünftigerweise, dass er nicht darüber nachgrübeln sollte, weil er um achtzehn Uhr ohnehin alles erfahren würde.

Andrew wusste, dass er gute Karten hatte. Er leitete die Devisenabteilung der Crédit Suisse jetzt schon fast zwei Jahre, und jeder wusste, dass er besser war als seine Konkurrenten. Die französischen Banker hatten lediglich die Schultern gezuckt, als sie von Andrews Erfolg erfuhren, während seine amerikanischen Konkurrenten ihn überreden wollten, seine derzeitige Stelle aufzugeben und sich ihnen anzuschließen. Was immer Bloom ihm auch anbieten wollte, die Crédit Suisse konnte es zweifellos auch. Jedes Mal, wenn in den vergangenen zwölf Monaten jemand darauf aus war, Andrew abzuwerben, hatte er das Angebot mit stets dem gleichen höflichen, jungenhaften Lächeln ausgeschlagen – doch er wusste, dass es diesmal anders sein würde. Bloom war nicht der Mann, der sich mit einem höflichen, jungenhaften Lächeln abspeisen ließ.

Andrew wollte die Bank nicht wechseln. Er war sehr zufrieden mit dem Gehalt und den sonstigen Vergütungen, die er von der Crédit Suisse erhielt – und welcher Mann in seinem Alter würde nicht gern in Paris arbeiten? Aber da es nun gerade die Zeit im Jahr war, da man über die jährlichen Prämien nachdachte, konnte es nicht schaden, wenn sein Treffen mit Ely Bloom in der American Bar im Hotel Georges V. allgemein zur Kenntnis genommen wurde. Nur wenige Stunden, und jemand würde es Andrews Vorgesetzten flüstern.

Als Andrew den Bahnsteig der Metro erreichte, herrschte ein furchtbares Geschiebe und Geschubse. Er fragte sich, ob es überhaupt noch zu machen war, sich so weit vorzudrängen, dass er in den nächsten einfahrenden Zug steigen konnte. Er blickte auf die Uhr: 17.37.

Er müsste es eigentlich rechtzeitig zum Meeting schaffen, aber da er auf keinen Fall auch nur eine Minute zu spät kommen wollte, schlüpfte er durch jede Lücke in der Menschenmenge, bis er schließlich ziemlich vorn stand und nichts mehr ihn aufhalten konnte, in den nächsten Zug zu steigen. Auch wenn er nicht vorhatte, sich von Mr Bloom abwerben zu lassen, würde der Mann noch viele Jahre eine Spitzenposition in der Finanzaristokratie einnehmen; da wollte Andrew pünktlich sein und einen guten Eindruck hinterlassen.

Andrew wartete ungeduldig, dass der nächste Zug aus dem Tunnel kam. Er blickte über die Schienen auf den gegenüberliegenden Bahnsteig und versuchte sich auf die Fragen zu konzentrieren, die Bloom wahrscheinlich stellen würde.

Wie hoch ist Ihr Gehalt?

Enthält Ihr Vertrag eine Klausel, die eine vorzeitige Auflösung möglich macht?

Erhalten Sie Leistungsprämien?

Wären Sie bereit, nach New York zurückzukehren?

Während er über das alles nachdachte, blickte er eher zufällig auf den gegenüberliegenden, ebenfalls gedrängt vollen Bahnsteig. Seine Konzentration ließ plötzlich nach, als er eine junge Frau bemerkte, die sichtlich nervös auf die Uhr schaute. Vielleicht hatte sie ebenfalls eine Verabredung, zu der sie nicht zu spät kommen durfte.

Andrew vergaß Ely Bloom binnen eines Lidschlags, als die Frau den Kopf hob. Er starrte in ihre tiefbraunen Augen. Offenbar wurde sie sich seiner Bewunderung nicht bewusst. Sie war etwa einssiebzig, hatte ein ovales Gesicht mit makelloser bräunlicher Haut, die wahrscheinlich keines Make-ups bedurfte, und einen schwarzen Lockenkopf, dessen Haar wohl kein Friseur bändigen konnte.

Ich bin auf dem falschen Bahnsteig, sagte Andrew sich, und es ist zu spät, etwas dagegen zu tun!

Sie trug einen beigen Regenmantel, dessen geknüpfter Gürtel keinen Zweifel daran ließ, wie schlank und graziös ihre Figur war, und ihre Beine – so viel er davon sehen konnte – komplettierten den umwerfenden Eindruck. Sie war viel verlockender als alles, was Mr Bloom ihm anbieten könnte.

Wieder blickte sie auf die Uhr, doch plötzlich schaute sie in seine Richtung; jetzt spürte sie offenbar, dass Andrew sie anstarrte.

Er lächelte sie an. Sie errötete und senkte den Kopf, gerade als zwei Metros aus entgegengesetzten Richtungen einfuhren. Alle hinter Andrew drängten sich durch die Türen.

Als seine Metro abfuhr, blieb Andrew als Einziger auf dem Bahnsteig zurück. Er starrte hinüber zu den Wagen auf der anderen Seite und beobachtete, wie sie langsam losfuhren. Als der letzte Wagen im Tunnel verschwunden war, lächelte Andrew wieder. Auf dem gegenüberliegenden Bahnsteig stand die junge Frau, und diesmal erwiderte sie sein Lächeln.

Sie mögen sich fragen, woher ich weiß, dass diese Geschichte wahr ist. Die Antwort ist einfach. Ich erfuhr sie an Andrews und Claires zehntem Hochzeitstag in diesem Jahr.

BEIDE SEITEN GEGEN DIE MITTE

»Da gibt's eine weitere Sache, die ich noch nicht ange-sprochen habe«, sagte Billy Gibson, »aber lass mich zu-erst dein Glas nachfüllen.«

Seit zwei Stunden saßen die beiden Männer in einer ruhigen Ecke des King William Arms Pub und diskutier-ten über die Probleme einer Polizeikommandantur an der Grenze zwischen Nordirland und der Republik Ir-land im Süden. Billy Gibson stand kurz vor der Pensio-nierung, nach dreißig Jahren Polizeidienst, von denen er die letzten sechs Jahre als Kommandant abgeleistet hat-te. Sein baldiger Nachfolger, Jim Hogan, mit dem er sich bereits recht gut verstand, kam aus Belfast. Wenn Hogan seine Sache gut machte, hieß es, würde er zum Kom-mandanten im Rang eines Chief Constable befördert.

Billy nahm einen tiefen Schluck und lehnte sich zu-rück, bevor er mit seiner Story begann.

»Niemand weiß, wie viel Wahres an der Story ist, die man sich über das Haus erzählt, durch das die Grenze verläuft; wie bei allen guten irischen Geschichten ma-chen immerzu Halbwahrheiten die Runde. Ich muss dich erst in die Geschichte des Hauses einweihen, ehe ich zu dem Problem komme, das ich mit seinem derzei-tigen Besitzer habe. In dem Zusammenhang muss ich einen gewissen Patrick O'Dowd erwähnen, der in der Baubehörde der Stadt Belfast gearbeitet hat ...«

»... die selbst in den besten Zeiten eine echte Schlangengrube war«, warf der baldige neue Kommandant ein.

»Und es waren damals *nicht* die besten Zeiten.« Billy nahm einen weiteren Schluck Guinness, ehe er fortfuhr.

»Niemand hat je erfahren, warum O'Dowd überhaupt die Genehmigung erteilte, ein Haus direkt über der Grenze zu bauen. Erst als es fertig war, schaute sich ein Angestellter der Stadtkasse eine amtliche topographische Karte an und wies die Zuständigen in Belfast darauf hin, dass die Grenze direkt durch die Mitte des Wohnzimmers verlief. Ein paar alte Knacker in der Ortschaft meinen, dass der Architekt die Pläne nicht richtig gelesen hat; andere sind überzeugt, dass er sehr genau wusste, was er tat.«

»Damals war es ziemlich egal, denn das Haus wurde für Bertie O'Flynn erbaut, ein Witwer und gottesfürchtiger Mann. Er ging in der St. Mary im Süden zur Messe und trank sein Guinness im Volunteer im Norden. Und Bertie war politisch völlig unbelastet.«

»Nun, Dublin und Belfast gelangten wie durch ein Wunder zu einem seltenen Einvernehmen. Da die Haustür sich in Nordirland befand, führte Bertie seine Steuern an die Krone ab; seine Küche und 2000 Quadratmeter Garten jedoch lagen auf dem Gebiet der Republik Irland, sodass er seine Gemeindeabgaben auf der anderen Seite der Grenze bezahlte. Jahrelang ging das gut, bis der alte Bertie verschied und das Haus seinem Sohn Eamonn vererbte. Um es kurz zu machen: Eamonn war ein Nichtsnutz, ist ein Nichtsnutz und wird immer einer bleiben.«

»Der Junge war im Norden in die Schule gegangen und zur Kirche im Süden. Für beides zeigte er wenig Interesse. Mit elf Jahren wusste er alles übers Schmuggeln, außer vielleicht, wie man dieses Wort buchstabiert. Mit dreizehn kaufte er Zigaretten stangenweise im Norden und tauschte sie gegen Kästen Guinness im Süden. Mit fünfzehn machte er mehr Geld, als sein Lehrer verdiente, und als er von der Schule abging, führte er bereits ein blühendes Geschäft. Er importierte Schnaps und Wein aus dem Süden und exportierte Hasch und Kondome aus dem Norden.«

»Jedes Mal, wenn sein Bewährungshelfer an der Haustür im Norden klopfte, zog er sich in seine Küche im Süden zurück. Wenn Eamonn die Garda, unsere hiesige Polizei, den Gartenweg heraufkommen sah, verschwand er ins Esszimmer und blieb dort, bis die genervten Gesetzeshüter es aufgaben und wieder verschwanden. Und jedes Mal musste der alte Bertie zur Tür schlurfen und sich mit den Beamten herumschlagen, was schließlich wohl der Grund dafür war, dass Bertie seinen Geist aufgab.«

»Als ich vor sechs Jahren Kommandant wurde, nahm ich mir fest vor, Eamonn O'Flynn hinter Gitter zu bringen. Doch bei den vielen Problemen, die ich an der Grenze und mit der routinemäßigen Polizeiarbeit hatte, hab ich es nie geschafft. Ich hab sogar öfters ein Auge zugedrückt, bis O'Flynn eines Tages Maggie Crann kennen lernte, eine im Süden wohl bekannte Hure, die ihr Gewerbe bis in den Norden ausdehnen wollte. Eamonns Haus erschien ihr dafür ideal: vier Zimmer im ersten Stock, je zwei an jeder Seite der Grenze, sodass ihre Freier – manchmal halb nackt – von einer Seite des Hauses zur anderen flitzen konnten, um einer Verhaftung zu entgehen.«

»Als die Schwierigkeiten zunahmen, beschlossen mein Kollege südlich der Grenze und ich, das Haus einfach zu ignorieren – bis Eamonn ein Spielkasino eröffnete, in einem neu angebauten Wintergarten, für den die Baugenehmigung in Dublin erteilt worden war, in dem aber nie eine Blume blühte. Das Büro des Kassierers befand sich über einer ebenfalls neu gebauten riesigen Garage für eine Flotte von Bussen, in der jedoch so gut wie nie Fahrzeuge abgestellt wurden. Für diesen Bau war die Genehmigung in Belfast erteilt worden.«

»Warum habt ihr denn nichts gegen diese Genehmigung unternommen?«, fragte Hogan staunend.

»Wir haben es versucht, mussten aber bald einsehen, dass die dafür zuständigen Mitarbeiter der Dubliner und der Belfaster Baubehörde zu Maggies Stammkunden gehörten.« Billy seufzte. »Unsere schlimmste Niederlage aber kam, als das Farmland verkauft werden sollte, auf dem das Haus steht. Eamonn O'Flynn kriegte natürlich schnell Wind von der Sache, riss sich das Grundstück unter den Nagel und besaß damit ein Gelände von dreißig Hektar, auf dem er seine Wachleute strategisch günstig postieren konnte. Das gibt ihm genug Zeit, alles, was ihn belasten könnte, von einer Seite des Hauses zur anderen zu schaffen, lange ehe wir die Haustür erreichen.«

Die Gläser waren leer. »Die nächste Runde geht auf mich«, sagte der Jüngere. Er ging zur Theke, kam mit zwei frisch gefüllten Gläsern zurück und stellte sie auf den Tisch.

»Warum hast du dir keinen Durchsuchungsbefehl ausstellen lassen? Eamonn verstößt doch gegen so viele Gesetze, dass ihr ihn längst hättet schnappen müssen.«

»Wenn es so einfach wäre.« Der Kommandant seufzte. »Jedes Mal, wenn ich einen Durchsuchungsbefehl beantrage, erfährt Eamonn es dank Maggies Verbindungen als Erster. Bis wir anrücken, finden wir ein glücklich verheiratetes Paar in einem friedlichen Landhaus vor.«

»Und was ist mit deinem Kollegen von der anderen Seite? Es muss doch auch in seinem Interesse liegen, mit dir zusammenzuarbeiten und ...«

»Ja, sollte man meinen. Aber seit einiger Zeit löst dort einer den anderen ab. Offenbar will keiner seine Chancen auf eine Beförderung gefährden. Oder sein unbeschwertes Leben. Oder die Bestechungsgelder. Jedenfalls war keiner bereit, mit mir zusammenzuarbeiten. Dem derzeitigen Garda-Kommandanten fehlen nur noch ein paar Monate bis zum Ruhestand. Er denkt gar nicht daran, irgendwas zu tun, das seine Pensionierung in Gefahr bringen könnte. Nein«, fuhr Billy fort, »wie man es auch dreht und wendet, ich habe versagt. Aber ich versichere dir, im Gegensatz zu meinem Kollegen von drüben würde ich sogar auf meine Pension verzichten, wenn ich Eamonn O'Flynn ein für alle Mal aus dem Verkehr ziehen könnte.«

»Dir bleiben immer noch sechs Wochen, und nach allem, was du mir erzählt hast, wäre ich ehrlich erleichtert, wenn O'Flynn aus dem Weg wäre, bevor ich die Kommandantur übernehme. Lass uns nachdenken, vielleicht finden wir gemeinsam eine Lösung dieses Problems.«

»Ich wäre mit allem einverstanden, außer ihn zu ermorden – aber glaub ja nicht, dass ich daran nicht *auch* schon gedacht habe.«

Jim Hogan blickte lachend auf die Uhr. »Ich fürchte, ich muss jetzt nach Belfast zurück.«

Der alte Kommandant leerte sein Glas und begleitete seinen Kollegen zum Parkplatz vor dem Pub. Hogan sagte erst wieder etwas, als er in seinem Wagen hinter dem Steuer saß, den Motor angelassen und das Fenster heruntergekurbelt hatte.

»Hast du vor, eine Abschiedsparty zu geben?«

»Ja«, antwortete Billy, »am Samstag vor meiner Pensionierung. Wieso fragst du?«

»Weil eine Abschiedsparty ein guter Anlass sein könnte, das Vergangene zu begraben«, erwiderte Jim, ohne näher darauf einzugehen.

Der Kommandant blickte verwundert drein, während sein baldiger Nachfolger vom Parkplatz und nach Norden Richtung Belfast fuhr.

Eamonn O'Flynn war überrascht, als die Einladung kam, denn er hatte nicht damit gerechnet, auf der Gästeliste des Polizeikommandanten zu stehen.

Maggie betrachtete die geprägte Karte, die sie und Eamonn zu Kommandant Gibsons Abschiedsfeier im Queen's Arms in Ballyroney einlud.

»Gehst du hin?«, fragte sie.

»Warum sollte ich? Dieser Hundesohn hat in den letzten sechs Jahren nichts unversucht gelassen, mich hinter Gitter zu bringen.«

»Vielleicht will er auf diese Weise das Kriegsbeil begraben«, meinte Maggie.

»Ja, in meinem Rücken. Wie auch immer – du würdest dich inmitten dieser Meute nicht wohl fühlen.«

»Da täuschst du dich ausnahmsweise.«

»Wieso?«

»Weil es mir Spaß machen würde, die Gesichter der Ehefrauen von den Ratsherren und Bullen zu sehen, die schon zu mir ins Bett gestiegen sind.«

»Aber es könnte eine Falle sein.«

»Das kann ich mir nicht vorstellen«, entgegnete Maggie, »immerhin wissen wir, dass die Bullen im Süden uns keine Schwierigkeiten machen werden, und die aus dem Norden sind bestimmt auf der Party.«

»Das würde sie nicht davon abhalten, eine Razzia bei uns zu machen, während wir weg sind.«

»Dann wird ihre Enttäuschung groß sein, wenn sie feststellen, dass unser Personal Ausgang hat und sie nichts weiter vorfinden als das Zuhause von zwei anständigen, gesetzestreuen Bürgern.«

Eamonn blieb skeptisch. Er erklärte sich erst einverstanden, mit Maggie zur Party zu gehen, als sie mit einem schicken neuen Kleid aus Dublin zurückkam, das sie liebend gern zu der Feier tragen wollte.

»Aber wir bleiben nicht länger als eine Stunde – das ist mein letztes Wort«, sagte Eamonn.

Als sie am Abend der Feier das Haus verließen, vergewisserte Eamonn sich, dass jedes Fenster geschlossen und jede Tür verriegelt war, ehe er den Alarm einschaltete. Dann fuhr er um sein riesiges Grundstück herum und beauftragte sämtliche Wachleute, besonders gut aufzupassen und ihn übers Handy anzurufen, falls sie etwas Verdächtiges bemerkten.

Maggie, die ihre Frisur im Spiegel über der Windschutzscheibe begutachtete, machte Eamonn darauf aufmerksam, dass die Party vorbei sein würde, wenn sie nicht endlich losfuhren.

Als sie eine halbe Stunde später den Ballsaal des Queen's Arms betraten, schien Billy Gibson sich ehrlich über ihr Erscheinen zu freuen – was Eamonn nur noch misstrauischer machte.

»Ich glaube, Sie haben meinen Nachfolger noch nicht kennen gelernt«, sagte der Kommandant, ehe er Eamonn und Maggie Jim Hogan vorstellte. »Aber ich bin sicher, sein Ruf ist ihm vorausgeeilt.«

Eamonn kannte seinen Ruf tatsächlich nur zu gut, und er wollte sofort nach Hause, doch jemand drückte ihm ein Glas Guinness in die Hand, und ein junger Constable bat Maggie um einen Tanz.

Während Maggie tanzte, schaute Eamonn sich im Saal um, ob da jemand war, den er kannte. Viel zu viele, stellte er fest und konnte das Ende der Stunde, die er zu bleiben gedachte, gar nicht erwarten. Dann aber fiel sein Blick auf Mick Burke, einen Taschendieb, der hinter der Theke ausschenkte. Eamonn war überrascht, dass sie einen Burschen wie Mick, der ein ellenlanges Vorstrafenregister vorweisen konnte, überhaupt eingelassen hatten. Aber zumindest war da jetzt jemand, mit dem Eamonn sich unterhalten konnte.

Als die Band eine Pause machte, stellte Maggie sich am Büfett an, häufte eine ordentliche Portion Lachs und neue Kartoffeln auf einen Teller und brachte ihn Eamonn, dem es auf diesem Fest allmählich zu gefallen schien. Nach einem zweiten Teller erzählte er mehreren jungen Gardas, die an seinen Lippen hingen, sogar ein paar Geschichten.

Doch in dem Augenblick, als die Uhr im Saal elfmal schlug, wollte Eamonn plötzlich nichts als weg.

»Nicht mal Aschenputtel hat den Ball vor Mitternacht verlassen«, sagte Maggie. »Außerdem wäre es unhöflich, gerade dann zu gehen, wenn der Kommandant seine Abschiedsrede halten will.«

Jemand klopfte an ein Glas und bat um Ruhe. Alle applaudierten, als Billy Gibson ans Mikrofon trat. Er legte die Notizen für seine Rede aufs Pult und lächelte den Anwesenden zu.

»Meine Freunde«, begann er, »und meine Sparrings-partner.« Er hob sein Glas und blickte auf Eamonn, erfreut, dass er noch da war. »Mit schwerem Herzen stehe ich vor euch, und ich weiß, wie viel ich euch allen schulde.« Er machte eine Pause. »Ich meine wirklich euch *allen*.« Beifall, Pfiffe und Gejohle folgten dieser Bemerkung, und Maggie sah erfreut, dass Eamonn in das Lachen einstimmte.

»Ich erinnere mich gut, wie ich seinerzeit zur Polizei ging. Was war das für eine wilde, verrückte Zeit damals!« Neuerlicher Applaus und weitere Pfiffe von den Jüngeren, die erst verstummten, als der Kommandant seine Rede fortsetzte und in Erinnerungen schwelgte.

Eamonn war immer noch nüchtern genug, den jungen Constable zu bemerken, der mit besorgter Miene den Saal betrat und zur Bühne eilte. Da er Billys Rede nicht unterbrechen wollte, führte er Jim Hogans Befehl aus und legte einen Zettel aufs Pult.

Eamonn tastete nach seinem Handy, fand es jedoch in keiner seiner Taschen. Dabei hätte er schwören können, dass er es bei seiner Ankunft noch gehabt hatte.

»Wenn ich meine Polizeimarke um Mitternacht abgebe ...«, sagte Billy und bemerkte den Zettel. Er rückte seine Brille zurecht und überflog die Nachricht; dann runzelte er die Stirn und blickte wieder auf seine Gäste. »Es tut mir Leid, meine Freunde, aber es hat offenbar einen Vorfall an der Grenze gegeben, der mein Erscheinen erforderlich macht. Ich muss sofort aufbrechen. Meine Officers müssen mich leider begleiten. Ich hoffe, liebe Gäste, Sie werden die Party auch weiterhin genießen, und ich versichere, dass meine Leute und ich zurückkommen, sobald wir das kleine Problem gelöst haben.«

Nur einer erreichte den Ausgang vor dem Kommandanten und fuhr vom Parkplatz, bevor Maggie überhaupt bemerkte, dass er den Saal verlassen hatte. Doch dem Kommandanten gelang es mit heulender Sirene, Eamonn etwa drei Kilometer vor der Grenze zu überholen.

»Soll ich ihn wegen Geschwindigkeitsübertretung anhalten?«, fragte der Fahrer den Kommandanten.

»Nein«, antwortete Billy Gibson. »Die Vorstellung macht doch erst dann wirklich Spaß, wenn der Star des Abends die Bühne betritt.«

Als Eamonn ein paar Minuten später den Wagen am Rand seines Grundstücks anhielt, stand er vor einem breiten, blau-weißen, von Pfosten zu Pfosten gezogenen Absperrband mit der Aufschrift: VORSICHT! LEBENSGEFAHR! KEIN ZUTRITT!

Er sprang aus dem Wagen und rannte hinüber zum Kommandanten, der soeben von einer Gruppe seiner Untergebenen informiert wurde.

»Was geht hier vor, zum Teufel?«, erkundigte Eamonn sich heftig.

»Ah, Eamonn, ich bin froh, dass Sie hier sind. Ich wollte Sie gerade auf der Party anrufen. Vor etwa einer Stunde wurde eine IRA-Patrouille auf Ihrem Grundstück gesichtet.«

»Allerdings haben wir noch keine Bestätigung dafür«, meldete ein junger Offizier, der sich ein Handy ans Ohr hielt. »Es gibt widersprüchliche Meldungen aus Ballyroney, nach denen es auch irgendwelche paramilitärische Verbände gewesen sein können.«

»Nun, wer immer diese Leute auch sind«, sagte Billy, »für mich ist der Schutz von Leben und Eigentum vorrangig, deshalb habe ich das Bombenräumkommando geschickt. Sie sollen sich vergewissern, dass es für Sie und Maggie ungefährlich ist, in Ihr Haus zurückzukehren.«

»Das ist Quatsch, Billy Gibson, und das wissen Sie genau!«, brauste Eamonn auf. »Ich gebe Ihnen den dringenden Rat, mein Grundstück zu verlassen, sonst muss ich Sie von meinen Wachleuten mit Gewalt entfernen lassen.«

»So einfach ist das nicht«, entgegnete der Kommandant. »Ich habe gerade eine Meldung von meinem Bombenräumkommando erhalten, dass die Jungs bereits ins Haus eingedrungen sind. Aber Sie können beruhigt sein, Eamonn. Die Männer haben dort niemanden vorgefunden. Im Wintergarten allerdings haben sie ein Paket entdeckt, dessen Inhalt noch nicht identifiziert wurde. Ein zweites, ähnliches Paket wurde in der Garage gefunden.«

»Aber das ist bloß ...«

»Bloß was?«, erkundigte der Kommandant sich scheinheilig.

»Wie sind Ihre Männer an meinen Sicherheitsleuten vorbeigekommen?«, fragte Eamonn heftig. »Meine Wächter hatten strikte Anweisung, jeden hinauszubefördern, der nur eine Zehe auf mein Land setzt.«

»Ihre Wächter haben Ihr Grundstück offenbar unwissentlich ein kleines Stück verlassen, ohne dass sie es bemerkt haben, und weil Gefahr für das Leben der Männer bestand, hielt ich es für notwendig, sie in Schutzhaft zu nehmen. Sie wollten doch nicht, dass Ihren Leuten etwas zustößt, oder?«

»Ich wette, Sie haben nicht mal einen Durchsuchungsbefehl!«

»Den brauche ich auch nicht«, erklärte der Kommandant, »weil ich befürchten muss, dass jemand sich in Lebensgefahr befindet.«

»Aber nun, da Sie wissen, dass keine Lebensgefahr für irgendjemanden besteht – und nie bestand –, fordere ich Sie nochmals auf, mein Grundstück zu verlassen. Kehren Sie zu Ihrer Party zurück.«

»Tja, da komme ich zu meinem nächsten Problem, Eamonn. Sie müssen wissen, dass ich gerade wieder einen Anruf bekommen habe, diesmal von einem anonymen Informanten, der mich warnte, dass er eine Bombe in die Garage geschafft hat und eine weitere in den Wintergarten, und dass beide Bomben kurz vor Mitternacht hochgehen werden. Als ich davon erfuhr, hielt ich es für meine Pflicht, im Sicherheitshandbuch nachzuschlagen, um mich über die korrekte Vorgehensweise in einem solchen Fall zu informieren.« Der Kommandant zog ein dickes grünes Büchlein aus der hinteren Hosentasche, als würde er es immer bei sich tragen.

»Sie bluffen«, rief O'Flynn. »Sie haben nicht das Recht ...«

»Ah! Das hier habe ich gesucht«, sagte Billy Gibson, nachdem er in dem Buch geblättert hatte. Eamonn blickte auf die Seiten und sah einen mit roter Tinte unterstrichenen Absatz.

»Ich werde Ihnen den Text vorlesen, Eamonn, dann werden Sie erkennen, dass ich in einer schrecklichen Klemme stecke. *Ist ein Polizeioffizier höheren Ranges als Major oder Chefinspektor der Ansicht, dass an einem Ort, an dem ein terroristischer Angriff vermutet wird, Gefahr für das Leben von Zivilisten besteht, und ist ein* ausgebildeter Angehöriger eines Bombenräumkommandos anwesend, muss der Polizeioffizier als Erstes alle Zivilisten aus dem möglicherweise gefährdeten Gebiet schaffen. Anschließend muss er das Areal abriegeln und unter Einhaltung der erforderlichen Sicherheitsmaßnahmen eine Sprengung herbeiführen, falls er es für nötig erachtet.‹ Könnte nicht eindeutiger sein«, fuhr der Kommandant fort. »Können Sie mir jetzt sagen, was sich in diesen Paketen befindet, Eamonn? Falls nicht, muss ich das Schlimmste annehmen und nach den Richtlinien handeln, die ich Ihnen gerade vorgelesen habe.«

»Wenn Sie mein Eigentum beschädigen, Billy Gibson, werde ich Ihnen jeden Penny, den Sie besitzen, einzeln abknöpfen.«

»Sie machen sich unnötige Sorgen, Eamonn. In diesem Handbuch steht auch alles über Ihre Entschädigungsansprüche. Selbstverständlich ist es unsere Pflicht, Ihr schönes Haus Ziegel um Ziegel neu aufzubauen und einen Wintergarten zu errichten, auf den Maggie stolz sein kann – ganz zu schweigen von einer Garage, in der genügend Platz für alle Ihre Wagen sein wird. Doch wenn wir so viel an Steuergeldern ausgeben müssen – Gelder, die unbescholtene Bürger gezahlt haben –, bleibt uns keine Wahl, als das Haus auf der einen oder der anderen Seite der Grenze zu erbauen, damit ein so bedauernswerter Vorfall wie dieser sich nie wieder ereignen kann.«

»Damit kommen Sie nicht durch!«, drohte Eamonn, als ein kräftiger Mann, der einen Fernzünder trug, an der Seite des Kommandanten erschien.

»Sie erinnern sich gewiss an Mr Hogan«, sagte Billy mit einem Blick auf den kräftigen Mann. »Ich habe Sie ihm bei der Abschiedsparty vorgestellt.«

»Wenn Sie diesen Fernzünder betätigen, Hogan, werde ich Schritte gegen Sie einleiten, dass Sie den Rest Ihres Lebens nichts mehr zu lachen haben!«, rief Eamonn. »Auch Ihre Beförderung zum Kommandanten können Sie dann vergessen!«

»Damit mag Mr O'Flynn nicht Unrecht haben, Jim, und ich möchte auf gar keinen Fall deine Karriere gefährden.« Der Kommandant blickte auf die Uhr. »Aber ich sehe gerade, dass du das Kommando erst in sieben Minuten übernehmen wirst. Deshalb liegt es noch an mir, diese schwere Bürde auf mich zu nehmen.«

Als der Kommandant sich bückte, um die Hand auf den Griff des Fernzünders zu legen, sprang ihm Eamonn an die Kehle. Drei Polizisten mussten ihn festhalten, während er eine Verwünschung nach der anderen ausstieß.

Der Kommandant seufzte, blickte erneut auf seine Uhr, packte den Griff des Fernzünders und drückte ihn langsam hinunter.

Die Explosion war kilometerweit zu hören, als das Dach der Garage – oder war es das vom Wintergarten? – in die Luft flog. In Sekundenschnelle waren die Gebäude zu Trümmern zusammengefallen und nichts mehr zu sehen als Rauch, Staub und ein riesiger Haufen Schutt.

Als der Lärm schließlich verebbte, waren die Glocken von St. Mary's zu hörten, die zur Mitternacht läuteten. Der ehemalige Polizeikommandant betrachtete es als Ende eines erfolgreichen Tages.

»Wissen Sie, Eamonn«, sagte er, »ich finde, das war es wert, meine Rente zu opfern.«

Ein unvergessliches
Wochenende

Ich begegnete Susie zum ersten Mal vor sechs Jahren, und als sie mich jetzt anrief und fragte, ob ich Lust hätte, mich mit ihr auf einen Drink zu treffen, kann sie unmöglich überrascht gewesen sein, dass meine Antwort ziemlich eisig ausfiel. Immerhin waren meine Erinnerungen an unsere letzte Begegnung nicht gerade erfreulich.

Ich war bei den Keswicks zum Dinner eingeladen gewesen, und wie alle guten Gastgeberinnen hielt Kathy Keswick es für ihre Pflicht, alle unverheirateten Männer über dreißig neben einer ihrer – jedenfalls zurzeit – ledigen Freundinnen Platz nehmen zu lassen. Deshalb war ich enttäuscht, dass Kathy mich ausgerechnet neben Mrs Ruby Collier gesetzt hatte, der Gattin eines Abgeordneten der Konservativen. Kaum hatte ich mich vorgestellt, sagte sie auch schon: »Sie kennen meinen Mann doch bestimmt aus den Medien.« Dann erklärte sie mir lang und breit, dass ihre Freundinnen es einfach nicht verstehen konnten, weshalb ihr Gatte noch nicht im Kabinett war. Ich sah mich außerstande, ihr meine ehrliche Meinung über dieses Thema zu sagen, weil ich bis zu diesem Augenblick noch nie von einem Mr Collier gehört hatte.

Auf der Platzkarte an meiner anderen Seite stand »Susie«, und die betreffende Dame sah so attraktiv aus, wie man sich eine Tischnachbarin an einem Tisch für zwei nur wünschen kann. Nach einem heimlichen Blick auf das lange blonde Haar, die blauen Augen, das bezaubernde Lächeln und die schlanke Figur hätte ich mich nicht gewundert, hätte sie als Model gearbeitet. Aber dem war nicht so, wie ich bereits wenige Minuten später von ihr selbst erfuhr.

Ich stellte mich vor und erklärte ihr, dass ich mit unserem Gastgeber in Cambridge studiert hatte. »Und woher kennen Sie die Keswicks?«, fragte ich.

»Ich saß im gleichen Büro wie Kathy, als wir beide für *Vogue* in New York gearbeitet haben.«

Ich war enttäuscht, dass sie in den Staaten lebte. Auf die Dauer?, fragte ich mich. »Und wo arbeiten Sie jetzt?«, erkundigte ich mich hoffnungsvoll.

»Immer noch in New York. Ich bin seit kurzem Redakteurin für das Ressort bildende Kunst bei *Art Quarterly*.«

»Ich habe gerade vorige Woche mein Abo verlängert«, erzählte ich ihr nicht ohne Stolz. Sie lächelte, offenbar erstaunt darüber, dass ich überhaupt je von dieser Zeitschrift gehört hatte.

»Wie lange bleiben Sie in London?« Ich blickte verstohlen auf ihre Hände und stellte fest, dass sie weder einen Ehering noch einen Verlobungsring trug.

»Nur ein paar Tage. Ich bin vergangene Woche zur Rubinhochzeit meiner Eltern herübergeflogen und möchte mir noch die Lucian-Freud-Ausstellung in der Tate-Galerie anschauen, bevor ich nach New York zurückkehre. – Und was machen Sie beruflich?«

»Mir gehört ein kleines Hotel in der Jeremy Street«, antwortete ich.

Ich hätte gern den Rest des Abends mit Susie geplaudert, und nicht nur, weil Kunst mein Hobby ist, doch meine Mutter hatte mich von früh auf gelehrt, dass man einer Tischnachbarin nicht mehr Aufmerksamkeit widmen darf als der anderen, auch wenn man nur von einer fasziniert ist.

Deshalb wandte ich mich wieder Mrs Collier zu, die mich sofort fragte: »Haben Sie die Rede gelesen, die mein Mann gestern im Unterhaus gehalten hat?«

Ich gestand, dass ich diese Rede nicht kannte, was ein großer Fehler war, denn Mrs Collier zitierte sie sofort.

Nach Beendigung ihres einschläfernden Monologs über den Entwurf zum Thema Nationale Konventionen wusste ich, weshalb ihr Gatte nicht im Kabinett saß. Ich nahm mir vor, dem Burschen möglichst aus dem Weg zu gehen, sobald wir uns zum Kaffee in den Salon zurückzogen.

»Ich freue mich, Ihren Gatten nach dem Dinner kennen zu lernen«, behauptete ich jedoch höflichkeitshalber, ehe ich mich wieder Susie zuwandte. Ihre Aufmerksamkeit galt jetzt einem Mann auf der anderen Seite des Tisches, doch ich sah, dass der Betreffende in ein Gespräch mit seiner Tischnachbarin Mary Ellen Yarc vertieft war, einer Amerikanerin, und von Susies Bewunderung offenbar nichts bemerkte.

Ich erinnerte mich, dass er Richard hieß und mit dem Mädchen am anderen Ende der Tafel gekommen war. Auch sie blickte in Richards Richtung, und ich musste zugeben, dass er ein gut geschnittenes Gesicht und dichtes welliges Haar hatte und deshalb nicht unbedingt einen Doktortitel in Quantenphysik brauchte, um auf Frauen zu wirken.

»Was tut sich zurzeit Aufregendes in New York?«, fragte ich, um Susie wieder auf mich aufmerksam zu machen.

Sie wandte sich wieder mir zu und lächelte. »Wir bekommen bald einen neuen Oberbürgermeister«, ließ sie mich wissen. »Zur Abwechslung könnte es diesmal sogar ein Republikaner sein. Ich würde für jeden stimmen, der etwas gegen die schreckliche Kriminalität unternimmt. Einer der Kandidaten – mir fällt sein Name gerade nicht ein – spricht ständig von Nulltoleranz. Wer immer der Mann ist, ich gebe ihm meine Stimme.«

Zwar blieb Susies Plauderei angeregt und lebhaft, doch mir entging nicht, dass ihr Blick immer wieder zur gegenüberliegenden Tischseite wanderte. Wäre Richards Blick auch nur ein einziges Mal zu ihr abgeschweift, ich hätte die beiden glatt für ein Liebespaar gehalten. Aber der Junge schien das Mädchen tatsächlich zu ignorieren.

Bei der Nachspeise ließ Mrs Collins kein gutes Haar am Kabinett. Sie war der Meinung, dass jeder Minister ersetzt gehörte. Durch wen, brauchte ich mich gar nicht erst zu fragen. Als sie beim Agrarminister angelangt war, hielt ich meine Höflichkeitspflicht für erfüllt und wandte mich erneut Susie zu, die vortäuschte, ganz mit ihrem Früchtepudding beschäftigt zu sein, während sie insgeheim immer wieder zu Richard blickte.

Plötzlich schaute er in ihre Richtung. Unerwartet fasste Susie meine Hand und erzählte mir eingehend von einem Film von Eric Rohmer, den sie vor kurzem in Nizza gesehen hatte.

Wenige Männer wehren sich dagegen, wenn eine Frau nach ihrer Hand greift, schon gar nicht, wenn diese Frau mit Susies Aussehen gesegnet ist, aber ich bin überzeugt, die Männer würden es vorziehen – genau wie ich –, dass die Frau dabei nicht auf einen anderen Kerl starrt.

Kaum setzte Richard sein Gespräch mit unserer Gastgeberin fort, ließ Susie meine Hand los und stocherte in ihrem Früchtepudding.

Ich war dankbar, dass mir ein dritter Vortrag von Mrs Collier erspart blieb, da Kathy sich von ihrem Platz erhob und uns alle in den Salon bat. Dadurch entgingen mir wahrscheinlich die Einzelheiten des neuen Gesetzesvorschlags zur Befriedung unbefriedeter öffentlicher Flächen, den Mrs Colliers Gatte in der kommenden Woche dem Parlament vorlegen wollte.

Beim Kaffee wurde ich mit Richard bekannt gemacht, der sich als Bankier aus New York erwies. Entweder ignorierte er Susie weiterhin, oder er war sich unerklärlicherweise ihrer Anwesenheit gar nicht bewusst. Das Mädchen, dessen Namen ich nicht kannte, kam zu uns herüber und flüsterte Richard ins Ohr: »Wir sollten allmählich aufbrechen, Liebling. Denk daran, dass wir den Frühflug nach Paris gebucht haben.«

»Das habe ich nicht vergessen, Rachel«, erwiderte er, »aber ich möchte mich nicht gern als Erster verabschieden.« Noch einer, dem eine fürsorgliche Mutter gute Manieren beigebracht hatte.

Jemand berührte meinen Arm. Ich drehte mich um und sah, dass Mrs Collier mich anstrahlte.

»Darf ich Ihnen Reginald vorstellen, meinen Mann. Ich habe ihm erzählt, wie gern Sie Genaueres über seinen neuen Gesetzesvorschlag zur Befriedung unbefriedeter öffentlicher Flächen erfahren möchten.«

Zehn Minuten dürften vergangen sein, obwohl sie mir eher wie ein ganzer Monat vorkamen, als Kathy zu meiner Rettung kam. »Tony, wärst du so nett und fährst Susie nach Hause? Es regnet in Strömen, und um diese Zeit ein Taxi zu bekommen, ist fast unmöglich.«

»Sehr gern«, antwortete ich. »Dann möchte ich mich gleich für die Einladung bedanken. Es war mir eine Freude, so viele reizende Leute kennen zu lernen. Leider muss ich mich nun auch von Ihnen verabschieden, Mrs Collier. Sie haben so interessante Gesprächsthemen! Es war faszinierend, mit Ihnen zu reden.«

Sie lächelte mich strahlend an. Meine Mutter wäre stolz auf mich gewesen.

Im Wagen, auf dem Weg zu ihrer Wohnung, fragte mich Susie, ob ich die Freud-Ausstellung gesehen habe. »Ja«, antwortete ich, »sie war großartig. Ich will noch einmal hin, bevor sie endet.«

»Ich möchte sie mir morgen Vormittag anschauen.« Sie berührte meine Hand. »Hätten Sie nicht Lust, mitzukommen?« Begeistert erklärte ich mich einverstanden. Als ich sie in Pimlico absetzte, umarmte sie mich auf die Weise, die besagte: »Ich möchte dich besser kennen lernen.« Es gibt viele Dinge, von denen ich kaum etwas verstehe, doch bei Umarmungen kenne ich mich bestens aus. Ich habe schon so gut wie jede Art erlebt – freundliche (»Du bist ein Schatz«), leidenschaftliche (»Ich kann es nicht erwarten, dir die Kleider vom Leib zu reißen ...«), bis hin zu abweisenden (»Lass dich nie wieder blicken!«).

Am nächsten Vormittag erschien ich früh in der Tate-Galerie, da ich mit einer langen Schlange vor der Kasse rechnete und die Karten vor Susies Eintreffen besorgen wollte. Ich wartete erst ein paar Minuten auf der Treppe, als sie erschien. Sie trug ein gelbes Kleid, das ihre schlanke Figur betonte. Als sie die Stufen heraufkam, bemerkte ich, dass viele Männerblicke ihr bewundernd folgten. Als sie mich entdeckte, beschleunigte sie ihre Schritte und begrüßte mich mit einer innigen Umarmung, die besagte: »Ich hab das Gefühl, dass ich dich schon viel besser kenne«, wie ich beglückt feststellte.

Beim zweiten Mal gefiel mir die Ausstellung sogar noch besser, nicht zuletzt dank Susies Kenntnissen der Werke Lucian Freuds – sie machte mich mit den verschiedenen Phasen seines Schaffens vertraut. Beim letzten Bild der Ausstellung, *Dicke Frau am Fenster,* sagte ich ein wenig zaghaft: »Eins ist sicher, so werden Sie nie aussehen.«

»Oh, da wäre ich mir nicht so sicher«, entgegnete sie. »Aber wenn doch, würde ich es Sie nie herausfinden lassen.« Sie nahm meine Hand. »Haben Sie noch Zeit, mit mir zu Mittag zu essen?«

»Selbstverständlich. Aber ich habe nirgends einen Tisch reserviert.«

»Aber ich.« Susie lächelte. »Das Tate hat ein ausgezeichnetes Restaurant. Ich habe einen Tisch für zwei bestellt, nur für den Fall ...« Wieder lächelte sie.

An den Lunch erinnere ich mich kaum, nur daran, dass wir die beiden letzten Gäste waren, als die Rechnung kam.

»Wenn Sie jetzt alles tun könnten, was Sie sich wünschen« – es war einer jener Gemeinplätze, deren ich mich schon oft bedient habe –, »was würden Sie tun?«

Susie überlegte kurz, ehe sie antwortete: »Den Zug nach Paris nehmen, das Wochenende mit Ihnen verbringen und die Picasso-Ausstellung ›Die frühen Jahre‹ besuchen, die zurzeit im Musée d'Orsay gezeigt wird. Und Sie?«

»Den Zug nach Paris nehmen, das Wochenende mit Ihnen verbringen und die Picasso-Ausstellung ...«

Sie lachte laut auf, ergriff wieder meine Hand und sagte: »Dann tun wir's!«

Ich kam zwanzig Minuten vor der Abfahrt am Waterloo an. In Paris hatte ich bereits eine Suite in meinem Lieblingshotel reservieren lassen und einen Tisch in einem Restaurant, das dafür sorgt, nicht in einem Reiseführer für gewöhnliche Touristen erwähnt zu werden. Ich hatte zwei Erste-Klasse-Fahrkarten erstanden und wartete wie verabredet unter der Bahnhofsuhr. Susie verspätete sich nur zwei Minuten, und diesmal besagte ihre Umarmung beinahe schon: »Ich kann es nicht erwarten, dir die Kleider vom Leib zu reißen«.

Sie hielt meine Hand, als wir durch die englische Landschaft fuhren. Sobald wir in Frankreich waren – es ärgert mich jedes Mal, dass die Züge an der französischen Seite nur so dahinbrausen –, beugte ich mich zu Susie hinüber und küsste sie zum ersten Mal.

Sie erzählte von ihrer Arbeit in New York, den Ausstellungen, die man unbedingt gesehen haben musste, und gab mir einen Vorgeschmack auf das, was uns in der Picasso-Ausstellung erwartete. »Eine Bleistiftzeichnung, die den Vater des Künstlers darstellt. Picasso hat sie im Alter von nur sechzehn Jahren geschaffen; deshalb war diese Arbeit ein Vorläufer alles Kommenden.« Sie erzählte weiter von Picasso und seinem Schaffen – mit einer Leidenschaft, wie kein Buch über diesen Maler sie vermitteln könnte. Als die Bahn in den Gare du Nord einfuhr, griff ich nach unseren beiden Koffern und beeilte mich, mich als einer der ersten für ein Taxi anzustellen.

Susie verbrachte den größten Teil der Fahrt damit, aus den Fenstern zu starren wie ein Schulmädchen beim ersten Besuch im Ausland. Ich erinnere mich, dass ich gedacht habe, wie ungewöhnlich das für jemanden war, der schon so viele Reisen gemacht hatte.

Als das Taxi zum Eingang des Hôtel du Coeur abbog, erklärte ich, dass ich genau ein solches Haus gern besitzen würde – luxuriös, aber nicht angeberisch. Außerdem bot es einen Service, wie er in England schwer zu finden war. »Und Albert, der Besitzer, ist ein Juwel.«

»Ich kann es gar nicht erwarten, ihn kennen zu lernen«, sagte sie, als das Taxi vor dem Eingang hielt.

Albert stand auf der Treppe, um uns zu begrüßen. Das hatte ich erwartet, denn ich hätte es genauso gemacht, hätte *er* mit einer schönen Frau das Wochenende in *meinem* Hotel verbringen wollen.

»Wir haben Ihr übliches Zimmer für Sie vorbereitet, Mr Romanelli«, sagte er und sah aus, als wolle er mir zuzwinkern.

Susie blickte Albert an und fragte: »Wo haben Sie mich untergebracht?«

Ohne eine Miene zu verziehen, lächelte er sie an und sagte: »Im angrenzenden Zimmer, mit dem Sie bestimmt sehr zufrieden sein werden, Madame.«

»Das ist sehr aufmerksam von Ihnen, Albert«, entgegnete sie, »aber ich ziehe ein Zimmer auf einem anderen Stockwerk vor.«

Diesmal gelang es Albert nur mit Mühe, seine Verwunderung zu verbergen. Doch er ließ sich sofort das Reservierungsbuch bringen, studierte die Eintragungen und sagte: »Wie ich sehe, haben wir noch ein sehr schönes Zimmer mit Blick auf den Park eine Etage tiefer.« Er schnippte mit den Fingern; dann gab er einem Pagen, der in der Nähe stand, die beiden Schlüssel.

»Zimmer 574 für Madame, und die Napoleon-Suite für Monsieur.«

Der Page hielt die Lifttür für uns offen und drückte auf 5 und 6, sobald wir eingestiegen waren. Als die Lifttür sich auf dem fünften Stock öffnete, sagte Susie lächelnd: »Treffen wir uns kurz vor zwanzig Uhr im Foyer?«

Ich nickte bloß, da meine Mutter mich nie gelehrt hatte, was man unter solchen Umständen tun musste.

Nachdem ich meinen Koffer ausgepackt hatte, duschte ich und warf mich auf das riesige Doppelbett. Ich schaltete den Fernseher ein und entschied mich für einen französischen Schwarzweißfilm. Ich war so sehr darin vertieft, dass ich um zehn vor acht, als ich gerade erfahren sollte, wer die Frau im Bad ermordet hatte, noch nicht angekleidet war.

Ich fluchte, schlüpfte rasch in einen Anzug, nahm mir nicht einmal Zeit für einen Blick in den Spiegel, und stürmte aus meiner Suite. Noch im Fahrstuhl fragte ich mich, wer wohl der Mörder gewesen sein mochte. Ich sprang aus dem Lift und fluchte erneut, als die Tür sich im Parterre öffnete, weil Susie bereits im Foyer auf mich wartete.

Ich muss allerdings zugeben, dass ich fast bereit war, ihr zu verzeihen, als ich sie in dem langen schwarzen Kleid sah, mit einem Schlitz an der Seite, der bei jedem Schritt einen flüchtigen Blick auf den formvollendeten Oberschenkel gewährte.

Im Taxi, auf der Fahrt zum Restaurant, erzählte sie mir lang und breit, wie schön und bequem ihr Zimmer war, und wie aufmerksam die Bedienung.

Beim Dinner – ich muss zugeben, dass die Speisen sensationell waren – plauderte sie wieder über ihre Arbeit in New York und fragte sich, ob sie je wieder nach London kommen würde. Ich bemühte mich, einen interessierten Eindruck zu machen.

Nachdem ich die Rechnung beglichen hatte, nahm sie meinen Arm und schlug vor, zu Fuß zum Hotel zurückzukehren, da es ein so schöner Abend sei und sie viel zu viel gegessen habe. Sie drückte meine Hand, und ich fragte mich, ob sie vielleicht ...

Sie hielt meine Hand den ganzen Weg. Als wir das Foyer betraten, rannte der Page sogleich zum Fahrstuhl und hielt die Tür für uns auf.

»Welche Etage, bitte?«, erkundigte er sich.

»Fünfte«, antwortete Susie fest.

»Sechste«, fügte ich zögernd hinzu.

Susie drückte mir einen Kuss auf die Wange, als der Lift auf der Fünften hielt. »Es war ein wundervoller Tag«, sagte sie und huschte davon.

Ich hätte ihr gern gesagt, dass auch mir der Tag gefallen hatte, hielt mich jedoch zurück. In dieser Nacht blieb ich lange wach und grübelte über Susies Verhalten nach. Ich kam zu dem Schluss, dass ich bloß ein kleiner Bauer in einem viel größeren Spiel war, und dass ich schließlich durch einen Läufer oder Springer vom Brett geworfen würde.

Ich weiß nicht, wann ich endlich einschlief. Jedenfalls erwachte ich um kurz vor sechs Uhr und stellte erfreut fest, dass man mir bereits *Le Figaro* unter der Tür hindurchgeschoben hatte. Ich verschlang die Zeitung von der ersten bis zur letzten Seite und erfuhr von den neuesten französischen Skandalen – von denen keiner mit Sex zu tun hatte, wie ich betonen möchte –; dann zog ich mich unter die Dusche zurück.

Gegen acht Uhr schlenderte ich ins Frühstückszimmer und sah Susie in einer Ecke sitzen und Orangensaft trinken. Sie sah wieder umwerfend aus. Da ich wusste, dass nicht ich ihr auserwähltes Opfer war, wollte ich um jeden Preis herausfinden, wer es sein sollte.

Ich setzte mich auf den Stuhl ihr gegenüber. Da keiner

von uns ein Wort redete, nahmen die anderen Gäste vermutlich an, dass wir bereits seit Jahren verheiratet waren.

»Ich hoffe, Sie haben gut geschlafen«, sagte ich schließlich nach fünfminütigem Schweigen.

»Ja, danke, Tony«, antwortete sie. »Und Sie?«, fragte sie scheinheilig.

Ich hätte hundert Antworten darauf gehabt, doch wenn ich auch nur eine geäußert hätte, würde ich nie die Wahrheit herausfinden, das wusste ich.

»Um wie viel Uhr möchten Sie die Ausstellung besuchen?«, fragte ich.

»Um zehn«, entgegnete sie fest und fügte hinzu: »Falls es Ihnen recht ist.«

»Nichts dagegen.« Ich blickte auf die Uhr. »Ich werde für neun Uhr dreißig ein Taxi bestellen.«

»Gut. Ich komme dann ins Foyer«, sagte sie. Wir benahmen uns immer mehr wie ein altes Ehepaar.

Nach dem Frühstück kehrte ich in meine Suite zurück, packte meine Sachen und ließ mich mit Albert verbinden, um ihm zu sagen, dass wir wohl keine weitere Nacht bleiben würden.

»Tut mir Leid, das zu hören, Monsieur«, bedauerte er. »Ich hoffe nur, dass es nicht an uns ...«

»Nein, Albert, es liegt nicht an Ihnen«, beruhigte ich ihn. »Falls ich je herausfinde, wessen Schuld es ist, lasse ich es Sie wissen. Ach, übrigens, ich brauche gegen neun Uhr dreißig ein Taxi zum Musée d'Orsay.«

»Ich werde mich sofort darum kümmern, Tony.«

Ich werde Sie nicht mit der banalen Konversation langweilen, zu der es während der Fahrt zwischen dem Hotel und dem Museum kam, denn es bedürfte eines viel fähigeren Erzählers als ich es bin, mir Ihre Aufmerksamkeit zu erhalten. Doch es wäre unehrlich von mir zu verschweigen, dass Picassos frühe Werke die Reise durchaus wert waren. Und ich sollte hinzufügen, dass Susies sachkundige Kommentare dafür sorgten, dass wir ständig von einer kleinen Menschenmenge umringt waren.

»Der Zeichenstift«, sagte sie, »ist das grausamste Werkzeug eines Malers, weil er nichts dem Zufall überlässt.« Sie war vor dem Porträt stehen geblieben, das Picasso von seinem auf einem Stuhl sitzenden Vater gemacht hatte. Ich war gefesselt davon und konnte mich eine ganze Weile nicht rühren.

»Das Erstaunliche an diesem Bild ist«, sagte Susie, »dass Picasso es mit sechzehn gezeichnet hat. Das beweist, dass übliche Motive ihn schon damals langweilten, noch ehe er von der Kunstschule ging. Als sein Vater es sah, der selbst Künstler war, hat er ...« Susie beendete den Satz nicht; stattdessen fasste sie plötzlich meine Hand, blickte mir tief in die Augen und sagte: »Es ist so schön, mit Ihnen zusammen zu sein, Tony.« Sie beugte sich vor, als wollte sie mich küssen.

Ich wollte gerade sagen: »Was, zum Teufel, führen Sie jetzt im Schilde?«, als ich ihn aus den Augenwinkeln sah.

»Schach«, sagte ich.

»Schach? Was meinen Sie damit?«

»Der Springer ist gerade über das Brett auf das dritte Feld vorgedrungen – oder, um genauer zu sein, über den Kanal nach Paris –, und ich habe das Gefühl, dass er gleich das Spiel beherrscht.«

»Wovon reden Sie eigentlich, Tony?«

»Ich weiß genau, wovon ich rede«, antwortete ich.

»Welch ein Zufall«, erklang eine Stimme hinter ihr.

Susie fuhr herum und täuschte überzeugendes Erstaunen vor, als sie Richard sah.

»Welch ein Zufall«, sagte auch ich.

»Ist es nicht eine großartige Ausstellung?«, rief Susie ekstatisch und ignorierte meinen Sarkasmus.

»Allerdings«, pflichtete Rachel ihr bei, die offenbar nicht informiert war, dass sie genau wie ich in diesem Spiel nur ein Bauer war und gleich von der Dame vom Spielfeld entfernt würde.

»Schön, dass wir uns so zufällig getroffen haben«, sagte Richard, »da könnten wir doch eigentlich gemeinsam zum Lunch gehen.«

»Ich fürchte, wir haben bereits andere Pläne gemacht«, entgegnete Susie und nahm wieder meine Hand.

»Aber diese Pläne lassen sich ändern, mein Schatz.« Dadurch erhoffte ich, noch eine Zeit lang auf dem Brett bleiben zu dürfen.

»Aber ohne Bestellung werden wir jetzt keinen Tisch mehr in einem einigermaßen guten Restaurant bekommen«, versuchte Susie es erneut.

»Das dürfte kein Problem sein«, versicherte ich ihr lächelnd. »Ich kenne ein kleines Bistro, in dem wir willkommen sein werden.«

Susie blickte finster, als ich mich derart aus dem Matt manövrierte, und weigerte sich, mit mir zu reden, während wir alle das Museum verließen und gemeinsam am linken Seineufer entlangspazierten. Ich unterhielt mich mit Rachel, denn ich fand, dass wir kleinen Schachfiguren zusammenhalten sollten.

Jacques warf die Arme in melodramatischer gallischer Verzweiflung hoch, als er mich an der Tür stehen sah.

»Wie viele, Monsieur Tony?«, fragte er mit einem Hauch von Resignation.

»Vier«, erwiderte ich vergnügt.

Es war die einzige Mahlzeit an diesem Wochenende, die ich aus vollem Herzen genoss. Ich unterhielt mich die meiste Zeit mit Rachel, die ein recht nettes Mädchen war, aber eben nicht an Susie herankam. Sie hatte keine Ahnung, was auf der anderen Seite des Schachbretts vor sich ging, wo die schwarze Dame gerade dabei war, ihren weißen Springer vom Brett zu werfen. Es war ein ungetrübtes Vergnügen, die taktischen Züge der Dame zu beobachten.

Während Rachel mit mir plauderte, bemühte ich mich unauffällig, aber angespannt, das Gespräch an der anderen Tischseite mitzubekommen, konnte aber nur vereinzelte Brocken verstehen.

»Wann werden Sie wieder in New York sein ...?«

»Ja, ich habe diese Reise nach Paris vor Wochen geplant ...«

»Oh, Sie werden allein nach Genf reisen ...«

»Ja, es gefiel mir auf Keswicks Party sehr ...«

»Ich habe Tony in Paris getroffen. Nur einer von vielen Zufällen, ich kenne ihn ja praktisch gar nicht ...«

Stimmt, dachte ich. Tatsächlich genoss ich ihren bühnenreifen Auftritt so sehr, dass es mir nicht einmal etwas ausmachte, die Rechnung zu bezahlen.

Nachdem wir uns verabschiedet hatten, schlenderten Susie und ich an der Seine entlang zurück, aber nicht Hand in Hand. Ich ließ mir Zeit, bis Richard und Rachel außer Sicht waren, ehe ich stehen blieb und Susie zur Rede stellte. Eins muss man ihr lassen: Sie sah angemessen schuldbewusst aus, als sie darauf wartete, dass ich ihr die Meinung sagte.

»Ich fragte Sie gestern nach dem Lunch, ›Wenn Sie jetzt alles tun könnten, was Sie sich wünschen, was würden Sie dann tun?‹ Wie sähe Ihre Antwort nun aus?«

Zum ersten Mal an diesem Wochenende wirkte Susie unsicher.

»Ich versichere Ihnen«, fügte ich hinzu, während ich in ihre blauen Augen blickte, »dass nichts mich überraschen oder beleidigen wird, was immer Sie jetzt auch sagen.«

»Ich möchte ins Hotel zurück, meinen Koffer packen und zum Flughafen.«

»In Ordnung.« Ich trat auf die Straße und winkte ein Taxi heran.

Auf der Fahrt zum Hotel sprach Susie kein Wort. Nach unserer Ankunft verschwand sie sofort nach oben, während ich die Rechnung bezahlte und darum bat, dass meine bereits gepackten Sachen heruntergebracht wurden.

Doch selbst da noch – ich muss es gestehen –, wünschte ich mir, dass mein Name Richard wäre, als Susie aus dem Fahrstuhl stieg und mich anlächelte.

Zu Susies Überraschung begleitete ich sie zum Charles de Gaulle und erklärte ihr, dass ich mit der nächsten Maschine nach London zurückkehren würde. Wir verabschiedeten uns mit einer Umarmung, die besagte: »Vielleicht sehen wir uns wieder, aber vielleicht umarmen wir uns dann nicht.«

Ich winkte ihr und ging davon, konnte aber nicht widerstehen, über die Schulter zu schauen, um festzustellen, zu welcher Fluggesellschaft sie ging.

Sie stellte sich an der Schlange von dem Schalter der Swissair an. Ich lächelte und ging zum Schalter der British Airways.

Sechs Jahre sind seit diesem Wochenende in Paris vergangen, und ich bin Susie in dieser Zeit nicht mehr begegnet. Allerdings hörte ich hin und wieder ihren Namen bei Dinner-Partys.

Ich erfuhr, dass sie Redakteurin bei *Art Nouveau* geworden war und einen Engländer namens Ian geheiratet hatte, der in der Sportartikel-Promotion tätig war. Nach ihrer Affäre mit einem amerikanischen Banker, wie jemand erwähnte.

Zwei Jahre später hörte ich, dass sie einen Sohn und später eine Tochter bekommen hatte, doch niemand schien deren Namen zu wissen. Und schließlich, vor etwa einem Jahr, las ich in einer der Klatschspalten von ihrer Scheidung.

Dann, völlig unerwartet, rief Susie mich an und schlug vor, dass wir uns zu einem Drink treffen. Als sie mir den Ort nannte, wusste ich, dass sie noch immer so unverfroren war wie damals. Ich hörte mich Ja sagen, und fragte mich, ob ich sie wiedererkennen würde.

Als ich sie die Treppe der Tate-Galerie heraufkommen sah, wurde mir bewusst, dass ich als Einziges vergessen hatte, wie schön sie war – und jetzt erschien sie mir sogar noch aufregender als früher.

Wir waren erst wenige Minuten in der Galerie, als ich wieder erkannte, wie gern ich ihr zuhörte, wenn sie über ihr Lieblingsthema sprach. Ich war mit Damien Hirst nie so richtig warm geworden und hatte mich erst vor kurzem zu der Ansicht durchgerungen, dass Warhol und Lichtenstein mehr als nur Zeichner waren. Doch nach Verlassen der Ausstellung betrachtete ich ihre Werke in völlig neuem Licht.

Ich hätte wahrscheinlich nicht erstaunt sein sollen, dass Susie zum Lunch einen Tisch im Tate-Restaurant bestellt hatte, und auch nicht, dass sie unser Wochenende in Paris mit keinem Wort erwähnte. Doch beim Kaffee fragte sie: »Wenn Sie jetzt alles tun könnten, was Sie sich wünschen, was würden Sie dann tun?«

»Das Wochenende in Paris mit Ihnen verbringen«, antwortete ich lachend.

»Dann tun wir's doch«, sagte sie. »Im Centre Pompidou ist eine Hockney-Ausstellung, die hervorragende Kritiken bekommen hat, und ich kenne ein nettes kleines Hotel, in dem ich schon seit Jahren nicht gewesen bin – ganz zu schweigen von einem Restaurant, das dafür sorgt, nicht in einem Reiseführer für gewöhnliche Touristen erwähnt zu werden.«

Ich habe es immer für wenig gentlemanlike gehalten, wenn ein Mann von einer Dame spricht, als wäre sie lediglich eine Eroberung oder eine Trophäe, doch als ich Susie am nächsten Montag hinterherschaute, wie sie auf dem Flugsteig zu ihrem Jet nach New York verschwand, war dieser magische Augenblick all die Jahre des Wartens wert.

Seither hat sie sich nicht mehr mit mir in Verbindung gesetzt.

UMSONST IST DER TOD ...

Jake wählte langsam die Nummer, wie er es fast jeden Tag gegen achtzehn Uhr tat, seit sein Vater dahingeschieden war. Die nächsten fünfzehn Minuten lehnte er sich zurück, um zuzuhören, was seine Mutter an diesem Tag alles getan hatte.

Sie führte ein so nüchternes, geordnetes Leben, dass sie ihm selten etwas Interessantes erzählen konnte. Schon gar nicht an einem Samstag. Jeden Vormittag trank sie Kaffee mit ihrer ältesten Freundin, Molly Schultz, und an manchen Tagen saßen sie bis zum Mittag zusammen. An jedem Montag, Mittwoch und Freitag spielte sie Bridge mit den Zaccharis, die auf der anderen Straßenseite wohnten. Und jeden Dienstag und Donnerstag besuchte sie ihre Schwester Nancy.

An den Samstagen ruhte sie sich von ihrer anstrengenden Woche aus. Ihre einzige nennenswerte Beschäftigung an diesem Tag war, sich nach dem Lunch die umfangreiche Sonntagsausgabe der *Times* zu besorgen – eine von diesen merkwürdigen New Yorker Traditionen, doch sie verschaffte ihr die Chance, ihren Sohn zu beraten, welche Storys er am folgenden Tag zumindest überfliegen sollte.

Jakes Repertoire beim abendlichen Gespräch setzte sich aus einigen, dem betreffenden Tag angepassten Fragen zusammen. Montag, Mittwoch und Freitag: Wie war dein Bridge? Wie viel hast du gewonnen? Oder verloren? Dienstag und Donnerstag: Wie geht es Tante Nancy? Wirklich? So schlimm? Und Samstag: Irgendetwas Interessantes in der *Times,* mit dem ich mich morgen beschäftigen sollte?

Aufmerksame Leser werden darauf hinweisen, dass jede Woche sieben Tage hat, und sie möchten sicher wissen, was Jakes Mutter am Sonntag tat. Nun, an den Sonntagen war sie immer zum Lunch bei Jake und seiner Familie eingeladen; deshalb war es unnötig, dass er sie an diesem Abend anrief.

Jake wählte die letzte Zahl der Telefonnummer und wartete, dass seine Mutter sich meldete. Er hatte sich bereits auf ihren Hinweis vorbereitet, wonach er in der morgigen *New York Times* Ausschau halten sollte. Gewöhnlich läutete ihr Telefon dreimal, bevor sie den Hörer abnahm, denn so lange brauchte sie, von ihrem Sessel am Fenster zum Apparat an der anderen Seite des Zimmers zu gelangen. Als das Telefon vier-, fünf-, sechs-, siebenmal klingelte, fragte er sich, ob sie vielleicht ausgegangen war. Doch das war unmöglich. Nach achtzehn Uhr war sie nie außer Haus, weder im Sommer noch im Winter. Ihr Tagesablauf war so perfekt verplant, dass ein Feldwebel davon nur träumen könnte.

Endlich hörte Jake ein Klicken. Er wollte gerade sagen: »Hi, Mom, ich bin's, Jake«, als er eine Stimme vernahm, die ganz gewiss nicht die seiner Mutter war und die sich offenbar mitten in einer angeregten Unterhaltung befand. Er vermutete, dass er durch eine technische Panne in ein fremdes Gespräch hineingeraten war, und wollte schon auflegen, als eine Stimme sagte: »Es sind 100.000 Dollar für dich drin. Du brauchst sie nur abzuholen. Sie sind in einem Umschlag im Billy's.«

»Und wo ist dieses Billy's?«, fragte eine andere Stimme.

»An der Ecke Oak Street und Randall. Man erwartet dich gegen neunzehn Uhr.«

Jake bemühte sich, den Atem anzuhalten, und kritzelte die Adresse rasch auf den Notizblock neben dem Telefon.

»Und wie sollen die Leute dort wissen, dass der Umschlag wirklich für mich ist?«, erkundigte sich die zweite Stimme.

»Du verlangst eine *New York Times* und gibst dem Verkäufer einen Hundertdollarschein. Er wird dir einen Vierteldollar herausgeben, als hättest du ihm nur einen Dollar zugeschoben. Auf diese Weise wird niemand misstrauisch, falls außer euch überhaupt jemand in dem Laden ist. Öffne den Umschlag erst an einem sicheren Ort – in New York gibt's gefährliche Leute, die gern die 100.000 Dollar in die Finger kriegen wollen. Und was immer du tust, setz dich nie wieder mit mir in Verbindung. Das nächste Mal wird es kein Geld sein, das dich erwartet.«

Dann war die Leitung tot.

Jake legte auf. Er hatte ganz vergessen, dass er seine Mutter anrufen wollte.

Er ließ sich in einen Sessel fallen und überlegte, was er tun sollte. Ellen, seine Frau, war mit den Kindern ins Kino gegangen, wie fast jeden Samstagabend; sie würden nicht vor einundzwanzig Uhr zurück sein. Sein Abendessen stand im Mikrowellenherd, mit einem Zettel darauf, wie viele Minuten er den Herd einschalten musste. Er gab immer eine Minute drauf.

Jake ertappte sich dabei, durchs Telefonbuch zu blättern, bis er beim B war. Bi ... Bil ... Billy's. Und da war die Adresse: 1127 Oak Street. Jake klappte das Buch zu und ging in sein Arbeitszimmer, wo er im Bücherregal hinter seinem Schreibtisch nach einem Straßenatlas von New York suchte. Er fand ihn eingekeilt zwischen *Elisabeth Schwarzkopfs Memoiren* und *Wie man mindestens zehn Kilo abnehmen kann, wenn man über vierzig ist.*

Er wandte sich dem alphabetischen Straßenverzeichnis zu, fand die Oak Street und blätterte zum angegebenen Netzquadrat. Wenn er dorthin wollte, würde er bis zur West Side etwa eine halbe Stunde brauchen. Ein Blick auf die Uhr: 18.14. Was sollte das überhaupt? Er hatte nicht die Absicht, sich irgendwohin zu begeben. Außerdem hatte er keine hundert Dollar.

Jake zog seine Brieftasche aus der Jacke und zählte bedächtig die Scheine: 37 Dollar. Dann ging er zur Küche, um in Ellens Haushaltskasse nachzuschauen. Die Schatulle war verschlossen, und er konnte sich nicht erinnern, wo Ellen den Schlüssel aufbewahrte. Er holte einen Schraubenzieher aus der Lade neben dem Herd und brach die Kasse auf. Weitere 22 Dollar. Er stapfte in der Küche auf und ab und überlegte. Schließlich begab er sich ins Schlafzimmer und schaute in allen Taschen seiner Jacken und Hosen nach. Die gesamte Ausbeute betrug 1,75 Dollar in Münzen. Im Zimmer seiner Tochter hatte er ein bisschen mehr Glück. Aus Hesters Sparschwein schüttelte er den gesamten Inhalt auf die Bettlaken: 6,75 Dollar.

Er setzte sich aufs Bett und überlegte fieberhaft. Plötzlich fiel ihm die Fünfzigdollarnote ein, die er für Notfälle bei seinem Führerschein aufbewahrte. Alles zusammen ergab 117,50 Dollar.

Wieder blickte Jake auf die Uhr: 18.23. Er würde sich in der West Side umsehen, nichts weiter.

Er schlüpfte in seinen ältesten Mantel und machte

sich auf den Weg, nicht ohne beim Verlassen der Wohnung alle drei Schlösser zu sichern. Er drückte auf den Fahrstuhlknopf, aber es tat sich nichts. Offenbar funktionierte der Lift wieder einmal nicht, also rannte Jake die Treppe hinunter. Auf der anderen Straßenseite befand sich eine Bar, wo er sich oft einen Schluck genehmigte, wenn Ellen mit den Kindern im Kino war.

Der Barkeeper lächelte ihn an. »Das Übliche, Jake?«, fragte er ein wenig überrascht, als er sah, dass Jake für die paar Schritte über die Straße einen Wintermantel trug.

»Nein, danke«, antwortete Jake betont gleichmütig. »Ich wollte nur fragen, ob du einen Hunderter hast.«

»Ich bin mir nicht sicher«, erwiderte der Barkeeper. Er wühlte in einem Haufen Scheine; dann wandte er sich wieder Jake zu. »Du hast Glück, einer ist dabei.«

Jake gab ihm den Fünfziger, einen Zwanziger, zwei Zehner und zehn Eindollarscheine und erhielt dafür den Hunderter. Er faltete ihn viermal zusammen, steckte ihn in die Brieftasche und schob sie in seine Jacke zurück. Dann verließ er die Bar.

Er schlenderte zwei Blocks bis zu einer Bushaltestelle. Vielleicht komme ich zu spät, dachte er, dann löst sich das Problem von selbst. Ein Bus hielt. Jake stieg ein, bezahlte und setzte sich auf einen der hinteren Plätze. Er wusste immer noch nicht recht, was er tun sollte, als der Bus schließlich in der West Side hielt.

Er war so tief in Gedanken versunken, dass er seine Haltestelle übersah und fast einen Dreiviertelkilometer zur Oak Street zurückgehen musste. Er las die Hausnummern. Bis zur Kreuzung Oak Street und Randall waren es noch etwa drei oder vier Querstraßen.

Je näher er kam, desto langsamer wurden seine Schritte. Doch plötzlich war er an der nächsten Ecke, und auf dem weiß-grünen Schild in halber Höhe eines Laternenpfahls stand »Randall Street«.

Jake sah rasch nach allen vier Ecken der Straße; dann blickte er erneut auf die Uhr: 18.49.

Während er auf die andere Straßenseite starrte, betraten mehrere Personen Billy's und verließen es wieder. Die Ampel wechselte auf Grün, und eingekeilt zwischen anderen Fußgängern überquerte Jake die Straße.

Wieder schaute er auf die Uhr: 18.51. Er blieb innen an Billy's Tür stehen. Hinter dem Ladentisch stapelte ein Mann Zeitungen auf. Er trug ein schwarzes T-Shirt und Jeans, war um die vierzig, etwa einsachtzig groß und mit der Figur eines durchtrainierten Kraftsportlers.

Ein Kunde streifte Jake beim Eintreten. Er verlangte eine Schachtel Marlboro. Während der Mann hinter dem Ladentisch ihm sein Wechselgeld herausgab, trat Jake in den Laden und tat so, als interessiere er sich für die Magazine in einem Regal.

Als der Marlborokunde sich zum Gehen wandte, schob Jake die Hand in die Jackentasche, holte seine Brieftasche hervor und berührte die Ecke des Hunderters. Sobald der Kunde den Laden verlassen hatte, steckte Jake die Brieftasche zurück und behielt den Hunderter in der Hand.

Der Mann hinter dem Ladentisch wartete gleichmütig, während Jake den Schein auseinander faltete.

»Die *Times*«, hörte Jake sich sagen, als er den Hunderter auf den Ladentisch legte.

Der Mann im schwarzen T-Shirt blickte auf das Geld, dann auf seine Uhr. Er schien kurz zu zögern, ehe er unter den Tisch langte. Jake erstarrte bei dieser Bewegung, bis ein langes, dickes, weißes Kuvert zum Vorschein kam. Der Mann schob es in den Börsenteil der

Zeitung, die er Jake mit unbewegtem Gesicht reichte; dann griff er nach dem Hunderter, tippte fünfundsiebzig Cent in die Registrierkasse ein und gab Jake einen Vierteldollar Wechselgeld. Jake drehte sich um und eilte aus dem Laden. Dabei rempelte er einen kleinen Mann an, der so nervös aussah, wie Jake sich fühlte.

Jake rannte die Oak Street entlang und blickte immer wieder über die Schulter, um zu sehen, ob jemand ihm folgte. Als ein Yellow Cab in seine Richtung kam, winkte er dem Fahrer, stehen zu bleiben.

»Zur East Side«, wies er den Taxifahrer an. Während der Mann das Taxi wieder in den Verkehr einreihte, zog Jake den Umschlag aus der dicken Zeitung und steckte ihn in eine Innentasche. Er konnte sein Herz pochen hören. Die nächsten fünfzehn Minuten verbrachte er hauptsächlich damit, besorgt aus dem Rückfenster des Taxis zu starren.

Als er rechts voraus einen U-Bahn-Eingang entdeckte, bat er den Fahrer, am Bürgersteig zu halten. Er gab ihm einen Zehndollarschein und sprang aus dem Taxi, ohne auf sein Wechselgeld zu warten. Er rannte die Stufen zur U-Bahn-Station hinunter und tauchte kurz darauf auf der anderen Straßenseite wieder auf. Dann winkte er ein Taxi heran, das in die Gegenrichtung fuhr. Diesmal gab er dem Fahrer seine Adresse. Er beglückwünschte sich zu dieser kleinen List, die er Gene Hackman im Film der Woche abgeschaut hatte.

Nervös betastete er seine Innentasche, um sich zu vergewissern, dass der Umschlag noch da war. Da er überzeugt war, dass niemand ihm folgte, starrte er diesmal auch nicht aus dem Rückfenster. Er hätte schrecklich gern einen Blick in den Umschlag geworfen, doch dafür war noch genügend Zeit, wenn er sich ungestört in seiner Wohnung befand. Er blickte auf die Uhr: 19.21. Ellen und die Kinder würden frühestens in einer halben Stunde zurück sein.

»Sie können mich fünfzig Meter weiter links absetzen«, sagte Jake zum Taxifahrer. Er war froh, wieder hier zu sein, wo er sich auskannte. Vorsichtshalber warf er noch einen Blick durchs Rückfenster, als der Fahrer hielt. Jake bezahlte ihn mit dem Kleingeld, das er aus dem Sparschwein seiner Tochter geschüttelt hatte, stieg aus und ging so gleichmütig wie möglich ins Haus. Im Innern drückte er mit der Handfläche auf den Fahrstuhlknopf. Er funktionierte immer noch nicht. Fluchend und keuchend rannte er die sieben Treppen zu seiner Wohnung hinauf, doch mit jeder Etage wurde er langsamer, bis er schließlich vor seiner Wohnungstür stand. Atemlos öffnete er die drei Schlösser und stolperte fast ins Innere. Rasch knallte er die Tür hinter sich zu; dann lehnte er sich an die Wand, bis er wieder zu Atem kam.

Gerade als er den Umschlag aus der Innentasche zog, läutete das Telefon. Sein erster Gedanke war, dass sie ihn doch irgendwie aufgespürt hatten und ihr Geld zurückhaben wollten. Er starrte das Telefon einen Augenblick an, dann hob er nervös ab.

»Hallo, Jake, bist du's?«

Da erinnerte er sich. »Ja, Mom.«

»Du hast nicht angerufen«, rügte sie ihn.

»Es tut mir Leid, Mom. Ich hab schon, aber ...« Er beschloss, ihr gar nicht zu erklären, weshalb er es kein zweites Mal versucht hatte.

»Seit einer Stunde versuche ich dich zu erreichen. Warst du weg?«

»Nur in der Bar gegenüber. Ich gehe manchmal dorthin, wenn Ellen mit den Kindern im Kino ist.«

Er legte das Kuvert neben sich und hätte nichts lieber getan, als das Gespräch zu beenden, doch ihm war natürlich klar, dass er erst die übliche Samstagabend-Routine hinter sich bringen musste.

»Irgendwas Interessantes in der *Times,* Mom?«, fragte er viel zu schnell.

»Nicht viel«, antwortete sie. »Es sieht aus, als würde Hillary die Nominierung der Demokraten in den Senat gewinnen, aber ich werde trotzdem Giuliani wählen.«

»Er hat's immer gut gemacht, und daran wird sich auch nichts ändern«, wiederholte Jake den so oft gehörten Kommentar seiner Mutter über den Oberbürgermeister. Er hob den Umschlag auf und drückte ihn, um festzustellen, wie 100.000 Dollar sich anfühlten.

»Sonst noch was, Mom?«, versuchte er, ihre Ausführungen zu beschleunigen.

»Im Feuilleton steht ein Artikel über Witwen, die mit Siebzig ihren Sexgelüsten freien Lauf lassen. Sobald ihre Männer im Grab liegen, lassen sie sich Hormone geben, um ihr Liebesleben auszukosten. Eine soll gesagt haben: ›Ich versuche nicht, das nachzuholen, was ich versäumt habe, ich will mir einen neuen Mann einfangen.‹«

Während er zuhörte, öffnete Jake eine Ecke des Kuverts.

»Ich würde es selbst versuchen«, gestand seine Mutter, »aber ich kann es mir nicht leisten, mein Gesicht liften zu lassen, was offenbar unverzichtbar dafür ist.«

»Mom, ich glaube, Ellen und die Kinder sind vor der Tür. Ich mach jetzt lieber Schluss.«

»Aber ich habe dir noch nicht von dem faszinierenden Artikel erzählt, den ich gelesen habe.«

»Ich höre«, sagte Jake abwesend und öffnete behutsam den Umschlag.

»Es ist eine Geschichte über eine neue Masche, die irgendwelchen Leuten in Manhattan eingefallen ist. Ich frage mich, welche Tricks sie sich als Nächstes ausdenken, um die Leichtgläubigen um ihr Geld zu bringen.«

Das Kuvert war halb offen.

»Ein paar Schwindler haben eine Möglichkeit gefunden, die Telefonleitung anzuzapfen, während jemand gerade eine Nummer wählt ...«

Noch ein paar Zentimeter, und Jake konnte den Inhalt des Umschlags auf den Tisch leeren.

»Man meint dann, dass man ein Gespräch mithört.«

Jake nahm den Finger aus dem Umschlag und hörte seiner Mutter plötzlich sehr viel aufmerksamer zu.

»Dann führen sie ihr Opfer mit einem gut ausgedachten Gespräch in Versuchung.«

Schweiß trat Jake auf die Stirn, als er auf den fast geöffneten Umschlag starrte.

»Sie machen einen glauben, dass man nur einen 100-Dollar-Schein zum anderen Ende der Stadt bringen muss, und man bekommt ein Kuvert mit 100.000 Dollar dafür.«

Jake wurde übel, als er daran dachte, wie bereitwillig er sich von seinen 100 Dollar getrennt hatte und wie er auf diese Betrüger hereingefallen war.

»Sie treiben ihren Schwindel in Tabakläden und Zeitschriftenhandlungen«, fuhr seine Mutter fort.

»Und was ist in dem Umschlag?«

»Also wirklich – die machen das richtig schlau«, antwortete seine Mutter. »Sie stecken eine Broschüre mit Tipps hinein, wie man schnell zu 100.000 Dollar kommt. Und das ist nicht mal illegal, weil der darauf angegebene Preis 100 Dollar beträgt. Sehr gerissen, das muss man denen lassen!«

Ich bin darauf hereingefallen, Mom, wollte Jake sagen; stattdessen schmetterte er den Hörer auf die Gabel und starrte auf den Umschlag.

Es läutete an der Wohnungstür. Ellen und die Kinder mussten aus dem Kino zurück sein, und Ellen hatte offenbar wieder einmal den Schlüssel nicht eingesteckt.

Wieder läutete es.

»Okay, okay, ich komm ja schon!«, rief Jake. Er packte das Kuvert, denn er war entschlossen, keine Beweise seiner Leichtgläubigkeit zu hinterlassen. Als es zum dritten Mal läutete, rannte er damit in die Küche, öffnete den Müllschlucker, dessen Schacht zum Verbrennungsofen führte, und warf den Umschlag hinein.

Die Glocke klingelte hartnäckig weiter, diesmal ohne Unterbrechung. Jemand musste den Finger darauf gedrückt halten.

Jake rannte zur Tür, riss sie auf und sah sich drei kräftigen Männern gegenüber. Das Muskelpaket im schwarzen T-Shirt sprang herein und drückte Jake ein Messer an die Kehle, während die anderen beiden ihn an den Armen packten. Die Tür knallte hinter ihnen zu.

»Wo ist es?«, rief das Muskelpaket.

»Wo ist was?«, krächzte Jake. »Ich weiß nicht, wovon Sie reden ...«

»Verarsch uns nicht!«, brüllte der zweite Mann. »Wir wollen unsere 100.000 Dollar zurück!«

»Aber es war kein Geld im Umschlag, nur eine Broschüre. Ich hab das Zeug in den Müllschlucker geworfen. Hören Sie selbst.«

Das Muskelpaket im schwarzen T-Shirt legte den Kopf schräg, während die beiden anderen schwiegen. Aus der Küche kam ein reißendes Knirschen.

»Okay, dann wirst du den gleichen Weg nehmen«, drohte der Muskelprotz mit dem Messer. Er nickte, und die zwei anderen hoben Jake hoch wie einen Sack Kartoffeln und schleppten ihn zur Küche.

Im gleichen Moment, als Jakes Kopf im Müllschlucker verschwand, läuteten Telefon und Türglocke ...

SELBSTLOSE MÜHEN

Es begann alles ganz harmlos, als Henry Pascoe, der Erste Sekretär des britischen Hochkommissariats auf Aranga, einen Anruf von Bill Paterson entgegennahm, Direktor der Barclays Bank. Es war spätnachmittags an einem Freitag; Henry hoffte, dass Bill anrief, um ihn für den nächsten Morgen zu einer Partie Golf oder am Sonntag zum Lunch zu sich und seiner Frau Sue einzuladen. Doch kaum hörte Henry die Stimme am anderen Ende, wusste er, dass es sich um einen offiziellen Anruf handelte.

»Wenn du am Montag das Konto des Hochkommissariats überprüfst, wirst du feststellen, dass eine größere Summe als üblich gutgeschrieben wurde.«

»Gibt es dafür einen bestimmten Grund?«, erkundigte Henry sich in seinem förmlichsten Tonfall.

»Einen ganz einfachen Grund, alter Junge«, antwortete der Bankdirektor. »Der Wechselkurs ist über Nacht zu euren Gunsten gestiegen. Das ist immer so, wenn es Gerüchte über einen Staatsstreich gibt«, fügte er nüchtern hinzu. »Ruf mich am Montag an, falls dir etwas unklar ist.«

Henry überlegte, ob er Bill fragen sollte, was er morgen von einer Partie Golf hielt, ließ es dann aber.

Es war Henrys erste Erfahrung mit einem Gerücht über einen Staatsstreich, und der Wechselkurs war nicht der einzige Grund, der ihm das Wochenende vermieste. Am Freitagabend erschien das Staatsoberhaupt, General Olangi, in Paradeuniform im Fernsehen und machte die gesetzestreuen Bürger von Aranga darauf aufmerksam, dass es sich – aufgrund von Unruhen unter einer kleinen Gruppe von Abweichlern in den Streitkräften – als notwendig erwiesen hatte, eine Ausgangssperre über die Insel zu verhängen. Doch er hoffe, so Olangi, dass in wenigen Tage wieder Ruhe eingekehrt sei.

Am Samstagmorgen schaltete Henry den BBC World Service ein, um herauszufinden, was auf Aranga wirklich vorging. Der BBC-Korrespondent, Roger Parnell, war immer besser informiert als die beiden lokalen Fernseh- und Radio-Stationen, welche die Bürger der Insel lediglich alle paar Minuten davor warnten, sich tagsüber auf die Straße zu begeben, weil sie sich sonst der Gefahr der Festnahme aussetzten. Und falls sie so dumm waren, sich nachts hinauszuwagen, mussten sie damit rechnen, ohne Vorwarnung erschossen zu werden.

Das verhinderte natürlich eine Golfpartie am Samstag oder einen Lunch mit Bill und Sue am Sonntag. Henry verbrachte ein ruhiges Wochenende mit Lesen. Er nahm sich auch endlich einmal die unbeantworteten Briefe aus England vor, räumte alles Unnötige aus dem Kühlschrank und säuberte schließlich jene Teile seiner Junggesellenwohnung, über die seine Haushaltshilfe scheinbar immer großzügig hinwegsah.

Am Montagmorgen war das Staatsoberhaupt immer noch in Amt und Würden; die Palastrevolution hatte offensichtlich nicht stattgefunden. Das BBC meldete die Verhaftung mehrerer junger Offiziere; zwei von ihnen, so ging das Gerücht, hatte man hingerichtet. General

Olangi ließ sich wieder auf dem Bildschirm sehen und erklärte, die Ausgangssperre sei aufgehoben.

Als Henry an diesem Tag etwas später in seinem Büro erschien, stellte er fest, dass seine Sekretärin Shirley, die schon lange im Hochkommissariat arbeitete und für die ein Staatsstreich nichts Neues war, bereits seine Post geöffnet und sortiert auf seinen Schreibtisch gelegt hatte. Es gab ein paar Briefe im Korb »Dringend, zur sofortigen Erledigung«, einen größeren Stoß im Korb »Zur weiteren Erledigung«, und einen weitaus größeren Stoß im Korb »Zur Durchsicht und Ablage«.

Der Zeitplan für den bevorstehenden Besuch des Unterstaatssekretärs im Außenministerium lag obenauf im Korb »Dringend, zur sofortigen Erledigung«, obwohl der Minister sich bloß deshalb in St. George sehen ließ, der Hauptstadt Arangas, weil sein Jet auf dem Rückflug von Jakarta nach London hier auftanken konnte. Es gab nur wenige Personen, die das winzige Protektorat Aranga besuchten, wenn sie nicht auf dem Weg von irgendwoher oder nach irgendwohin waren.

Dieser Minister, Mr Will Whiting – im Außenministerium als »Witless Will« verschrien, als »kopfloser Will« – würde bei der nächsten Kabinettsumbildung durch einen engagierteren Politiker abgelöst werden, wie die *Times* ihren Lesern versicherte. Da Whiting jedoch in der Residenz des Hochkommissars übernachten würde, hielt Henry das für eine gute und vielleicht seine einzige Gelegenheit, eine ministerielle Entscheidung für das Schwimmbadprojekt zu bekommen. Henry war regelrecht versessen darauf, die Arbeit am Schwimmbad zu beginnen, das die Kinder hier so dringend benötigten. In einem ausführlichen Memorandum hatte er das Außenministerium daran erinnert, dass es seine Zusage gegeben hatte, nachdem Prinzessin Margaret vor vier Jahren in Aranga gewesen war, um den Grundstein für das Schwimmbad zu legen. Henry fürchtete, dass das Projekt im Außenministerium zu den Akten gelegt worden war, sodass er immer wieder darauf hinweisen musste, um zu verhindern, dass die Sache in Vergessenheit geriet.

Im zweiten Korb lag der von Bill Paterson versprochene Kontoauszug, der bestätigte, dass das Konto des Hochkommissariats mehr Geld aufwies als erwartet – 1123 Kora, um genau zu sein –, da es am Wochenende nicht zum Staatsstreich gekommen war. Henry interessierte sich nicht sonderlich für die finanziellen Belange des Protektorats, doch als Erster Sekretär war es seine Pflicht, jeden Scheck im Namen der Regierung Ihrer Majestät gegenzuzeichnen.

Im Korb »Zur weiteren Erledigung« lag nur noch ein nennenswertes Schreiben: Eine Bitte, Henry möge im November, beim jährlichen Dinner des Rotary Clubs, eine Rede halten. Jedes Jahr wurde erwartet, dass ein Angehöriger des Hochkommissariats dies auf sich nahm. Offenbar war Henry diesmal an der Reihe. Er stöhnte, zeichnete das Schreiben jedoch an der rechten oberen Ecke ab.

Im Korb »Zur Durchsicht und Ablage« befand sich nur der übliche Kram: kostenlose Angebote für irgendetwas Unnötiges, Rundschreiben sowie Einladungen zu Veranstaltungen, an denen kein Mitarbeiter des Hochkommissariats je teilnahm. Henry machte sich nicht einmal die Mühe, das Zeug durchzublättern, sondern wandte seine Aufmerksamkeit wieder dem Korb »Dringend, zur sofortigen Erledigung« zu und beschäftigte sich mit dem Zeitplan für den Minister.

27. August

15.30 Uhr: Mr Will Whiting vom Außenministerium am Flugplatz empfangen durch den Hochkommissar, Sir David Fleming, und den Ersten Sekretär, Mr Henry Pascoe.

16.30 Uhr: Tee im Hochkommissariat mit dem Hochkommissar und Lady Fleming.

18.00 Uhr: Besuch des Queen Elizabeth College, wo der Minister den Absolventen Preise überreichen wird (Rede anbei).

19.00 Uhr: Cocktailparty im Hochkommissariat. Ca. hundert Gäste (Liste anbei).

20.00 Uhr: Dinner mit General Olangi in der Victoria-Kaserne (Rede anbei).

Henry blickte auf, als seine Sekretärin das Büro betrat. »Shirley, wann kann ich dem Minister den Bauplatz für das Schwimmbad zeigen? Auf seinem Zeitplan ist die Besichtigung nicht aufgeführt.«

»Ich habe für morgen Vormittag, auf seiner Rückfahrt zum Flugplatz, fünfzehn Minuten dafür eingeschoben.«

»Fünfzehn Minuten, um etwas zu besprechen, das das Leben von tausend Kindern beeinflusst!«, murmelte Henry und schaute wieder auf den Zeitplan des Ministers. Er drehte die Seite um.

28. August

08.00 Uhr: Frühstück in der Residenz mit dem Hochkommissar und führenden einheimischen Geschäftsleuten (Rede anbei).

09.00 Uhr: Abfahrt zum Flugplatz.

10.30 Uhr: British Airways Flug 0177 nach London Heathrow.

»Es steht nicht mal auf seiner Liste!«, brummte Henry und blickte seine Sekretärin an.

»Ich weiß«, antwortete Shirley, »aber der Hochkommissar ist der Meinung, dass der Minister sich bei einem so kurzen Halt auf das Vorrangige konzentrieren sollte.«

»Zum Beispiel auf den Tee mit der Gemahlin des Hochkommissars«, schnaubte Henry. »Kümmern Sie sich darum, dass er rechtzeitig zum Frühstück kommt und dass der Absatz, den ich Ihnen am Freitag über die Zukunft des Schwimmbads diktiert habe, in seine Rede eingefügt ist.« Henry stand von seinem Schreibtisch auf. »Ich habe die Briefe durchgeblättert. Ich fahre jetzt in die Stadt und sehe nach, in welchem Zustand sich das Schwimmbadprojekt befindet.«

»Ach, übrigens«, sagte Shirley, »Roger Parnell, der BBC-Korrespondent, hat gerade angerufen. Er würde gern wissen, ob der Minister während seines Aranga-Besuchs irgendeine offizielle Erklärung abgeben wird.«

»Das wird er. Rufen Sie Parnell zurück, und sagen Sie es ihm. Und faxen Sie ihm die Frühstücksrede des Ministers. Unterstreichen Sie den Absatz über das Schwimmbad.«

Henry verließ sein Büro und stieg in seinen kleinen Austin Mini. Die Sonne schien heiß auf das Wagendach. Obwohl beide Fenster offen waren, geriet Henry bereits nach ein paar hundert Metern ins Schwitzen. Mehrere Einheimische winkten ihm zu, als sie den Mini und den

Diplomaten aus England erkannten, der offenbar aufrichtig an ihrem Wohlergehen interessiert war.

Henry parkte den Wagen hinter der Kathedrale, die man in England als Pfarrkirche bezeichnet hätte, und stieg aus. Die dreihundert Meter bis zu dem Platz, der für das Schwimmbad vorgesehen war, ging er zu Fuß. Wie immer fluchte er, als er das Stück kahlen Ödlands sah. Die Kinder von Aranga hatten sehr wenige Sportanlagen: einen steinharten Fußballplatz, der jedes Jahr am 1. Mai zum Kricketplatz umfunktioniert wurde; ein Rathaus, dessen großer Saal als Basketballhalle diente, wenn nicht gerade eine Sitzung stattfand, sowie einen Tennis- und einen Golfplatz, deren Benutzung Einheimischen strikt untersagt war. Die Kinder durften nicht einmal durch den Eingang, es sei denn, sie mussten die Einfahrt kehren. In der knapp einen Kilometer entfernten Victoria-Kaserne unterhielt die Armee eine Sporthalle und ein halbes Dutzend Squashplätze, die jedoch nur von Offizieren und deren Gästen benutzt werden durften.

Henry beschloss, die Fertigstellung des Schwimmbads zu seinem persönlichen Anliegen zu machen, bevor das Außenministerium ihn in ein anderes Land versetzte. Er würde seine Rede vor dem Rotary Club dazu nutzen, die Mitglieder für das Vorhaben zu begeistern. Er musste sie dazu bringen, das Schwimmbadprojekt zu ihrer Wohltätigkeitskampagne des Jahres zu wählen – unter der Federführung Bill Patersons, der diese Sache in die Hand nehmen musste. Schließlich war er als Direktor der Bank und Kassierer des Rotary Clubs prädestiniert dafür.

Doch zuerst kam der Besuch des Ministers. Henry ließ sich noch einmal durch den Kopf gehen, was er dem Minister gegenüber vorbringen wollte und erinnerte sich daran, dass er nur fünfzehn Minuten hatte, Witless Will zu überreden, Gelder des Außenministeriums für das Schwimmbadprojekt lockerzumachen.

Er wandte sich zum Gehen, als er einen kleinen Jungen bemerkte, der sich bemühte, die auf dem Grundstein eingemeißelten Worte zu entziffern: »*St. George-Schwimmbad. Dieser Grundstein wurde am 12. September 1987 von Ihrer Königlichen Hoheit Prinzessin Margaret gelegt.*«

»Ist das ein Schwimmbad?«, fragte der Junge arglos.

Henry hallten die Worte in den Ohren wider, als er zu seinem Wagen zurückkehrte. Er beschloss, sie in seine Rede vor dem Rotary Club aufzunehmen. Henry warf einen Blick auf die Uhr. Die Zeit reichte noch, im Britannia Club vorbeizuschauen, um zu sehen, ob Bill Paterson dort seinen Lunch zu sich nahm. Als Henry ins Clubhaus trat, entdeckte er Bill sofort, der auf seinem gewohnten Hocker saß und in einer alten Ausgabe der *Financial Times* schmökerte.

Bill blickte auf, als Henry näher kam. »Ich dachte, du müsstest dich heute um euren hohen Besuch kümmern.«

»Sein Flugzeug landet nicht vor 15.30 Uhr«, entgegnete Henry. »Ich bin hier, weil ich eine Bitte an dich habe.«

»Brauchst du einen Rat, wie du den Gewinn anlegen sollst, den ihr durch den schwankenden Wechselkurs gemacht habt?«

»Nein. Wenn aus dem Schwimmbadprojekt jemals etwas werden soll, brauche ich schon ein wenig mehr.«

Henry verließ den Club zwanzig Minuten später, nachdem Bill ihm versprochen hatte, als Vorsitzender für die Wohltätigkeits-Kampagne zu kandidieren, für die Spendenzahlungen ein Konto auf der Bank zu eröffnen, und im Hauptbüro in London anzufragen, ob man dort bereit wäre, auch ein wenig Geld für die gute Sache lockerzumachen.

Auf dem Weg zum Flugplatz, im Rolls-Royce des Hochkommissars, informierte Henry Sir David über den aktuellen Stand des Schwimmbadprojekts. Der Hochkommissar lächelte. »Gut gemacht, Henry«, lobte er. »Wollen wir hoffen, dass Sie beim Minister ebenso viel Erfolg haben wie bei Bill Paterson.«

Die beiden Männer standen auf dem Runway des Flugplatzes von St. George vor einem zwei Meter langen roten Teppich, als die Boeing 727 landete. Da an einem Tag selten mehr als ein Flugzeug St. George anflog, hielt Henry die Bezeichnung »International Airport« für ein bisschen hochtrabend.

Der Minister erwies sich als leutseliger Mann, der darauf bestand, dass man ihn einfach beim Vornamen nannte: Will. Er versicherte Sir David, dass er sich schon sehr auf den Besuch von St. Edward gefreut hatte.

»St. George, Minister«, flüsterte ihm der Hochkommissar ins Ohr.

»Ja, natürlich, St. George«, erwiderte Will ohne jede Verlegenheit.

Sobald sie im Hochkommissariat angelangt waren, verabschiedete Henry sich, um den Minister mit David und seiner Gemahlin Tee trinken zu lassen, während er in sein Büro zurückkehrte. Schon nach dieser kurzen Zeitspanne bezweifelte er allerdings, dass Witless Wills Wort in Whitehall viel Gewicht hatte; aber das würde ihn nicht davon abhalten, seinen Plan fortzuführen. Der Minister musste zumindest die Notizen über St. George gelesen haben, denn er hatte erwähnt, er würde sich freuen, das neue Schwimmbad zu besichtigen.

»Es wurde noch nicht in Angriff genommen«, hatte Henry ihn erinnert.

»Merkwürdig«, murmelte der Minister. »Ich dachte, ich hätte irgendwo gelesen, dass Prinzessin Margaret es längst eröffnet hat.«

»Sie hat nur den Grundstein gelegt. Aber vielleicht geht es voran, sobald das Projekt Ihren Segen erhalten hat.«

»Ich werde tun, was ich kann«, versprach Will. »Aber Sie wissen ja selbst, dass wir die Finanzierung unserer Übersee-Projekte noch weiter einschränken müssen.«

Ein sicheres Zeichen für baldige Wahlen, dachte Henry.

Bei der Cocktailparty kam Henry zu kaum mehr, als Guten Abend zu sagen, da der Hochkommissar entschlossen war, dem Minister in dieser einen Stunde jeden einzelnen der anwesenden Gäste vorzustellen. Als die beiden sich dann auf den Weg zum Dinner bei General Olangi machten, kehrte Henry in sein Büro zurück, um die Rede durchzusehen, die der Minister am nächsten Morgen beim Frühstück halten würde. Erleichtert stellte er fest, dass der Absatz über das Schwimmbad auch in dieser letzten Überarbeitung noch vorkam. Das Papier würde demnach ganz offiziell in die Akten übernommen werden. Dann studierte er die Sitzordnung und vergewisserte sich, dass er neben dem Herausgeber des *St. George's Echo* saß. Auf diese Weise konnte er dafür sorgen, dass in der nächsten Ausgabe der Zeitung auf die Unterstützung des Schwimmbadprojekts durch die britische Regierung hingewiesen wurde.

Am nächsten Morgen stand Henry schon früh auf, sodass er zu den ersten Besuchern in der Residenz des

Hochkommissars zählte. Er nutzte die Gelegenheit, so viele der hiesigen Geschäftsleute wie möglich darauf hinzuweisen, welche Bedeutung die britische Regierung dem Schwimmbadprojekt beimaß; außerdem hob er hervor, dass die Barclays Bank zugesagt hatte, dem Fonds eine großzügige Spende zukommen zu lassen.

Der Minister erschien mit ein paar Minuten Verspätung zum Frühstück. »Ein kurzfristiger Anruf aus London«, erklärte er. So kamen die Herren erst um 8.15 Uhr dazu, sich an den Tisch zu setzen. Henry nahm seinen Platz neben dem Herausgeber des Lokalblatts ein und wartete ungeduldig darauf, dass der Minister seine Ansprache hielt.

Will erhob sich um 8.47 Uhr. Die ersten fünf Minuten verbrachte er damit, von Bananen zu reden; schließlich aber fuhr er fort: »Lassen Sie mich Ihnen versichern, dass die Regierung Ihrer Majestät das Schwimmbadprojekt nicht vergessen hat, das von Prinzessin Margaret ins Leben gerufen wurde, und dass wir hoffen, in Kürze von den Fortschritten berichten zu können. Ich war erfreut, von Sir David zu erfahren«, dabei blickte er auf Bill Paterson, der ihm am Tisch gegenübersaß, »dass der Rotary Club dieses Projekt zu seiner diesjährigen Wohltätigkeits-Kampagne erkoren hat und mehrere bekannte Geschäftsleute dieser Stadt bereits versprochen haben, sie großzügig zu unterstützen.« Henry klatschte als Erster; dann folgte diesen aufmunternden Worten allgemeiner Applaus.

Sobald der Minister wieder Platz genommen hatte, reichte Henry dem Herausgeber der Lokalzeitung einen Umschlag mit einem Tausendwortartikel nebst mehreren Bildern von dem Bauplatz, der für das Schwimmbad vorgesehen war. Henry war überzeugt, dass dies alles eine Doppelseite in der nächsten Ausgabe des *St. George's Echo* einnehmen würde.

Es war genau 8.56 Uhr gewesen, wie Henry sich vergewissert hatte, als der Minister sich setzte. Als Will sich anschließend hinauf in sein Zimmer begab, schritt Henry ungeduldig auf dem Flur auf und ab und blickte immer wieder auf die Uhr.

Um 9.24 Uhr stieg der Minister in den wartenden Rolls-Royce. Er wandte sich an Henry und sagte: »Ich fürchte, ich werde um das Vergnügen kommen, mir die Örtlichkeit anzuschauen, wo das Schwimmbad errichtet wird. Aber«, versprach er, »ich werde Ihren Bericht im Flugzeug lesen und mit dem Außenminister darüber reden, sobald ich zurück in London bin.«

Während der Wagen auf dem Weg zum Flugplatz an der kahlen Stelle vorüberfuhr, wies Henry den Minister darauf hin. Will blickte durchs Fenster und sagte: »Bewundernswert, lohnend, wichtig«, doch mit keinem Wort versprach er auch nur einen Penny Regierungsgelder zur Förderung des Projekts.

»Ich werde mein Bestes tun, die Bürokraten im Schatzamt zu überzeugen«, waren seine letzten Worte, als er an Bord ging.

Niemand musste Henry darauf hinweisen, dass Wills »Bestes« nicht mal einen niederen Beamten im Schatzamt überzeugen könnte.

Eine Woche später erhielt Henry ein Fax vom Außenministerium, in dem die Änderungen aufgeführt wurden, die der Premierminister bei seiner letzten Regierungsumbildung vorgenommen hatte. Will Whiting war sein Amt losgeworden; seinen Platz nahm ein Mann ein, von dem Henry noch nie gehört hatte.

Henry ging seine Rede vor dem Rotary Club durch, als das Telefon läutete. Es war Bill Paterson.

»Henry, es gibt Gerüchte, dass wieder mal ein Staatsstreich bevorsteht, deshalb halte ich es für angebracht, mit dem Umtausch der Pfunde des Hochkommissariats in die hiesige Währung bis zum Freitag zu warten.«

»Ich bin für deinen Rat stets dankbar, Bill – du weißt ja, dass ich mich bei Devisengeschäften überhaupt nicht auskenne. Übrigens, ich freue mich auf heute Abend, wenn wir endlich die Chance haben, den Vorschlag zu unterbreiten.«

Henrys Rede wurde von den Rotariern gut aufgenommen, doch als er die Höhe der Spenden erfuhr, zu denen die Mitglieder bereit waren, befürchtete er, dass bis zum Abschluss des Projekts noch Jahre vergehen würden. Dabei blieben ihm nur noch achtzehn Monate, bis seine nächste Versetzung fällig wurde.

Auf dem Weg nach Hause erinnerte er sich an Bills Worte im Britannia Club. Eine Idee nahm Gestalt an.

Henry hatte sich nie auch nur im Geringsten für die vierteljährlichen Zuschüsse der britischen Regierung an die winzige Insel Aranga interessiert. Das Außenministerium gab aus seinem Sonderfonds jährlich fünf Millionen Pfund in vier Raten zu jeweils eineinviertel Millionen dafür aus; die Pfund wurden automatisch in Kora umgetauscht, die hiesige Währung. Sobald Henry von Bill Paterson den jeweiligen Wechselkurs erfahren hatte, übernahm der Verwaltungsdirektor des Hochkommissariats die Bezahlung der Mitarbeiter für die nächsten drei Monate. Das sollte sich jetzt ändern.

Henry lag die halbe Nacht wach, denn ihm war nur zu bewusst, dass ihm die Ausbildung und Erfahrung fehlten, ein so wagemutiges Projekt in die Tat umzusetzen. Das hieß, dass er sich die nötigen Kenntnisse erwerben musste, ohne dass jemand darauf aufmerksam wurde, was er vorhatte.

Als er am nächsten Morgen aufstand, machte er sich umgehend daran, sein Vorhaben zu verwirklichen. Er verbrachte das Wochenende in der örtlichen Bibliothek, vertiefte sich in alte Ausgaben der *Financial Times* und studierte vor allem, was die Schwankungen der Wechselkurse verursachte, und ob sie irgendeinem Muster folgten.

Während der nächsten drei Monate sammelte er weitere Informationen im Golfclub, bei Cocktailpartys im Britannia Club und bei seinen Treffen mit Bill, bis er schließlich überzeugt war, seinen ersten Zug wagen zu können.

Als Bill am Montagmorgen anrief, um ihm mitzuteilen, dass es wegen des Gerüchts von einem bevorstehenden Staatsstreich einen kleinen Gewinn von 22.107 Kora auf dem laufenden Konto gab, erteilte Henry die Anweisung, den Betrag auf das Schwimmbad-Konto zu überweisen.

»Aber ich überweise das Geld normalerweise auf das Konto für unvorhergesehene Ausgaben«, entgegnete Bill.

»Vom Außenministerium kam eine neue Direktive, K14792«, erklärte Henry. »Danach können alle Überschüsse für lokale Projekte benutzt werden, sofern der Minister sie genehmigt hat.«

»Aber der Minister wurde abgesetzt!«, erinnerte der Bankdirektor den Ersten Sekretär.

»Das mag ja sein, aber mir wurde von oben mitgeteilt, dass diese Anweisung noch gültig ist.« Die Direktive K14792 existierte tatsächlich, wie Henry entdeckt hatte;

allerdings bezweifelte er, dass das Außenministerium bei der Abfassung des Textes an Schwimmbäder gedacht hatte.

»Mir soll's recht sein«, sagte Bill. »Warum sollte ich mich einer Direktive des Außenministeriums widersetzen? Schließlich muss ich ja nur Geld von einem Konto des Hochkommissariats auf ein anderes innerhalb unserer Bank verschieben.«

Der Verwaltungsdirektor ließ sich in der folgenden Woche nicht über fehlende Gelder aus, da so viele Kora eingegangen waren, wie er erwartet hatte. Henry schloss daraus, dass niemand sein kleines Täuschungsmanöver durchschaut hatte.

Da die nächste Überweisung erst in drei Monaten fällig war, blieb Henry reichlich Zeit, seinen Plan noch besser auszuarbeiten. Während dieses Vierteljahres gingen auch einige Spendengelder ein, doch Henry erkannte rasch, dass selbst mit dem zurzeit auf dem Konto vorhandenen Betrag lediglich die Ausschachtungsarbeiten bezahlt werden konnten. Er musste sich etwas Lohnenderes einfallen lassen, sollte die Sache nicht bloß mit einem Loch im Boden enden.

Mitten in der Nacht kam ihm eine Idee. Aber damit sein Handstreich etwas einbrachte, musste das Timing genau stimmen.

Als der wöchentliche Anruf von Roger Parnell kam, dem BBC-Korrespondenten, und Parnell sich erkundigte, ob es außer der Schwimmbadspenden-Geschichte noch etwas gab, fragte Henry, ob er mit ihm auch über etwas Nichtoffizielles reden dürfe.

»Natürlich«, versicherte ihm der Korrespondent. »Worum geht es denn?«

»Die Regierung Ihrer Majestät macht sich Gedanken,

weil General Olangi seit mehreren Tagen nicht mehr gesehen wurde. Angeblich hat seine letzte ärztliche Untersuchung ergeben, dass er HIV-positiv ist.«

»Großer Gott!«, flüsterte der BBC-Mann. »Haben Sie einen Beweis?«

»Nein, das nicht«, gestand Henry. »Ich weiß nur, dass sein Leibarzt ein wenig indiskret war und dem Hochkommissar gegenüber eine entsprechende Andeutung gemacht hat. Das ist alles.«

»Großer Gott!«, wiederholte der BBC-Mann.

»Wie gesagt, das ist absolut inoffiziell. Falls man das Gerücht bis zu mir zurückverfolgt, werde ich nie wieder mit Ihnen sprechen können.«

»Ich habe meine Quellen stets geheim gehalten!«, versicherte der Korrespondent indigniert.

Die Abendnachrichten des World Service waren vage und mit »Wenn« und »Aber« gespickt. Trotzdem war »Aids« am nächsten Tag das Gesprächsthema Nummer eins, ob auf dem Golfplatz, dem Britannia Club oder in der Bank. Sogar der Hochkommissar fragte Henry, ob er von dem Gerücht gehört habe.

»Ja, aber ich glaube es nicht«, erwiderte Henry ohne zu erröten.

Der Kora fiel am nächsten Tag um vier Prozent, und General Olangi sah sich gezwungen, den Bürgern über das Fernsehen zu versichern, dass dieses von seinen Feinden verbreitete diskriminierende Gerücht selbstverständlich jeglicher Grundlage entbehre. Doch sein Fernsehauftritt führte nur dazu, alle, die noch nicht von der angeblichen Aids-Erkrankung gehört hatten, darauf aufmerksam zu machen. Und da der General ein bisschen Gewicht verloren zu haben schien, fiel der Kora um weitere zwei Prozent.

»Ihr habt in diesem Monat ganz schön Geld gemacht«, erfuhr Henry am Montag von Bill. »Nach dem falschen Alarm wegen Olangis HIV-Problem, konnte ich 118.000 Kora auf das Schwimmbad-Konto transferieren. Das bedeutet, dass mein Komitee den Architekten beauftragen kann, mit den Planungsarbeiten zu beginnen.«

»Gut gemacht«, lobte Henry den Bankdirektor für seine eigene gelungene Transaktion und legte auf. Natürlich war ihm klar, dass er diesen Trick nicht noch einmal anwenden durfte.

Trotz der Baupläne und einem Modell des Schwimmbads im Büro des Hochkommissars, wo alle es sehen konnten, vergingen weitere drei Monate, in denen nur kleine Spenden von den heimischen Geschäftsleuten hereinkamen.

Normalerweise hätte Henry das Fax gar nicht zu Gesicht bekommen, doch er befand sich gerade im Büro des Hochkommissars und ging mit ihm die Rede durch, die Sir David beim jährlichen Treffen der Bananenpflanzer halten sollte, als die Faxmeldung vom Sekretär des Hochkommissars auf dessen Schreibtisch gelegt wurde.

Der Hochkommissar runzelte die Stirn und schob die Rede zur Seite. »Es war kein gutes Jahr für Bananen«, brummte er. Das Stirnrunzeln verging auch nicht, als er das Fax las. Er schob es seinem Ersten Sekretär hin.

»An alle Botschaften und Hochkommissariate. Die Regierung Großbritanniens gibt den Austritt aus dem Wechselkurs-Mechanismus bekannt. Die offizielle Erklärung folgt noch heute.«

»Wenn es so aussieht, sehe ich schwarz, dass der Finanzminister noch lange im Amt bleibt«, bemerkte Sir David. »Aber es hat nichts mit dem Außenminister zu tun, also ist es auch nicht unser Problem.« Er blickte Henry an. »Trotzdem sollten wir dieses Thema wenigstens in den nächsten paar Stunden nicht erwähnen.«

Henry nickte und überließ den Hochkommissar seinem Entwurf der Rede.

Kaum hatte er die Tür hinter sich geschlossen, rannte er zum ersten Mal seit zwei Jahren mit Riesenschritten zu seinem Büro zurück. An seinem Schreibtisch angekommen, wählte er eine Nummer, die er im Kopf hatte.

»Bill Paterson am Apparat.«

»Bill, wie viel haben wir im Fonds für unvorhergesehene Ausgaben?«, fragte Henry scheinbar gleichmütig.

»Da muss ich erst nachsehen. Soll ich dich zurückrufen?«

»Nein, ich warte«, antwortete Henry. Sein Blick hing am Sekundenzeiger seiner Uhr, der fast einen ganzen Kreis beschrieb, ehe der Bankdirektor sich wieder meldete.

»Ein bisschen mehr als eine Million Pfund«, sagte Bill. »Wieso interessiert dich das?«

»Ich erhielt gerade die Anweisung vom Außenministerium, sofort alle verfügbaren Gelder in Euro, Schweizer Franken und US-Dollar zu wechseln.«

»Das würde eine sehr hohe Gebühr kosten.« Der Bankdirektor klang plötzlich sehr förmlich. »Und wenn der Wechselkurs ungünstig für euch ist ...«

»Könnte ich nichts dagegen machen, denn das Telegramm aus London lässt mir keine Wahl.«

»Verstehe«, murmelte Bill. »Hat der Hochkommissar es genehmigt?«

»Ich komme gerade aus seinem Büro.«

»Dann mach ich mich am besten gleich an die Arbeit.«

Henry saß trotz Klimaanlage schwitzend in seinem Büro, bis Bill nach zwanzig Minuten zurückrief.

»Wir haben die gesamte Summe wie angewiesen in Schweizer Franken, Euro und US-Dollar umgetauscht. Ich sende dir gleich morgen früh die Liste.«

»Keine Kopien, bitte«, sagte Henry. »Der Hochkommissar ist nicht scharf darauf, dass irgendeiner seiner Leute es sieht.«

»Das kann ich gut verstehen, alter Junge.«

Der Finanzminister verkündete den Austritt Großbritanniens aus dem Wechselkurs-Mechanismus von der Treppe des Schatzamts in Whitehall um 19.30 Uhr. Um diese Zeit hatten alle Banken in St. George bereits Feierabend.

Henry setzte sich sofort nach Öffnung der Börsen am nächsten Morgen mit Bill in Verbindung und wies ihn an, die Franken, Euro und Dollar so schnell wie möglich wieder in Pfund umzuwechseln, und ihm darauf gleich den Kontostand durchzugeben.

»Ihr habt einen Gewinn von 64.312 Pfund gemacht. Wenn jede Botschaft auf der Welt so gehandelt hat wie ihr, kann die Regierung die Steuern noch lange vor der nächsten Wahl senken.«

»Das wäre schön«, meinte Henry. »Ach ja, würdest du den Gewinn in Kora umtauschen und dem Schwimmbad-Konto gutschreiben? Und noch etwas, Bill. Ich habe dem Hochkommissar versichert, dass die Angelegenheit nie mehr erwähnt wird.«

»Darauf hast du mein Wort«, entgegnete der Bankdirektor.

Henry informierte den Herausgeber des *St. George's Echo,* dass dank der Großzügigkeit lokaler Geschäftsleute und vieler Privatleute immer noch reichlich Spenden für den Schwimmbad-Fonds eingingen. In Wahrheit machten die Spenden höchstens die Hälfte dessen aus, was bisher über das Konto gegangen war.

Bald nach Henrys zweiter Transaktion war von den drei hiesigen Baufirmen eine ausgewählt worden, und Laster, Bulldozer und Bagger rollten an. Jeden Tag stattete Henry dem Bauplatz einen Besuch ab, um ein Auge auf die Arbeit zu haben. Doch es dauerte nicht lange, bis Bill ihn darauf aufmerksam machte, dass nichts aus dem hohen Sprungbrett und den Wechselkabinen für bis zu hundert Kinder werden konnte, falls nicht bald weitere Gelder eingingen.

Das *St. George's Echo* ging seine Leser immer wieder um weitere Spenden an, doch nach einem Jahr hatte fast jeder, der in der Lage gewesen war, bereits sein Scherflein beigetragen. Es kamen so gut wie keine Spenden mehr herein, und das bisschen Geld, das Wohltätigkeitsbasare, Tombolas und Flohmärkte einbrachten, war nicht der Rede wert.

Henry befürchtete schon, dass seine Dienstzeit hier abliefe, ehe das Projekt beendet war, und dass nach seiner Versetzung Bill und das Komitee ihr Interesse am Projekt verlieren könnten und das Schwimmbad nie fertig gestellt würde.

Henry und Bill besuchten den Bauplatz am nächsten Tag und starrten in die fünfzig mal zwanzig Meter große Grube, um die herum die Baumaschinen bereits seit Tagen untätig herumstanden und wohl schon bald zu einer anderen Baustelle gebracht würden.

»Es muss schon ein Wunder geschehen, dass wir noch genügend Geld für die Fertigstellung des Projekts zusammenbekommen, sofern die Regierung nicht endlich ihr Versprechen wahr macht«, bemerkte der Erste Sekretär.

»Und es hat uns auch nicht gerade geholfen, dass der Kora in den vergangenen sechs Monaten so stabil geblieben ist«, fügte Bill hinzu.

In Henry stieg Verzweiflung auf.

Bei der morgendlichen Besprechung mit dem Hochkommissar am nächsten Tag sagte Sir David zu Henry, dass er gute Neuigkeiten habe.

»Die Regierung Ihrer Majestät hat doch nicht etwa ihr Versprechen ...«

»Nein, so erstaunlich ist nun auch wieder nicht«, entgegnete Sir David lachend. »Aber Sie stehen auf der nächstjährigen Beförderungsliste und werden ein eigenes Hochkommissariat bekommen.« Er legte eine Pause ein. »Wie mir zu Ohren kam, werden ein paar gute Posten frei, also halten Sie sich ran. Noch etwas – wie Sie wissen, fliegen Carol und ich morgen nach England, wo wir meinen Jahresurlaub verbringen werden. Versuchen Sie bitte während dieser Zeit Aranga aus den Schlagzeilen zu halten, sofern Sie zu den Bermudas versetzt werden wollen und nicht auf die Himmelfahrtsinsel Ascension.«

Henry kehrte in sein Büro zurück und ging mit seiner Sekretärin die Morgenpost durch. Im Korb »Dringend, zur sofortigen Erledigung« befand sich eine Einladung, General Olangi zu seinem Geburtsort zu begleiten. Das war ein alljährliches Ritual des Präsidenten, um seinen Leuten zu beweisen, dass er seine Abstammung nicht vergessen hatte. Üblicherweise begleitete ihn der Hochkommissar, doch da er sich diesmal in England aufhielt, wurde vom Ersten Sekretär erwartet, dass er ihn vertrat. Henry fragte sich, ob Sir David es so arrangiert hatte.

Aus dem Korb »Zur weiteren Erledigung« musste Henry sich entscheiden, ob er eine Gruppe Geschäftsleute auf einer Tour durch die Bananenplantagen begleiten oder vor der Politischen Gesellschaft von St. George einen Vortrag über die Zukunft des Euro halten wollte. Henry setzte seine Initialen auf das Schreiben der Geschäftsleute und schrieb der Politischen Gesellschaft auf einem Begleitzettel, den Chefkontroller einzuladen, da dieser mehr vom Euro verstünde.

Dann wandte er sich dem Korb »Zur Durchsicht und Ablage« zu. Er fand einen Brief von Mrs Davidson, die fünfundzwanzig Kora für das Schwimmbadprojekt spendete, eine Einladung zum Kirchenbasar am Freitag und eine Erinnerung, dass Bill am Samstag seinen fünfzigsten Geburtstag feierte.

»Sonst noch was?«, erkundigte sich Henry.

»Ja, ein guter Rat aus dem Büro des Hochkommissars, dass Sie für Ihre Fahrt in die Berge mit dem Präsidenten einen Kasten frisches Wasser, ein paar Malariatabletten und ein Handy mitnehmen sollten, wenn sie nicht austrocknen und Fieber bekommen wollen und obendrein niemanden verständigen können.«

Henry lachte. »Ja, ja und ja«, versprach er, als das Telefon auf seinem Schreibtisch klingelte.

Es war Bill, der ihn darauf hinwies, dass die Bank keine Schecks mehr für Geld aus dem Schwimmbad-Konto annehmen konnte, da das Konto bereits seit über einem Monat auf Null stand.

»Als ob ich das nicht wüsste«, murmelte Henry und starrte auf Mrs Davidsons Spendenscheck über fünfundzwanzig Kora.

»Die Bauleitung hat die Maschinen abgezogen, da wir sie nicht mehr weiter bezahlen können. Außerdem wird euer vierteljährlicher Zuschuss von eineinviertel Millionen Pfund keinen Gewinn abwerfen, solange der Präsident wie das blühende Leben aussieht.«

»Alles Gute zu deinem Fünfzigsten am Samstag, Bill«, gratulierte Henry.

»Erinnere mich nicht daran«, brummte der Bankdirektor. »Aber wo du es schon erwähnst – ich hoffe, dass du zu meiner kleinen Geburtstagsfeier am Abend kommen kannst.«

»Nichts wird mich davon abhalten«, versprach Henry.

Von diesem Tag an nahm Henry jeden Abend vor dem Zubettgehen seine Malariatabletten. Am Donnerstag holte er einen Kasten frisches Wasser aus dem Supermarkt. Am Freitagmorgen, kurz vor der Abfahrt, brachte ihm seine Sekretärin ein Handy und vergewisserte sich, dass er damit umgehen konnte.

Um neun Uhr, nachdem er Shirley versprochen hatte, sie sofort nach der Ankunft in General Olangis Dorf anzurufen, verließ Henry sein Büro und lenkte seinen Mini in Richtung Victoria-Kaserne. Dort fuhr er den Wagen auf den Parkplatz und wurde zu einem wartenden Mercedes geleitet, der mit flatterndem Union Jack fast am Ende der Wagenkolonne stand. Um neun Uhr dreißig trat der Präsident aus dem Palast und marschierte zu dem offenen Rolls-Royce ganz vorne. Henry hatte den Eindruck, dass der Präsident tatsächlich nie gesünder ausgesehen hatte.

Eine Ehrenwache salutierte, als die Wagenkolonne das Kasernengelände verließ. Auf dem Weg durch St. George standen Kinder entlang der Straßen und winkten mit Fähnchen. Sie hatten schulfrei bekommen, um ihrem Präsidenten zujubeln zu können, während er die lange Reise zu seinem Geburtsort begann.

Henry machte es sich für die fünfstündige Fahrt in die Berge bequem und döste vor sich hin, wurde jedoch mehrmals unsanft geweckt, wenn sie durch eine Ortschaft kamen, in der die Kinder sich hatten aufstellen müssen, um ihrem Präsidenten lautstark zuzujubeln.

Mittags hielt die Kolonne in einer kleinen Ortschaft hoch in den Bergen, wo die Einheimischen ein Mittagessen für ihren Ehrengast zubereitet hatten. Eine Stunde später fuhren sie weiter. Henry befürchtete, dass die Leute hier einen großen Teil ihrer Wintervorräte geopfert hatten, um die Bäuche der Soldaten und Beamten zu füllen, die den Präsidenten auf seiner Pilgerfahrt begleiteten.

Er döste wieder ein und träumte von den Bermudas, wo bestimmt kein Schwimmbad erbaut werden musste.

Irgendetwas riss ihn jäh aus seinem Traum. Er glaubte einen Schuss gehört zu haben. Hatte er es bloß geträumt, oder war es schreckliche Wirklichkeit? Als er die Augen aufschlug, sah er, wie sein Fahrer aus dem Wagen sprang und in den dichten Dschungel floh. Henry stieg aus. Als ihm klar wurde, dass weiter vorn irgendetwas nicht mit rechten Dingen zuging, machte er sich auf den Weg, um nachzusehen. Er war noch nicht weit gekommen, als er den Präsidenten, von Soldaten umringt, leblos in einer Blutlache am Wegrand liegen sah. Als die Soldaten sich umdrehten und den Vertreter des Hochkommissars bemerkten, hoben sie ihre Gewehre.

»Gewehr schultern!«, befahl eine scharfe Stimme. »Denkt daran, dass wir keine Wilden sind.« Ein Mann in eleganter Hauptmannsuniform trat vor und salutierte. »Bedauere die Unannehmlichkeiten, Sir«, sagte er im knappen Tonfall einer Militärakademie zu Henry. »Seien Sie versichert, Ihnen droht keine Gefahr.«

Henry antwortete nicht, sondern starrte weiterhin auf den toten Präsidenten.

»Wie Sie sehen, Mr Pascoe, hat der bisherige Präsident einen tragischen Unfall erlitten«, fuhr der Hauptmann fort. »Wir werden bei ihm bleiben, bis er mit allen Ehren in dem Dorf bestattet wird, in dem er zur Welt kam. Ich bin überzeugt, das wäre sein Wunsch gewesen.«

Henry starrte wieder auf die Leiche und hatte so seine Zweifel.

»Darf ich vorschlagen, Mr Pascoe, dass Sie in die Hauptstadt zurückkehren und Ihre Vorgesetzten informieren?«

Henry blieb stumm.

»Vielleicht möchten Sie ihnen auch mitteilen, dass Oberst Narango der neue Präsident ist.«

Henry sagte immer noch nichts. Ihm war klar, dass es seine Pflicht war, das Außenministerium so schnell wie möglich zu benachrichtigen. Er nickte in die Richtung des Hauptmanns und ging langsam zu seinem fahrerlosen Wagen zurück.

Erleichtert stellte er fest, dass der Zündschlüssel nicht aus dem Schloss gezogen war. Er ließ den Motor an, kehrte um und begann die lange, kurvenreiche Fahrt zurück zur Hauptstadt. Er würde St. George erst am Abend erreichen.

Nach drei Kilometern – und als er sicher war, dass niemand ihm folgte – hielt er, zog das Handy hervor und wählte die Nummer seines Büros.

Seine Sekretärin meldete sich.

»Ich bin's, Henry.«

»Ach, bin ich froh, dass Sie anrufen«, sagte Shirley. »Es

ist heute Nachmittag sehr viel los. Mrs Davidson hat soeben angerufen und gesagt, dass es so aussieht, als würde der Kirchenbasar zweihundert Kora abwerfen, und ob es möglich wäre, dass Sie auf dem Rückweg vorbeikommen, damit sie Ihnen den Scheck überreichen kann. Und noch etwas«, fügte Shirley hinzu, ehe Henry etwas sagen konnte. »Wir alle haben die Neuigkeit gehört.«

»Ja, deshalb rufe ich an«, erklärte Henry. »Wir müssen uns sofort mit dem Außenministerium in Verbindung setzen.«

»Das habe ich bereits getan«, versicherte ihm Shirley.

»Und was haben Sie denen gesagt?«

»Dass Sie den Präsidenten bei einem offiziellen Anlass begleiten und sich nach Ihrer Rückkehr sogleich melden, Herr Hochkommissar.«

»Hochkommissar?«

»Ja, es ist bereits durch. Ich dachte, dass Sie deshalb anrufen. Wegen Ihrer Berufung. Herzlichen Glückwunsch.«

»Danke«, sagte Henry gleichmütig, ohne zu fragen, wohin er berufen worden war. »Gibt es sonst noch etwas Neues?«

»Nein, hier hat sich nicht viel getan. Es ist ein normaler, ruhiger Freitagnachmittag. Deshalb wollte ich Sie auch fragen, ob ich ein bisschen früher nach Hause gehen darf. Wissen Sie, ich habe Sue Paterson versprochen, ihr bei den Vorbereitungen zum fünfzigsten Geburtstag Ihres Mannes zu helfen.«

»Sicher, warum nicht.« Henry bemühte sich, ruhig zu bleiben. »Und richten Sie Mrs Davidson aus, dass ich vorbeikomme. Zweihundert Kora sind eine beachtliche Summe.«

»Ach, übrigens, wie geht es dem Präsidenten?«, erkundigte Shirley sich höflichkeitshalber.

»Er nimmt gerade an einer erdbewegenden Zeremonie teil«, antwortete Henry rasch, »deshalb muss ich mich beeilen.«

Henry rief sofort eine andere Nummer an.

»Bill Paterson«, meldete sich der Teilnehmer.

»Bill, hier Henry. Hast du schon unseren vierteljährlichen Scheck eingelöst?«

»Ja, vor ungefähr einer Stunde. Ich habe den bestmöglichen Wechselkurs bekommen, aber ich fürchte, der Kora steigt jedes Mal, wenn der Präsident seine traditionelle Fahrt zu seinem Geburtsort macht.«

Henry verkniff sich die Erwiderung: »Geburts- und Sterbeort.« Er forderte Bill lediglich auf, die gesamte Summe in englische Pfund zurückzuwechseln.

»Davon muss ich dir abraten«, entgegnete der Bankdirektor. »Der Kora ist in der letzten Stunde sogar noch gestiegen. Außerdem müsste diese Transaktion vom Hochkommissar genehmigt werden.«

»Der Hochkommissar ist auf Urlaub in Dorset. In seiner Abwesenheit bin ich der verantwortliche Diplomat.«

»Das mag ja sein«, erwiderte Bill. »Trotzdem muss ich dem Hochkommissar nach der Rückkehr einen Bericht zu seiner Prüfung vorlegen.«

»Das ist deine Pflicht, Bill«, sagte Henry.

»Weißt du wirklich, was du tust, Henry?«

»Das weiß ich ganz genau«, kam die sofortige Antwort. »Und wenn du schon dabei bist, dann wechsle auch die Kora auf unserem Konto für unvorhergesehene Ausgaben in Pfund.«

»Ich bin mir nicht sicher ...«, begann Bill zweifelnd.

»Lieber Freund, ich muss dich doch nicht darauf hinweisen, dass es in St. George noch mehrere andere Banken gibt, die seit Jahren nur zu gern die Gelder des Hochkommissariats verwalten möchten.«

»Gut, ich werde deine Anweisungen buchstabengetreu befolgen«, brummte der Bankdirektor. »Aber ich bestehe darauf, schriftlich niederzulegen, dass ich davon abgeraten habe.«

»Von mir aus. Hauptsache, die Transaktion wird heute noch vor Geschäftsschluss vorgenommen«, beharrte Henry. »Ist das klar?«

»Ja«, bestätigte Bill nur.

Henry brauchte noch vier Stunden, bis er die Hauptstadt erreichte. Da alle Straßen in St. George menschenleer waren, schloss er, dass die Neuigkeit vom Tod des Präsidenten verkündet und eine Ausgangssperre verhängt worden war. Er war froh, dass der Union Jack an seinem Auto flatterte, denn er wurde an mehreren Kontrollstellen angehalten und aufgefordert, sich sofort nach Hause zu begeben. Aber das hatte auch sein Gutes, denn so brauchte er nicht zu Mrs Davidsons Kirchenbasar fahren und den Scheck über zweihundert Kora abzuholen.

Zu Hause angekommen, schaltete er sofort den Fernseher ein. Präsident Narango in Paradeuniform hielt eine Ansprache an seine Untertanen.

»Seien Sie versichert, meine Freunde«, tönte er, »Sie haben nichts zu befürchten. Ich werde die Ausgangssperre so bald wie möglich aufheben. Doch ehe es so weit ist, muss ich Sie bitten, sich nicht auf die Straße zu begeben, da die Armee den Befehl hat, sofort zu schießen.«

Henry öffnete eine Dose weiße Bohnen in Tomatensoße und blieb das ganze Wochenende im Haus. Er bedauerte, dass er Bills Feier zum fünfzigsten Geburtstag verpasste, aber wenn er es recht bedachte, war es wahrscheinlich besser so.

Ihre Königliche Hoheit Prinzessin Anne eröffnete das St. Georges-Schwimmbad auf dem Rückflug von den Commonwealth-Spielen in Kuala Lumpur. In ihrer Rede am Schwimmbecken sagte sie, wie beeindruckt sie vom hohen Sprungbrett und den modernen Umkleidekabinen sei.

Sie fuhr fort, die Arbeit des Rotary Clubs in den höchsten Tönen zu loben und den Mitgliedern für ihren Einsatz während dieser Kampagne zu danken, vor allem dem Vorsitzenden, Mr Bill Paterson, dem der Orden des Britischen Empires für seine Dienste zu Ehren des Geburtstags der Königin verliehen wurde.

Bedauerlicherweise war Henry Pascoe bei dieser Zeremonie nicht anwesend, da er vor kurzem seinen Posten als Hochkommissar auf der britischen Vulkaninsel Ascension angetreten hatte, weit abgeschieden von Gott und der Welt.

DIE LIEGENDE

»Sie fragen sich vielleicht, wieso diese Skulptur mit der Nummer 13 ausgezeichnet ist.« Ein zufriedenes Lächeln legte sich auf das Gesicht des Kurators. Ich stand ganz hinten in der Gruppe und vermutete, dass wir gleich Näheres über den Künstler erfahren würden.

Der Kurator fuhr in einem Tonfall fort, der verriet, dass er uns für unwissende Touristen hielt, die bei Kubismus wahrscheinlich an Zuckerwürfel dachten und offenbar nichts Besseres zu tun hatten, als an einem freien Montag ein Museum zu besuchen. »Henry Moore fertigte von jedem seiner Werke jeweils zwölf identische Stücke. Um dem Mann Gerechtigkeit widerfahren zu lassen – er starb, ehe die Genehmigung erteilt wurde, von einem seiner Meisterstücke ein dreizehntes Exemplar zu gießen.«

Ich starrte auf die gewaltige Bronzeskulptur einer nackten Frau, die den Eingang von Huxley Hall beherrschte. Die prächtige, kurvenreiche Figur mit dem Loch in der Mitte des Bauches, den Kopf auf eine Hand gestützt, blickte unbewegt auf die etwa eine Million Besucher im Jahr. Im Katalog stand: klassischer Henry Moore, 1952.

Ich bewunderte weiterhin die unergründliche Dame und wollte mich hinüberbeugen, um sie zu berühren – stets ein sicheres Zeichen dafür, dass der Künstler erreicht hatte, was er beabsichtigte.

»Huxley Hall«, fuhr der Kurator fort, »steht seit über zwanzig Jahren unter der Obhut der Nationalen Organisation für Denkmalpflege und Naturschutz. Diese Bronze, die *Liegende,* wird von Sachverständigen zu den schönsten Arbeiten Moores gezählt. Er entwarf sie auf dem Höhepunkt seines Schaffens. Das sechste Exemplar der Skulptur wurde vom fünften Duke – einem Yorkshireman, genau wie Moore – für den fürstlichen Betrag von 1000 Pfund erstanden. Als der sechste Duke das Herrenhaus erbte, musste er feststellen, dass er es sich nicht leisten konnte, das Meisterwerk zu versichern.

Dem siebten Duke erging es sogar noch schlechter – er konnte weder das Herrenhaus noch den Grundbesitz erhalten. Kurz vor seinem Dahinscheiden nahm er dem achten Duke die Last der Erbschaftssteuer ab, indem er das Herrenhaus mit sämtlichen Kunstwerken sowie vierhundert Hektar Grundbesitz der Nationalen Organisation für Denkmalpflege und Naturschutz überschrieb. Die Franzosen haben nie verstanden, dass man sich der Aristokratie viel leichter durch Erbschaftssteuern als durch Revolutionen entledigen kann.« Der Kurator lachte über sein kleines Bonmot, und ein paar Besucher vorn in der Menge fielen höflichkeitshalber ein.

»Doch kehren wir jetzt zum Geheimnis der dreizehnten Ausführung dieser Dame zurück.« Der Kurator stützte eine Hand auf den üppigen Busen der *Liegenden.* »Zuvor aber muss ich erst eines der Probleme erklären, denen sich die Nationale Organisation für Denkmalpflege und Naturschutz jedes Mal gegenübersieht, wenn sie jemandes Eigentum übernimmt. Die Organisation ist eine eingetragene Stiftung. Sie besitzt und verwaltet derzeit mehr als zweihundertfünfzig historische Bauwerke und Gärten auf den Britischen Inseln sowie mehr als 2400 Quadratkilometer Grundfläche und etwa 1000 Kilometer Küste. Jedes Besitztum muss dem Erfordernis von ›historischem Interesse oder außergewöhnlicher Schönheit‹ entsprechen. Wenn wir die Pflicht für den Erhalt solcher Besitztümer übernehmen, müssen wir sie auch schützen, jedoch ohne die Stiftung in den Bankrott zu treiben. Im Fall Huxley Hall haben wir das modernste elektronische Sicherheitssystem installiert ›und verfügen obendrein über einen 24-Stunden-Wachdienst. Trotzdem ist es unmöglich, alle unsere unersetzlichen Schätze rund um die Uhr, tagaus, tagein, das ganze Jahr lang zu beschützen.

»Sobald entdeckt wird, dass irgendetwas abhanden gekommen ist, melden wir es selbstverständlich sofort der Polizei. Neun von zehn Mal taucht der verschwundene Gegenstand binnen weniger Tage wieder auf.« Der Kurator legte eine Pause ein, weil er überzeugt war, jemand würde nach dem Grund fragen.

»Warum?«, fragte eine Amerikanerin auch schon. Sie trug karierte Bermudashorts und stand ganz vorn in unserer Gruppe.

»Eine gute Frage, Madam«, antwortete der Kurator ein wenig von oben herab. »Es liegt schlicht daran, dass die meisten kleinen Gauner so wertvolle Stücke nicht an den Mann bringen können – es sei denn, sie wurden mit dem Diebstahl beauftragt.«

»Mit dem Diebstahl beauftragt?«, erkundigte sich die scheinbar etwas unbedarfte Amerikanerin wie erwartet.

»Ja, Madam.« Der Kurator freute sich, es erklären zu dürfen. »Wissen Sie, es gibt Diebesbanden, die überall auf der Welt Meisterwerke für schwerreiche Auftraggeber stehlen, die nicht wollen, dass andere die wertvollen Beutestücke bewundern, solange sie selbst sich heimlich daran erfreuen können.«

»Das muss aber ziemlich teuer sein«, meinte die Amerikanerin.

»Soviel ich weiß, bezahlen sie derzeit ein Fünftel des eigentlichen Wertes«, bestätigte der Kurator. Das ließ die Frau verstummen, jedenfalls für den Augenblick.

»Aber das erklärt nicht, warum so viele Kunstgegenstände so schnell zurückgebracht werden«, warf eine Stimme mitten aus der Gruppe ein.

»Darauf wollte ich gerade zu sprechen kommen«, entgegnete der Kurator ein wenig bissig. »Wenn ein Kunstwerk nicht im Auftrag gestohlen wurde, lässt selbst der unerfahrenste Hehler die Hände davon.«

Ehe die Amerikanerin »Warum?« fragen konnte, fügte er rasch hinzu: »Weil alle führenden Auktionshäuser, Händler und Kunstgalerien schon wenige Stunden nach dem Diebstahl eine detaillierte Aufstellung der verschwundenen Gegenstände vorliegen haben. Deshalb hat der Dieb etwas in seinem Besitz, mit dem niemand zu tun haben will, da die Polizei binnen kürzester Frist, nachdem das Objekt auf den Markt gekommen ist, zuschlagen würde. Viele der gestohlenen Meisterwerke werden bereits nach wenigen Tagen zurückgebracht oder an einem Ort abgestellt, wo sie mit Sicherheit schnell gefunden werden. Die Dulwich-Kunstgalerie hat das in den vergangenen zehn Jahren dreimal erlebt, und erstaunlicherweise kehrt kaum eines der Kunstschätze beschädigt zurück.«

»Warum?«, fragten mehrere Stimmen aus der Gruppe.

»Es scheint, dass die Öffentlichkeit bereit ist, einem wagemutigen Dieb zu verzeihen, nicht jedoch, wenn ein Nationalheiligtum beschädigt wurde. Ich möchte hinzufügen, dass der Dieb eines Kunstwerks einen milderen Richter findet, wenn es nicht zu Schaden gekommen ist.«

»Doch um zu meiner kleinen Geschichte des dreizehnten Exemplars dieser *Liegenden* zurückzukommen: Am 6. September 1997, dem Tag der Beisetzung von Diana, der Prinzessin von Wales – im selben Moment, als der Sarg in die Westminster Abbey gebracht wurde –, hielt ein Transporter vor dem Eingang von Huxley Hall. Sechs Männer im Arbeitsanzug der Nationalen Organisation für Denkmalpflege und Naturschutz stiegen aus und erklärten den wachhabenden Sicherheitsleuten, sie hätten den Auftrag, die *Liegende* abzuholen und zu einer Henry-Moore-Ausstellung zu bringen, die im Hyde Park stattfinden würde. Der Chef des Sicherheitsdienstes war informiert worden, dass die Abholung aufgrund der Begräbnisfeierlichkeiten auf die folgende Woche verschoben werden musste. Da die Papiere jedoch alle in Ordnung zu sein schienen und er an den Fernseher zurückwollte, erteilte er den sechs Männern die Erlaubnis, die Bronze mitzunehmen.«

»Nach der Bestattung war Huxley Hall zwei Tage geschlossen; deshalb beschäftigte sich niemand mit dem Vorfall, bis am folgenden Dienstag wieder ein Transporter mit den gleichen Anweisungen vorfuhr, die *Liegende* zur Moore-Ausstellung in den Hyde Park zu bringen. Auch diesmal waren die Papiere einwandfrei, und eine Zeit lang nahmen die Sicherheitsleute an, dass es sich um einen Verwaltungsfehler handelte. Doch ein Anruf bei den Organisatoren der Ausstellung im Hyde Park klärte diesen Irrtum. Es wurde offenkundig, dass eine Bande Profis das Meisterwerk gestohlen hatte. Sofort informierte man Scotland Yard.

»Der Yard«, fuhr der Kurator fort, »hat eine eigene Abteilung für den Diebstahl von Kunstwerken. Auf ihrem Computer finden sich die Einzelheiten Tausender solcher Objekte. Sobald Scotland Yard von einem Verbrechen unterrichtet wird, werden alle führenden Auktionatoren und Kunsthändler im Land informiert.«

Erneut legte der Kurator eine Pause ein und stützte die Hand nun auf das bronzene Gesäß der *Liegenden*. »Ein beachtliches Stück, das da befördert und abgeliefert werden musste, werden Sie jetzt sicher denken, auch wenn die Straßen am Tag des Diebstahls ungewohnt leer waren und die Aufmerksamkeit der Öffentlichkeit auf etwas anderes gerichtet war.«

»Wochenlang erfuhr man rein gar nichts über die *Liegende,* und Scotland Yard befürchtete schon, dass man es mit einem Auftragsdiebstahl zu tun hatte. Doch einige Monate später, als ein unbedeutender Dieb namens Sam Jackson beim Entfernen eines kleinen Ölgemäldes der zweiten Duchess aus dem Royal Robing Room ertappt wurde, bot er dem Beamten, der ihn verhaftet hatte, einen Handel an.

›Was könnten Sie uns schon zu bieten haben, Jackson?‹, fragte der Sergeant ungläubig.

›Ich führe Sie zur *Liegenden*‹, antwortete Jackson, ›wenn ich bloß wegen Einbruchdiebstahl angeklagt werde.‹ Er wusste, dass er dann die Chance hatte, eine Strafe auf Bewährung zu kriegen.

›Wenn wir die *Liegende* zurückbekommen‹, versprach ihm der Sergeant, ›gebe ich es nur als Einbruch weiter.‹ Da das Porträt der zweiten Duchess eine schlechte Kopie war, die auf einem Flohmarkt höchstens ein paar hundert Pfund eingebracht hätte, fand der Handel seinen Abschluss. Jackson wurde in ein Auto geschoben.

Er dirigierte drei Polizeibeamte über die Grenze von Yorkshire nach Lancashire, wo sie immer tiefer auf unbewohntes Land kamen, bis sie ein verlassenes Farmhaus erreichten. Von dort führte Jackson die Beamten zu Fuß über Äcker und Wiesen zu einem Tal, wo sie zu einer Werkstatt kamen, die hinter Bäumen versteckt war. Die Polizisten brachen die Tür auf und stellten fest, dass sie sich in einer verlassenen Gießerei befanden. Beschädigte Bleirohre, wahrscheinlich von Kirchendächern und alten Häusern der Umgebung gestohlen, lagen auf dem Boden.«

»Die Beamten durchsuchten das Haus, fanden jedoch keine Spur der *Liegenden*. Sie wollten Jackson schon ihre Meinung sagen, als sie ihn vor einem Riesenbrocken Bronze stehen sahen.

›Ich habe nicht versprochen, dass Sie die Lady im Originalzustand zurückbekommen‹, brummte Jackson, ›nur, dass ich Sie zu ihr führe.‹«

Der Kurator wartete, bis sich auch die Langsameren den »Ooohs« und »Aaaahs« anschlossen oder wenigstens verständnisvoll nickten.

»Das Meisterwerk an den Mann zu bringen«, fuhr der Kurator fort, »hatte sich offenbar als zu schwierig erwiesen, und da die Diebe nicht mit einem Kunstwerk im Wert von über einer Million Pfund gefasst werden wollten, hatten sie die *Liegende* einfach eingeschmolzen. Jackson leugnete zu wissen, wer dafür verantwortlich war, gab jedoch zu, dass jemand versucht hatte, ihm den Bronzeklumpen für 1000 Pfund zu verkaufen – ironischerweise die gleiche Summe, die der fünfte Duke für das Originalmeisterwerk bezahlt hatte.«

»Einige Wochen später wurde ein riesiger Bronzeklumpen zur Nationalen Organisation für Denkmalpflege und Naturschutz gebracht. Zu unserer Bestürzung weigerte sich die Versicherung, auch nur einen Penny zu bezahlen. Die gestohlene Bronze, argumentierte die Versicherung, sei ja zurückgebracht worden. Die Anwälte der Stiftung studierten die Police sorgfältig und stellten fest, dass wir die Kosten für die Wiederherstellung beschädigter Gegenstände bekommen mussten. Die Versicherung gab nach und erklärte sich einverstanden, diese Kosten zu übernehmen.«

»Als Nächstes wandten wir uns an die Henry-Moore-Stiftung und erkundigten uns, ob sie uns auf irgendeine Weise behilflich sein könnten. Sie studierten den Bronzeklumpen mehrere Tage, und nachdem sie ihn gewogen und chemisch getestet hatten, pflichteten sie dem Polizeilabor bei, dass es durchaus das Metall sein konnte, das für die vom fünften Duke erstandene Originalskulptur benutzt worden war.«

»Nach längerer Überlegung war die Stiftung bereit, eine einmalige Ausnahme zu machen, was Henry Moores übliche Praxis betraf, und eine dreizehnte *Liegende* zu gießen, vorausgesetzt, die Stiftung bezahlte die Kosten der Gießerei. Natürlich waren wir einverstanden und erhielten eine Rechnung über mehrere tausend Pfund, die von der Versicherung übernommen wurde.

Die Stiftung stellte allerdings zwei Bedingungen, bevor sie sich einverstanden erklärte, diese einmalige dreizehnte Edition zu erschaffen. Erstens bestand sie darauf, dass wir die Statue nie zum Verkauf freigeben würden, weder zum öffentlichen noch zum privaten. Und zweitens, falls die gestohlene sechste Edition je wieder auftauchen sollte, müssten wir unser dreizehntes Exemplar an die Stiftung zurückgeben, damit die Plastik eingeschmolzen werden könne.

Die Stiftung war mit diesen Bedingungen einverstanden; deshalb können Sie sich jetzt an dem Meisterwerk erfreuen, das Sie hier vor sich sehen.«

Applaus brandete auf, und der Kurator verneigte sich knapp.

Ich wurde ein paar Jahre später an diese Geschichte erinnert, als ich an einer Auktion Moderner Kunst im Sotheby Parke-Bernet in New York teilnahm, bei der die dritte Edition der *Liegenden* unter den Hammer kam und für 1.600.000 Pfund ersteigert wurde.

Ich bin überzeugt, dass Scotland Yard den Fall der verschwundenen sechsten Edition der *Liegenden* von Henry Moore abgeschlossen hat, da man dort das Verbrechen für gelöst hält. Allerdings vertraute mir der Chief Inspector, der den Fall bearbeitet hatte, etwas an: Falls ein unternehmungslustiger Verbrecher die Gießerei überreden könne, eine weitere Edition der *Liegenden* herzustellen und sie als »6/12« zu deklarieren, könnte er sie für etwa eine Viertelmillion Pfund an einen Kunden verkaufen, der Diebstähle für Meisterwerke in Auftrag gab. Ja, niemand kann sicher sein, wie viele sechste Editionen der *Liegenden* sich zurzeit im Privatbesitz befinden.

DIE KIRSCHEN
IN NACHBARS GARTEN

Bill schreckte hoch. So war es immer nach einem langen Wochenende mit einem Dach über dem Kopf. Sobald die Sonne am Montagmorgen aufgegangen war, erwartete man von ihm, dass er den Platz räumte. Er hatte unter dem Türbogen der Critchley Bank mehr Jahre zugebracht als die meisten der Bankangestellten im Gebäude.

Jeden Abend gegen neunzehn Uhr erschien Bill vor dem Portal der Bank. Nicht, dass ihm jetzt noch jemand diesen Platz streitig machen würde. Während der letzten zehn Jahre hatte er viele kommen und gehen sehen. Manche hatten ein Herz aus Gold; bei anderen war es aus Silber, bei wieder anderen aus Bronze. Bill hatte durchschaut, wer zu welcher Kategorie gehörte, und das nicht bloß daran, wie die Leute sich ihm gegenüber verhielten.

Er blickte auf die Uhr über der Tür: zehn vor sechs. Jung-Kevin würde jeden Moment zur Tür kommen und ihn ersuchen, bitte so freundlich zu sein und weiter zu ziehen. Ein guter Junge, dieser Kevin – er steckte Bill oft ein paar Pence zu, was für Kevin wirklich ein Opfer war, jetzt, da es bald wieder Familienzuwachs gab. So aufmerksam würde ihn kaum einer der Leute behandeln, die später kamen.

Bill hing noch einen Augenblick seinen Träumen

nach. Er würde gern Kevins Job haben, und seinen dicken warmen Mantel und die Schirmmütze. Zwar wäre er dann immer noch im Freien, aber mit einer richtigen Stelle und regelmäßigem Gehalt. Manche hatten eben Glück. Kevin brauchte nicht viel mehr zu sagen als »Guten Morgen, Sir. Hatten Sie ein schönes Wochenende?« Nicht einmal die Tür musste er aufhalten, seit sie die Automatik eingebaut hatten.

Doch Bill beklagte sich nicht. Es war kein zu schlechtes Wochenende gewesen. Es hatte nicht geregnet, und die Polizei verscheuchte ihn auch nicht mehr – nicht seit er vor Jahren diesen Kerl auffliegen ließ, der vor der Bank einen IRA-Lieferwagen abgestellt hatte. Diese Beobachtungsgabe und Geistesgegenwart hatte Bill seiner Ausbildung in der Armee zu verdanken.

Es war ihm geglückt, eine *Financial Times* vom Freitag und eine *Daily Mail* vom Samstag aufzutreiben. Die *Financial Times* erinnerte ihn, dass er in Internet-Firmen investieren und die Finger von Textilunternehmen lassen sollte, weil deren Aktien seit der Sache mit den High-Street-Verkäufen rapide gefallen waren. Bill war vermutlich der Einzige im Umkreis der Bank, der die *Financial Times* aufmerksam von vorn bis hinten las, und mit Sicherheit war er der Einzige, der die Zeitung dann als Decke benutzte. Die *Mail* hatte er aus dem Container hinter dem Gebäude gefischt – erstaunlich, was einige dieser Yuppies da hineinwarfen, von einer Rolex-Uhr bis zu einem Päckchen Kondome hatte er schon alles entdeckt. Nicht, dass er Bedarf an Ersterem oder Letzterem hatte. Es gab mehr als genug Uhren in der City, als dass Bill eine weitere gebraucht hätte. Und was die Kondome betraf – sinnlos, seit er aus der Armee ausgeschieden war. Die Uhr hatte er verkauft, und die Kondome Vince überlassen, der sich an der Bank of America eingenistet hatte. Vince prahlte immer mit seinen neuesten Eroberungen, was unter den gegebenen Umständen recht unwahrscheinlich erschien. Jedenfalls beschloss Bill Vinces Aufschneiderei endlich an den Tag zu bringen und gab ihm die Kondome als Weihnachtsgeschenk.

Im ganzen Haus gingen jetzt die Lichter an, und als Bill durch das Panzerglasfenster blickte, sah er, wie Kevin in seinen Mantel schlüpfte. Es wurde Zeit für Bill, seine Habe zusammenzupacken und weiterzuziehen. Er wollte Kevin nicht in Schwierigkeiten bringen; schließlich sollte der Junge seine verdiente Beförderung bekommen.

Bill rollte seinen Schlafsack zusammen – ein Geschenk des Vorstandsvorsitzenden, der nicht bis Weihnachten hatte warten wollen, es ihm zu überreichen. Nein, das war nicht Sir Williams Stil. Ein geborener Gentleman war er, der eine Schwäche für schöne Frauen hatte – wer konnte ihm das verübeln? Bill hatte gesehen, wie die eine oder andere spätabends den Lift nach oben nahm, und er bezweifelte, dass die Damen nur gekommen waren, um sich in finanziellen Fragen beraten zu lassen. Vielleicht hätte er das Päckchen Kondome lieber Sir William schenken sollen.

Er legte seine zwei Decken zusammen. Eine hatte er von einem Teil des Geldes erstanden, das er für die Uhr erhalten hatte, die andere hatte er geerbt, als Irish gestorben war. Irish fehlte ihm. Er holte den halben Laib Brot hervor, ein Beutestück aus den Abfallbehältern im Hinterhof des City Clubs. Er hatte dem Geschäftsführer einmal geraten, Textil-Aktien abzustoßen und sich aufs Internet zu verlegen, aber der Mann hatte ihn nur ausgelacht.

Bill packte seine Siebensachen in die Reisetasche, ein Glücksfund aus einem Container hinter dem Old Bailey.

Schließlich musste er, wie alle rechtschaffenen Einwohner der City, sein Bargeld zählen – es war wichtig, flüssig zu sein, wo es mehr Verkäufer als Käufer gab. Er fummelte in der Hosentasche und zog ein Pfund, zwei 10-Pence-Münzen und einen Penny heraus. Dank der hohen Tabak- und Alkoholsteuern würde er sich keine Zigaretten leisten können, geschweige denn ein Bier. Außer, natürlich, Maisie stand hinter der Theke im The Reaper. Bill hätte sich gern näher mit ihr beschäftigt, obwohl er alt genug war, um ihr Vater zu sein.

Die Uhren in der City schlugen sechs. Bill band die Schnürsenkel seiner teuren Laufschuhe; auch sie hatte ein Yuppie in den Container geworfen, denn seinesgleichen trug jetzt eine andere Marke. Dann ein letzter Blick, als Kevin auf den Bürgersteig trat. Bis Bill um neunzehn Uhr zurückkehrte – pünktlicher und zuverlässiger als ein Wachmann –, würde Kevin zu Hause in Peckham bei seiner schwangeren Frau Lucy sein. Glücklicher Bursche.

Kevin sah Bill davonschlurfen und zwischen den Arbeitern der Morgenschicht verschwinden. Bill war ein guter Kerl. Niemals würde er Kevin in Verlegenheit oder gar um seinen Job bringen. Da bemerkte er den Penny unter dem Türbogen. Er hob ihn lächelnd auf. Abends würde er den Penny durch eine Pfundmünze ersetzen.

Kevin kehrte zum Eingang zurück, als das Putzkommando sich verabschiedete. Es kam um drei Uhr und musste um sechs Uhr mit der Arbeit fertig sein. Nach vier Jahren kannte Kevin sie alle mit Namen, und sie lächelten ihm stets freundlich zu.

Pünktlich um sechs Uhr musste Kevin mit auf Hochglanz geputzten Schuhen, blütenweißem Hemd, einer Krawatte mit dem Emblem der Bank und einem langen blauen Mantel mit Messingknöpfen – aus schwerem Tuch im Winter und leichtem Stoff im Sommer – auf dem Bürgersteig stehen. Banken achteten peinlich genau auf das Äußere ihrer Türsteher. Man erwartete von Kevin, dass er alle Vorstandsmitglieder beim Betreten des Hauses begrüßte. Kevin hatte seiner Liste noch ein paar hinzugefügt, die möglicherweise bald in den Vorstand aufgenommen würden, wie gemunkelt wurde.

Zwischen sechs und sieben trudelten die Yuppies ein. Sie grüßten mit: »Hi, Kev! Wetten, dass ich heute 'ne Million mache?« und ähnlichen Sprüchen. Zwischen sieben und acht nahte mit langsamerem Schritt das mittlere Management, von Problemen mit Ehefrauen, Kindern, dem Schulgeld, einem neuen Wagen oder einer neuen Freundin heimgesucht. Sie grüßten mit einem knappen »Guten Morgen«, meist ohne Kevin überhaupt anzublicken. Zwischen acht und neun traf gemessenen Schrittes das obere Management ein, nachdem die Herren ihre Wagen auf den für sie reservierten Parkplätzen abgestellt hatten. Wie wir anderen auch, dachte Kevin, gehen sie an den Samstagen zum Fußballspiel, nur haben sie im Gegensatz zu uns eigene Tribünenplätze. Den meisten von ihnen war inzwischen klar geworden, dass sie es nicht in den Vorstand schafften; deshalb strengten sie sich auch nicht mehr übermäßig an. Als einer der Letzten ließ der Bankdirektor, Phillip Alexander, sich in seinem Jaguar mit eigenem Chauffeur hierher bringen. Unterwegs las er die *Financial Times*. Von Kevin erwartete man, dass er unverzüglich auf den Bürgersteig rannte und die Wagentür für Mr Alexander aufriss, der ohne einen Blick, geschweige denn ein Dankeswort, an ihm vorbeimarschierte.

Als Letzter kam Sir William Selwyn, der Vorstandsvorsitzende, in seinem Rolls-Royce von irgendwo in Surrey. Sir William nahm sich immer Zeit für einen persönlichen Gruß. »Guten Morgen, Kevin. Wie geht es Ihrer Frau?«

»Danke, gut, Sir.«

»Geben Sie mir Bescheid, wenn das Baby da ist.«

Kevin grinste, als die Yuppies heranstürmten und die automatische Tür sich vor ihnen öffnete. Er brauchte die schwere Tür nicht mehr aufzuhalten, seit sie dieses Ding installiert hatten. Kevin wunderte sich, dass man sich überhaupt die Mühe machte, ihn auf der Lohnliste weiterzuführen – das heißt, eigentlich wunderte sich Mike Haskins, sein unmittelbarer Vorgesetzter, der Mann auf der nächsthöheren Sprosse der Bankleiter.

Kevin schaute sich nach Haskins um, der hinter dem Empfang stand. Der Mann hatte es gut. Er hielt sich immer im Warmen auf, bekam regelmäßig seine Tasse Tee, hin und wieder eine Vergünstigung und die üblichen Gehaltserhöhungen. Haskins hatte den Job, den Kevin sich ersehnte.

Kevin drehte sich rasch um, als Haskins aufblickte. Er musste daran denken, dass sein Boss nur noch fünf Monate, zwei Wochen und vier Tage hatte, bis er in den Ruhestand trat. Dann würde Kevin seinen Job übernehmen – es sei denn, die Bank überging ihn und bot Haskins' Sohn die Stelle an.

Ronnie Haskins ließ sich ziemlich regelmäßig in der Bank sehen, seit er seinen Job in der Brauerei verloren hatte. Er machte sich nützlich, trug die Taschen der Ankommenden und Gehenden, verteilte Briefe, pfiff Taxis herbei und holte für die Angestellten, die ihren Schreibtisch nicht verlassen wollten oder konnten, Sandwiches aus dem nahen Fast-Food-Lokal.

Kevin war nicht dumm; er wusste genau, was Haskins im Schilde führte. Dieser Lakai würde alles dafür tun, dass Ronnie den Job bekam, der von Rechts wegen Kevin zustand. Doch wenn es nach Haskins ging, würde Kevin draußen auf dem Gehsteig bleiben. Es war nicht fair! Kevin hatte gewissenhaft für die Bank gearbeitet, nie auch nur einen Tag gefehlt, und hatte bei Wind und Wetter vor der Tür ausgeharrt.

»Guten Morgen, Kevin«, sagte Chris Parnell und wäre fast an ihm vorbeigelaufen. Er wirkte besorgt.

Der Mann müsste meine Probleme haben, dachte Kevin deprimiert, schaute Parnell hinterher und bemerkte, dass Haskins bereits in seiner ersten Tasse Tee an diesem Morgen rührte.

»Das ist Chris Parnell«, erklärte Haskins seinem Sohn, ehe er von seinem Tee nippte. »Hat sich wieder mal verspätet. Er wird der britischen Eisenbahn die Schuld geben. Das tut er immer. Ich hätte seinen Job schon vor Jahren kriegen sollen, und es wäre auch alles bestens gelaufen, wenn ich wie er Sergeant bei der Zahlmeisterei gewesen wäre, statt Corporal bei den Greenjackets. Aber das Management wusste offenbar nicht zu schätzen, was ich zu bieten hatte.«

Ronnie schwieg, denn seit sechs Wochen hatte sein Vater ihm jeden Morgen eines jeden Arbeitstags diese Meinung deutlich gemacht.

»Einmal hab ich ihn zum Jahrestreffen meines alten Regiments eingeladen, aber er behauptete, er hätte schon was anderes zu tun. Verdammter Snob. Aber achte auf ihn. Der Bursche hat ein Wörtchen mitzureden, wenn es um meinen Nachfolger geht.«

»Guten Morgen, Mr Parker«, grüßte Haskins und reichte dem als nächsten Eintreffenden den druckfrischen *Guardian*.

»Die Zeitung sagt eine Menge über den Menschen aus, der sie liest«, wandte Haskins sich wieder an Ronnie, nachdem Roger Parker im Fahrstuhl verschwunden war. »Nimm den jungen Kevin da draußen. Er liest dieses Klatschblatt, die *Sun* – mehr brauchst du gar nicht über ihn zu wissen. Ein *Sun*-Leser! Ein Grund mehr, dass ich mich wundern würde, sollte er tatsächlich die Beförderung kriegen, auf die er so scharf ist.« Er zwinkerte seinem Sohn zu. »Ich lese den *Express* – hab ich immer getan und werd ich auch immer tun.«

»Guten Morgen, Mr Tudor-Jones«, grüßte Haskins, während er dem Verwaltungschef den *Telegraph* aushändigte. Er sprach erst weiter, nachdem sich die Fahrstuhltür geschlossen hatte.

»Eine wichtige Zeit für Mr Tudor-Jones«, informierte Haskins seinen Sprössling. »Wenn man ihn in diesem Jahr nicht in den Vorstand aufnimmt, wird er sich bestimmt kein Bein mehr ausreißen, bis er in den Ruhestand geht. Manchmal, wenn ich mir diese Vögel ansehe, denke ich mir, dass ich ihre Jobs ebenso gut machen könnte wie sie. Schließlich ist es nicht meine Schuld, dass mein alter Herr Maurer war und mich nicht auf eine höhere Schule geschickt hat. Sonst wäre ich vielleicht im sechsten oder siebten Stock gelandet und hätte einen Schreibtisch und eine eigene Sekretärin.«

»Guten Morgen, Mr Alexander«, grüßte Haskins, als der Direktor der Bank wortlos an ihm vorbeiging.

»Dem brauch ich keine Zeitung zu geben. Seine Sekretärin, Miss Franklyn, holt sie ihm alle, lange bevor er kommt. Mr Alexander will Vorstandsvorsitzender werden. Wenn er es schafft, wird es hier eine Menge Änderungen geben, das ist sicher.« Er blickte zu seinem Sohn hinüber. »Du schreibst dir doch alles auf, so wie ich es dir beigebracht hab?«

»Natürlich, Dad. Mr Parnell – 7.47. Mr Parker – 8.09. Mr Tudor-Jones – 8.11. Mr Alexander – 8.23.«

»Gut gemacht, Sohn. Du lernst schnell.« Er schenkte sich eine weitere Tasse Tee ein, nahm einen Schluck und redete weiter. »Unser nächster Job ist die Post, die sich, genau wie Mr Parnell, wieder mal verspätet hat. Also schlage ich vor ...« Haskins brachte rasch seine Teetasse außer Sichtweite und rannte durchs Foyer. Er drückte auf den Knopf und hoffte, dass einer der Fahrstühle zum Parterre zurückkehren würde, ehe der Vorstandsvorsitzende das Haus betrat. Sekunden später glitt die Tür auf.

»Guten Morgen, Sir William. Ich hoffe, Sie hatten ein schönes Wochenende.«

»Ja, danke, Haskins«, antwortete der Vorstandsvorsitzende, ehe die Tür sich schloss. Haskins versperrte den Weg, damit niemand zu Sir William in den Fahrstuhl steigen konnte, sodass er eine ungestörte Fahrt bis in den vierzehnten Stock hatte.

Haskins schlurfte zum Empfang zurück und stellte fest, dass sein Sohn bereits die Morgenpost sortierte. »Der Vorstandsvorsitzende hat mir mal gesagt, dass der Fahrstuhl achtunddreißig Sekunden bis zum obersten Stock braucht, und er hat ausgerechnet, dass er im Fahrstuhl eine Woche seines Lebens verbringt, darum liest er auf der Fahrt nach oben immer den Leitartikel und auf der Fahrt herunter die Tagesordnungspunkte seines nächsten Meetings. Wenn er eine Woche da drin verbringt, verbringe ich mein halbes Leben hier.« Er holte seine Teetasse hervor und trank. Der Tee war kalt geworden. »Sobald du die Post sortiert hast, bringst du sie Mr Parnell hinauf. Es ist sein Job, sie zu verteilen, nicht meiner. Er hat sowieso einen bequemen Posten, da sehe ich nicht ein, warum ich ihm die Arbeit abnehmen sollte.«

Ronnie nahm den Korb mit der Post und ging zum Fahrstuhl. Im ersten Stock stieg er aus, schleppte den Korb zu Mr Parnells Schreibtisch und stellte ihn darauf.

Chris Parnell blickte auf und beobachtete, wie der Junge durch die Tür verschwand. Er starrte auf den Stoß Briefe. Wie immer waren sie nicht sortiert. Er musste mal ein ernstes Wort mit Haskins reden. Es war ja nicht so, als würde ihm die Arbeit über den Kopf wachsen, und jetzt wollte der Mann auch noch, dass sein Sohn seinen Job übernahm. Aber den bekam der Bursche nicht, solange er ein Wörtchen mitzureden hatte!

Verstand Haskins denn nicht, dass er, Chris Parnell, mit seinem Posten eine große Verantwortung hatte? Er musste für absolute Genauigkeit sorgen. Die Briefe mussten vor neun Uhr auf den richtigen Schreibtischen liegen, und bis zehn musste er eine Liste der Abwesenden zusammengestellt haben. Sobald man ihm Fehlfunktionen irgendwelcher Maschinen meldete, musste er umgehend die Reparatur veranlassen. Er musste alle Personalmeetings organisieren – und wenn er das geschafft hatte, kam auch schon die zweite Fuhre Post. Es würde zu einem schrecklichen Chaos kommen, würde er sich jemals auch nur einen einzigen Tag freinehmen. Er brauchte nur an das Durcheinander zu denken, das ihn stets nach der Rückkehr aus seinem Jahresurlaub erwartete.

Parnell starrte auf den obenauf liegenden Brief. Er

war an »Mr Roger Parker« adressiert. Für ihn war er nur »Rog«. Man hätte ihm Rogs Posten als Personalchef schon vor Jahren geben sollen; er hätte dessen Arbeit im Schlaf machen können. Seine Frau Janice erinnerte ihn immer wieder: »Er hat seinen Posten bloß deshalb bekommen, weil er mit dem Hauptkassierer in die gleiche Schule gegangen ist.« Es war einfach nicht fair!

Janice hatte Roger und seine Frau zum Dinner einladen wollen, doch Chris war von Anfang an dagegen gewesen.

»Warum nicht?«, hatte sie heftig gefragt. »Schließlich ist er ein Chelsea-Fan wie du. Hast du Angst, dass er deine Einladung ablehnt, der hochnäsige Snob?«

Um Janice gegenüber fair zu sein – Chris hatte durchaus schon daran gedacht, Roger zu einem Drink einzuladen, jedoch nicht zu einem Dinner zu Hause in Romford. Er konnte Janice schließlich schlecht sagen, dass Roger im Stamford Bridge nicht auf der Tribüne mit den Jungs saß, sondern seinen eigenen Platz in der Vereins-Ehrenloge hatte.

Sobald die Post sortiert war, gab Chris sie in die Körbe für die verschiedenen Abteilungen. Seine beiden Gehilfen übernahmen die Post für die ersten zehn Stockwerke, doch für die oberen vier teilte Chris sie niemals ein. Nur er selbst durfte die Korrespondenz zu den Büros des Vorstandsvorsitzenden und des Direktors bringen.

Janice ermahnte ihn stets, die Augen offen zu halten, wenn er sich auf den Chefetagen befand. »Man kann nie wissen, welche Chancen sich ergeben und welche Gelegenheiten du beim Schopf packen kannst.« Chris lachte vor sich hin, denn er dachte an Glorias Schopf und welche Gelegenheiten sie ihm in der Registratur bot. Unglaublich, was diesem Mädchen hinter den Aktenschränken so alles einfiel! Wenn er dagegen an Janice dachte ... nun, seine Frau musste ja nicht alles wissen, was in der Bank vor sich ging.

Er griff nach den Körben für die oberen vier Etagen und ging zum Lift. Auf dem elften Stock klopfte er an die Tür, ehe er Rogers Büro betrat. Der Personalchef blickte abwesend von dem Schreiben auf, in das er vertieft gewesen war.

»Ein schöner Sieg für Chelsea am Samstag, Rog, auch wenn es nur ein Spiel gegen West Ham war«, sagte Chris, als er einen Stoß Briefe in den richtigen Korb auf dem Schreibtisch seines Vorgesetzten legte. Da er keine Antwort erhielt, schwirrte er schnell wieder ab.

Roger blickte auf, als Chris davoneilte. Er hatte beinahe ein schlechtes Gewissen, weil er mit Chris nicht über das Chelsea-Spiel gefachsimpelt hatte, aber er wollte ihm nicht erklären müssen, weshalb er zum ersten Mal in dieser Saison ein Heimspiel versäumt hatte. Wie gern würde er an nichts Wichtigeres als an Fußball denken!

Er wandte seine Aufmerksamkeit wieder dem Schreiben zu. Es war eine Rechnung über 1600 Pfund, die erste Monatsgebühr für das Pflegeheim, in dem er seine Mutter hatte unterbringen müssen.

Roger hatte sich widerstrebend damit abgefunden, dass ihr Gesundheitszustand so schlecht geworden war, dass er sie zu Hause in Croydon nicht mehr versorgen konnte, doch er hatte nicht damit gerechnet, dass der Heimaufenthalt ihn fast 20.000 Pfund im Jahr kosten würde. Natürlich wünschte er seiner Mutter noch mindestens zwanzig Jahre, aber solange Adam und Sarah noch zur Schule gingen und Hazel nicht in ihren früheren Beruf zurückkehren wollte, brauchte er unbedingt eine Gehaltserhöhung – und das ausgerechnet jetzt, da Personalabbau und Kurzarbeit drohten!

Es war ein schreckliches Wochenende gewesen. Am Samstag hatte er angefangen, den McKinsey-Report zu lesen, der auflistete, was die Bank tun musste, wollte sie auch im einundzwanzigsten Jahrhundert noch zu den führenden Geldinstituten zählen.

Im Report wurde vorgeschlagen, mindestens siebzig Angestellte für das »Abspeckprogramm« – ein Euphemismus für Entlassung – in Erwägung zu ziehen. Und wer würde die undankbare Aufgabe übernehmen müssen, den betroffenen siebzig Angestellten klar zu machen, was dieses Abspecken für sie bedeutete? Als Roger das letzte Mal jemandem hatte kündigen müssen, konnte er danach drei Nächte lang nicht schlafen. Der McKinsey-Report hatte ihn dermaßen deprimiert, dass ihm jede Lust auf das Fußballspiel vergangen war.

Er würde sich wohl oder übel einen Termin beim Verwaltungschef geben lassen müssen, obwohl er wusste, dass Godfrey Tudor-Jones ihn mit den Worten abspeisen würde: »Personalprobleme sind nicht mein Ressort, alter Junge. Sie sind der Personalchef, Roger, es liegt also bei Ihnen.« Leider hatte er zu dem Mann keine persönliche Beziehung, auf die er sich jetzt stützen könnte, obwohl er sich im Lauf der Jahre oft genug darum bemüht hatte, doch der Verwaltungschef hatte ihm deutlich klar gemacht, dass er Geschäftliches und Privates strikt trennte – außer natürlich, es handelte sich um ein Vorstandsmitglied.

»Warum lädst du ihn nicht zu einem Heimspiel in Chelsea ein?«, hatte Hazel vorgeschlagen. »Schließlich hast du eine Menge Geld für die beiden Saisonkarten bezahlt.«

»Ich glaube nicht, dass er sich für Fußball interessiert.«

»Dann lad ihn doch in deinen Club zum Dinner ein.«

Er machte sich gar nicht erst die Mühe, Hazel zu erklären, dass Godfrey Mitglied im Carlton Club war, sodass er sich bei einem Treffen der Fabian Society nicht allzu wohl fühlen würde.

Der schlimmste Schicksalsschlag jedoch hatte Roger am Samstagabend getroffen, als der Rektor von Adams Schule angerufen und ihm mitgeteilt hatte, er müsse dringend »über eine Sache« mit ihm reden, über die sie am Telefon besser nicht sprechen sollten. Roger war gleich am Sonntagvormittag zu ihm gefahren und hatte sich besorgt gefragt, was es wohl sein mochte, worüber sie am Telefon nicht reden konnten. Er wusste, dass Adam sich zusammenreißen und viel fleißiger sein musste, wenn er auf die Universität wollte, doch der Rektor teilte Roger mit, dass sein Sohn beim Rauchen von Marihuana erwischt worden war, und dass die Schulordnung in dieser Hinsicht eindeutiger nicht sein könne: sofortiger Verweis von der Schule und Anzeige bei der Polizei am folgenden Tag. Roger war wie vom Donner gerührt.

Auf der Rückfahrt sprachen Vater und Sohn kaum ein Wort. Als Hazel erfuhr, weshalb Adam mitten im Schuljahr nach Hause kam, brach sie in bittere Tränen aus, zumal sie befürchtete, dass der an solchen Meldungen stets interessierte *Croydon Advertiser* darüber berichtete und die ganze Familie in einen anderen Vorort übersiedeln musste, um dem Spott der Nachbarn zu entgehen. Roger konnte sich momentan wahrhaftig keinen Umzug leisten, doch er hielt den Zeitpunkt nicht für geeignet, Hazel die Bedeutung des Begriffs Negativwert zu erklären.

Als er an diesem Morgen im Zug saß, musste Roger daran denken, dass diese Probleme vermutlich nicht entstanden wären, hätte er den Posten des Verwaltungschefs bekommen. Seit Monaten munkelte man von Godfreys Aufstieg in den Vorstand, und in diesem Falle wäre er, Roger, zweifellos sein Nachfolger. Aber er brauchte das höhere Gehalt *sofort,* um das Pflegeheim für seine Mutter bezahlen zu können, und um ein weniger prinzipienstrenges College für Adam zu finden. So wie es jetzt stand, mussten er und Hazel darauf verzichten, ihren zwanzigsten Hochzeitstag in Venedig zu feiern.

Auf den Schreibtisch gestützt, dachte er über die Folgen nach, falls seine Kollegen von Adams Vergehen erfuhren. Seinen Job würde er natürlich nicht verlieren, doch mit weiteren Beförderungen wäre dann Schluss. Er stellte sich das hämische Gewisper auf der Herrentoilette vor: »Wir haben ja schon immer vermutet, dass er links angehaucht ist, da braucht man sich nicht zu wundern.«

Was für ein Blödsinn! Als würden *Guardian*-Leser an allen möglichen Abrüstungs-Demonstrationen teilnehmen, mit freier Liebe experimentieren und an den Wochenenden kiffen!

Roger wandte sich wieder der ersten Seite des McKinsey-Reports zu. Ihm wurde klar, dass er rasch mit dem Verwaltungschef sprechen musste. Er wusste zwar, dass es nichts bringen würde, aber zumindest hatte er dann in den Augen der Kollegen seine Pflicht getan.

Er wählte eine interne Nummer, und Godfrey Tudor-Jones' Sekretärin meldete sich mit den Worten: »Hauptverwaltung.«

Pamelas Stimme klang, als wäre sie erkältet.

»Roger hier. Ich müsste dringend mit Godfrey reden. Es geht um den McKinsey-Report.«

»Er hat fast den ganzen Tag Termine«, sagte Pamela, »aber ich könnte Sie um 16.15 Uhr für eine viertel Stunde einschieben.«

»Gut, ich bin um 16.15 Uhr bei Ihnen.«

Pamela legte auf und machte eine Notiz im Terminkalender ihres Chefs.

»Wer war das?«, erkundigte sich Godfrey.

»Roger Parker. Er sagt, er hat ein Problem und müsse Sie dringend sprechen. Ich habe ihn um 16.15 Uhr eingeschoben.«

Er weiß ja nicht einmal, was ein Problem ist, dachte Godfrey und blätterte weiter durch die Post, um zu sehen, ob irgendetwas mit »Vertraulich« gekennzeichnet war. Da er nichts dergleichen fand, brachte er die Post zu Pamela.

Sie nahm die Briefe wortlos entgegen. Seit dem Wochenende in Manchester war zwischen ihnen nichts mehr wie zuvor. Er hätte die goldene Regel nicht brechen dürfen, nie mit seiner Sekretärin zu schlafen. Hätte es nicht drei Tage geregnet, und hätte er noch eine Karte fürs Fußballspiel bekommen, und hätte ihr kurzer Rock wenigstens die Schenkel bedeckt, wäre es vielleicht nie passiert. Und dabei war es gar nicht mal so umwerfend gewesen.

Und nun, welch wundervoller Wochenbeginn, verkündete sie ihm, dass sie schwanger war!

Als hätte er nicht schon Probleme genug! Für die Bank war es ein schlechtes Jahr gewesen, deshalb würde seine Leistungsprämie wahrscheinlich nicht halb so hoch sein, wie ursprünglich erwartet. Dabei hatte er das Geld bereits ausgegeben.

Er schaute Pamela an. Nach ihrem Geständnis hatte sie nur noch gesagt, dass sie selbst noch nicht wusste, ob sie das Kind haben wollte oder nicht. Das hatte ihm gerade noch gefehlt, wo seine beiden Söhne ein Internat besuchten und seine Tochter noch unschlüssig war, ob sie ein Pony oder ein Klavier wollte, am besten beides. Ganz zu schweigen von seiner plötzlich dem Kaufrausch verfallenen Frau. Er konnte sich nicht erinnern, wann sein Bankkonto das letzte Mal nicht im Minus gewesen war. Er blickte wieder zu Pamela, als sie das Büro verließ. Eine private Abtreibung würde nicht billig kommen, doch sie war bei weitem nicht so teuer wie die Alternative.

Dabei könnte alles zum Besten für ihn sein, wäre er Direktor geworden. Er hatte auf der Liste gestanden, und wenigstens drei Vorstandsmitglieder hatten sich für ihn entschieden. Trotzdem war der Vorstand in seiner zweifelhaften Weisheit zu dem Entschluss gelangt, den Posten einem Außenseiter anzubieten. Dabei hatte er, Godfrey, es schon fast bis zur Ziellinie geschafft. Zum ersten Mal verstand er, wie es war, bei den Olympischen Spielen nur Silber zu bekommen, obwohl einem Gold zugestanden hätte. Verdammt, er war für den Posten ebenso qualifiziert wie Phillip Alexander; außerdem arbeitete er bereits seit zwölf Jahren für die Bank. Man munkelte allerdings seit einiger Zeit von einer Beförderung in den Vorstand, doch auch das konnte er sich abschminken, falls man die Sache mit Pamela herausfand.

Und was war die erste Empfehlung gewesen, die Alexander dem Vorstand unterbreitet hatte? Dass die Bank auf Teufel komm raus in Russland investieren sollte – mit der Folge, dass etwa siebzig Mitarbeiter nun ihre Jobs verloren und die Leistungsprämien gesenkt werden mussten. Und am niederträchtigsten war, dass Alexander die Schuld für seine Fehlentscheidung dem Vorstandsvorsitzenden in die Schuhe schieben wollte.

Wieder kehrten Godfreys Gedanken zu Pamela zurück. Vielleicht sollte er sie zum Lunch ausführen und sie überzeugen, dass eine Abtreibung das Vernünftigste wäre. Er wollte gerade nach dem Telefon greifen und sie einladen, als es läutete.

Es war Pamela. »Miss Franklyn hat angerufen. Sie lässt fragen, ob Sie zu Mr Alexander hinaufkommen könnten.«

Das war ein Trick, den Alexander oft anwandte, damit man seine Stellung ja nicht vergaß. Meistens handelte es sich um irgendeine Sache, die sich ebenso gut telefonisch hätte erledigen lassen. Der Kerl war von einem verdammten Machtkomplex befallen.

Auf dem Weg zu Alexanders Büro erinnerte Godfrey sich, dass seine Frau ihn zum Dinner hatte einladen wollen, damit sie den Mann kennen lernen konnte, der sie um einen neuen Wagen gebracht hatte.

»Er wird nicht kommen«, hatte Godfrey ihr zu erklären versucht. »Weißt du, er hält nichts von privaten Beziehungen.«

»Trotzdem kann es nicht schaden, den Versuch zu machen.« Seine Frau konnte sehr hartnäckig sein. Doch Godfrey hatte Recht behalten. *Phillip Alexander dankt Mrs Tudor-Jones für ihre freundliche Einladung zum Dinner, bedauert jedoch, dass ...«*

Godfrey versuchte zu erraten, weshalb Alexander ihn sehen wollte. Er konnte unmöglich von der Sache mit Pamela gehört haben – nicht, dass es ihn überhaupt etwas anging. Schon gar nicht, wenn die Gerüchte über seine sexuellen Vorlieben stimmten. Wusste er vielleicht schon, dass Godfrey seinen Überziehungskredit bei der Bank weit überschritten hatte? Oder wollte er auch ihn in das russische Fiasko mit hineinziehen? Godfrey spürte, wie seine Handflächen schwitzten, als er an der Tür klopfte.

»Herein«, forderte eine tiefe Stimme ihn auf.

Miss Franklyn, Alexanders Sekretärin, die seinerzeit von Morgans mit ihm zu Critchleys gegangen war, deutete mit einem Nicken zum Büro ihres Chefs.

Er klopfte zum zweiten Mal. Als er das »Herein« vernahm, betrat er das Büro des Direktors. Alexander blickte auf.

»Haben Sie den McKinsey-Report gelesen?«, fragte er. Kein »Guten Morgen, Godfrey«, kein »Hatten Sie ein angenehmes Wochenende?« Nur die knappe Frage: »Haben Sie den McKinsey-Report gelesen?«

»Ja«, antwortete Godfrey, der den Report überflogen hatte und bloß mit den Absätzen vertraut war, die ihn womöglich persönlich betrafen. Abgesehen davon gehörte er nicht zu jenen, die freigesetzt werden konnten.

»Das Fazit lautet, wir können drei Millionen im Jahr sparen. Das bedeutet, dass wir uns von siebzig Angestellten trennen und die meisten Zulagen um die Hälfte kürzen müssen. Ich brauche von Ihnen eine schriftliche Schätzung, in welchen Ressorts wir Personalkürzungen vornehmen können, und wen von den wichtigeren Leuten wir verlieren würden, wenn wir die Zulagen um etwa die Hälfte kürzen. Können Sie das bis zur morgigen Vorstandssitzung fertig haben?«

Der Bastard überlässt die unangenehme Arbeit wieder mal anderen, dachte Geoffrey. Und es ist ihm offenbar völlig egal, ob es sich dabei um Untergebene oder Vorgesetzte handelt, solange man nur ihm nichts anhaben kann. Er will den Vorstand aufgrund meiner Empfehlungen vor vollendete Tatsachen stellen. Kommt nicht in Frage!

»Haben Sie derzeit sehr dringende Aufgaben?«

»Nein. Nichts, das nicht warten könnte«, antwortete Godfrey. Er hatte nicht die Absicht, sein Problem mit Pamela zu erwähnen, oder dass seine Frau wahrscheinlich ausrastete, wenn er es am Abend nicht rechtzeitig zur Schulaufführung schaffte, in der sein jüngerer Sohn einen Engel spielte. Aber es hätte nichts geändert, hätte der Junge den Jesus gespielt. Wahrscheinlich würde Godfrey die ganze Nacht damit zubringen, den Bericht für den Vorstand fertig zu stellen.

»Gut. Dann schlage ich vor, dass wir uns morgen um zehn hier treffen. Dann bleibt uns noch Zeit, darüber zu reden, wie wir den Bericht ergänzen können.« Alexander senkte den Kopf und beschäftigte sich wieder mit den Papieren auf seinem Schreibtisch – ein sicheres Zeichen, dass Godfrey entlassen war.

Phillip Alexander blickte auf, als die Tür von außen geschlossen wurde. Beneidenswert, so ein Mann, der gar nicht weiß, was wahre Probleme sind. Er selbst steckte bis zum Kopf darin. Das Wichtigste war jetzt, dass er sich weiterhin von der katastrophalen Entscheidung des Vorstandsvorsitzenden distanzierte, so viel in Russland zu investieren. Er hatte die Entscheidung im vergangenen Jahr unterstützt, und der Vorstandsvorsitzende hatte dies schriftlich festgehalten. Doch in dem Augenblick, als er zu der Erkenntnis gelangt war, was sich drüben in der Bank of America and Barclays tat, hatte er die zweite Abschlagszahlung der Bank sofort sperren lassen – was er dem Vorstand auch ständig unter die Nase rieb.

Seither hatte Phillip das Haus mit Memos nur so überflutet und jede Abteilung gewarnt, kein Geld für Russland mehr auszugeben und an Geldern zurückzuholen, so viel sie nur konnten. Solche Memos ließ er noch immer jeden Tag verteilen, sodass inzwischen fast jeder überzeugt war – einschließlich einiger Vorstandsmitglieder –, dass Phillip dieser Entscheidung von Anfang an skeptisch gegenübergestanden hatte.

Dank geschickten Taktierens war es ihm gelungen, ein paar Vorstandsmitglieder, die Sir William nicht so nahe standen, davon zu überzeugen, er hätte in dieser Sache nur deshalb nichts unternommen, weil er sich nach nur wenigen Wochen im Amt des Direktors nicht gegen Sir Williams Entscheidung hatte stellen können, der St. Petersburger Nordsky Bank einen Kredit von 500 Millionen zu gewähren. Die Sache könnte sich immer noch zu seinem Vorteil deichseln lassen, denn wenn der Vorstandsvorsitzende gezwungenermaßen von seinem Posten abtreten musste, würde der Vorstand möglicherweise eine interne Ernennung für angeraten halten: Als Phillip damals Direktor wurde, hatte der stellvertretende Vorsitzende Maurice Kington erklärt, er bezweifle, dass Sir William bis zum Ende seiner Amtszeit bleiben würde – und das war schon vor dem Russland-Debakel gewesen. Etwa einen Monat später war Kington von seinem Amt zurückgetreten. In der Stadt war bekannt, dass er sich nur zurückzog, wenn er Sturm aufziehen sah. Er hatte schließlich nicht die Absicht, seine etwa dreißig Direktorenposten zu verlieren.

Als die *Financial Times* einen kritischen Artikel über Sir William veröffentlichte, sicherte sie sich rechtlich ab, indem sie den Text mit folgenden Worten begann: *»Niemand kann leugnen, dass Sir William Selwyns Einfluss* *als Vorstandsvorsitzender der Critchley Bank für die Finanzmärkte von Vorteil gewesen ist und die Wirtschaft des Landes entsprechend beeinflusst hat. Doch kürzlich kam es zu bedauerlichen Fehlern, die anscheinend vom Büro des Vorstandsvorsitzenden ausgegangen sind.«* Alexander hatte den Journalisten ausführlich erklärt, um was es sich bei diesen »bedauerlichen Fehlern« handelte.

Einige Vorstandsmitglieder tuschelten jetzt: »Eher früher als später.« Doch Alexander musste sich noch mit persönlichen Problemen herumschlagen.

Vergangene Woche war eine weitere Forderung eingetroffen. Der verdammte Erpresser wusste offenbar genau, wie viel er jedes Mal verlangen konnte. Dabei war die Öffentlichkeit gar nicht mehr so feindselig gegenüber Homosexualität eingestellt. Aber mit einem Strichjungen? Irgendwie konnte die Presse das als viel schlimmer hinstellen, als hätte ein heterosexueller Mann sich ein Stündchen mit einer Prostituierten vergnügt. Und wie, zum Teufel, hätte er wissen sollen, dass der Knabe noch so jung war? Wie auch immer, das Gesetz war seither geändert worden – aber das kümmerte die Skandalpresse nicht.

Ein weiteres Problem war die Ernennung eines neuen stellvertretenden Vorstandsvorsitzenden, jetzt, da Maurice Kington absprang. Der richtige Nachfolger war für ihn außerordentlich wichtig, denn er würde den Vorsitz führen, wenn es zur Ernennung des neuen Vorstandsvorsitzenden kam. Phillip hatte bereits einen Pakt mit Michael Butterfield geschlossen, von dem er wusste, dass er ein Verbündeter war. Außerdem hatte er damit begonnen, anderen Mitgliedern gegenüber Butterfields Qualifikationen hoch zu loben. »Wir brauchen jemanden, der gegen den russischen Kredit gestimmt hat. Jemanden, der nicht von Sir William ernannt wurde. Jemanden mit analytischem Verstand. Jemanden ...«

Er wusste, dass seine Flüsterkampagne auf offene Ohren stieß, denn ein paar Vorstandsmitglieder hatten ihm gegenüber bereits erwähnt, dass sie Butterfield für den geeignetsten Kandidaten hielten. Phillip hatte ihrer klugen Entscheidung freudig zugestimmt.

Und jetzt war es so weit. Bei der morgigen Vorstandssitzung musste eine Entscheidung getroffen werden. Mit der Ernennung Butterfields zum stellvertretenden Vorstandsvorsitzenden würde sich für ihn alles zum Besten wenden.

Das Telefon auf seinem Schreibtisch läutete wieder. Er riss den Hörer hoch und rief ungehalten: »Ich sagte, keine Anrufe durchstellen, Alison!«

»Es ist Julian Burr, Mr Alexander.«

»Stellen Sie durch«, befahl Phillip, plötzlich leiser geworden.

»Guten Morgen, Phil. Ich dachte mir, ich ruf mal an und wünsche dir alles Gute für die morgige Vorstandssitzung.«

»Woher weißt du davon?«

»Oh, Phil, dir muss doch klar sein, dass nicht jeder in der Bank heterosexuell ist.« Der Anrufer machte eine Pause. »Und vor allem einer liebt dich gar nicht mehr!«

»Was willst du, Julian?«

»Dass du Vorstandsvorsitzender wirst, natürlich.«

»Was willst du?«, wiederholte Alexander und dehnte jedes Wort.

»Ich dachte an einen hübschen Urlaub in der Sonne, während du ein Stockwerk höher ziehst. Nizza, Monte Carlo, oder vielleicht St. Tropez ...«

»Und wie viel würde das kosten?«, fragte Alexander.

»Ich nehme an, dass ich mit zehntausend über die Runden komme.«

»Zu viel!«, entgegnete Alexander.

»Das finde ich nicht«, entgegnete Julian. »Vergiss nicht, dass ich genau weiß, wie viel du verdienst. Und wenn du erst Vorstandsvorsitzender bist, wird es noch mehr. Seien wir doch realistisch, Phil, es ist viel weniger, als die *News of the World* mir für einen Exklusivbericht bezahlen würde. Ich sehe jetzt schon die Schlagzeilen: ›Strichjunge verbringt eine Nacht mit dem Vorstandsvorsitzenden einer Familienbank‹.«

»Das ist kriminell!«, brauste Alexander auf.

»Nein. Da ich damals, juristisch betrachtet, noch ein Kind war, bist *du* es gewesen, der kriminell gehandelt hat!«

»Du könntest zu weit gehen, weißt du.« Alexanders Stimme klang drohend.

»Nicht solange du Ambitionen hast, noch weiterzugehen.« Julian lachte.

»Ich brauche ein paar Tage.«

»So lange kann ich nicht warten. Ich will morgen gleich den Frühflug nach Nizza nehmen. Also sorg dafür, dass das Geld auf meinem Konto ist, ehe du morgen um elf Uhr zur Vorstandssitzung gehst. Vergiss nicht – du selbst warst es, der mir beigebracht hat, wie man Online-Überweisungen vornimmt.«

Die Verbindung wurde beendet, doch schon läutete das Telefon erneut.

»Wer ist es diesmal?«, brauste Alexander auf.

»Der Vorstandsvorsitzende auf Leitung zwei.«

»Stellen Sie ihn durch.«

»Phillip, ich brauche den neuesten Stand des Russland-Kredits sowie Ihre Einschätzung des McKinsey-Reports.«

»Sie werden den neuesten Stand des Russland-Kredits spätestens in einer Stunde auf Ihrem Schreibtisch haben. Was den McKinsey-Report betrifft, gehe ich im Großen und Ganzen konform mit seinen Empfehlungen, aber ich habe Godfrey Tudor-Jones gebeten, mir einen schriftlichen Vorschlag zu unterbreiten, wie wir die im Report genannten Richtlinien am besten umsetzen können. Ich werde seinen Bericht morgen bei der Vorstandssitzung vorlegen. Ich hoffe, Sie sind damit einverstanden, Herr Vorstandsvorsitzender.«

»Eigentlich nicht. Ich habe das Gefühl, dass morgen schon zu spät sein könnte«, entgegnete Sir William ohne eine Erklärung, ehe er auflegte.

Der Vorstandsvorsitzende wusste, dass die Verluste durch den Russland-Kredit bereits mehr als 500 Millionen Pfund betrugen. Und jetzt lag auf dem Schreibtisch eines jeden Vorstandsmitglieds auch noch dieser McKinsey-Report, in dem empfohlen wurde, siebzig Stellen zu streichen, damit etwa drei Millionen Pfund im Jahr gespart werden konnten. Wann würden Management-Berater einsehen, dass es sich bei diesen siebzig Stellen um Menschen handelte, nicht bloß um Zahlen im Hauptbuch? Und von diesen siebzig Personen arbeiteten einige seit mehr als zwanzig Jahren gewissenhaft bei der Bank.

Im McKinsey-Report gab es keine Erwähnung des Russland-Kredits, denn er hatte nicht zur Debatte gestanden. Aber das Timing könnte gar nicht schlimmer sein. Und im Bankgeschäft ist Timing das A und O.

Phillip Alexanders Worte an den Vorstand hatten sich unauslöschlich in Sir Williams Gedächtnis eingebrannt:

»Wir dürfen nicht zulassen, dass unsere Konkurrenten Wind von der Sache bekommen und schneller Profit herausschlagen als wir. Wenn Critchley sich im internationalen Geschäft behaupten will, müssen wir sofort handeln, solange noch ein solcher Gewinn zu machen ist.« Und dieser schnelle Gewinn könne riesig sein, hatte Alexander dem Vorstand versichert. Doch wie sich herausgestellt hatte, war das genaue Gegenteil der Fall. Von dem Augenblick an, da sich das Fiasko abzuzeichnen begann, hatte der miese Schleimer begonnen, aus dem russischen Loch zu klettern und den Vorstandsvorsitzenden hineinzustoßen. Er war zu dem Zeitpunkt auf Urlaub gewesen, und Alexander hatte ihn in seinem Hotel in Marrakesch angerufen, um ihm zu versichern, dass er alles im Griff habe und es nicht nötig sei, dass er seinen Urlaub unterbreche. Als er schließlich zurückkam, stellte er fest, dass dieses Loch vielleicht sein berufliches Grab darstellte, und dass Alexander nur zu gern bereit war, es zuzuschaufeln.

Nachdem er den Artikel in der *Financial Times* gelesen hatte, wusste Sir William, dass seine Tage als Vorstandsvorsitzender gezählt waren. Maurice Kingtons Rücktritt war der endgültige Schlag, von dem er sich nicht mehr würde erholen können. Er hatte versucht, es Kington auszureden, aber der interessierte sich für nichts als seine eigene Zukunft.

Der Vorstandsvorsitzende starrte auf seinen handgeschriebenen Kündigungsbrief hinunter, von dem er bereits heute Abend die vorbereiteten Kopien an jedes Vorstandsmitglied schicken würde.

Seine treue Sekretärin Claire hatte ihn daran erinnert, dass er siebenundfünfzig war, und sie hatte ihm oft geraten, mit sechzig in den Ruhestand zu gehen, um Platz für einen Jüngeren zu machen. Es war eine Ironie, daran zu denken, wer dieser Jüngere sein mochte.

Sicher, er war siebenundfünfzig, aber sein Vorgänger hatte bis siebzig durchgehalten – und daran würden der Vorstand und die Aktionäre sich erinnern. Wer wusste denn heute noch, dass er vor vielen Jahren eine kränkelnde Bank von einem kränkelnden Vorstandsvorsitzenden übernommen und während der vergangenen Dekade kontinuierlich in die Gewinnzone geführt hatte? Selbst wenn man das Russland-Desaster mit einbezog, stand die Bank jetzt immer noch viel besser da als vor seinem Amtsantritt.

Die Andeutungen des Premierministers, dass er für die Peerwürde in Erwägung gezogen wurde, waren bestimmt bald vergessen – genau wie die Dutzende von Direktorenposten sich in Luft auflösen würden, die für den Vorstandsvorsitzenden einer großen Bank, der in den Ruhestand trat, üblicherweise Routine waren. Es würde auch keine Einladungen ins Buck House mehr geben, oder in die Guildhall, oder auf den Centre Court von Wimbledon, worauf seine Frau sich immer besonders gefreut hatte.

Beim gestrigen Dinner hatte er Katherine von seiner Absicht unterrichtet, die Bank zu verlassen. Sie hatte ihr Besteck weggelegt, ihre Serviette gefaltet und gesagt: »Gott sei Dank! Dann wird es nicht mehr nötig sein, unsere Ehe des schönen Scheins wegen weiter aufrechtzuerhalten. Ich werde natürlich eine angemessene Zeit warten, ehe ich die Scheidung einreiche.« Sie war vom Tisch aufgestanden und hatte ohne ein weiteres Wort das Zimmer verlassen.

Ihre wahren Empfindungen waren ihm verborgen geblieben. Zweifellos hatte sie zumindest von einigen der anderen Frauen gewusst, obwohl keine seiner flüchtigen Affären ihm irgendetwas bedeutete. Er hatte angenommen, dass sie auch ohne Worte zu einem Arrangement gekommen waren, wie so viele Ehepaare ihres Alters. Nach dem Dinner war er nach London gefahren und hatte die Nacht in seinem Club verbracht.

Er nahm die Verschlusskappe seines Füllfederhalters ab und unterschrieb die zwölf Kopien seines Kündigungsschreibens. Er hatte sie den ganzen Tag auf seinem Schreibtisch liegen gehabt, in der Hoffnung, dass vor Ende des Arbeitstages ein Wunder geschehen würde und er sie zerreißen könne. Aber wirklich hatte er nicht daran geglaubt.

Als er die Schreiben schließlich zu seiner Sekretärin brachte, hatte sie die zwölf Umschläge schon vorbereitet. Er lächelte Claire an. Sie war unbestreitbar die beste Sekretärin gewesen.

»Leben Sie wohl, Claire.« Er hauchte ihr einen Kuss auf die Wange.

»Leben Sie wohl, Sir William«, antwortete sie und biss sich auf die Lippe.

Er kehrte in sein Büro zurück, griff nach der leeren Aktenmappe und der *Times*. Morgen würde er Schlagzeilen im Wirtschaftsteil machen – für die Titelseite war er nicht bekannt genug. Er schaute sich zum letzten Mal im Büro des Vorstandsvorsitzenden um; dann schloss er die Tür rasch hinter sich und ging langsam zum Fahrstuhl. Er drückte auf den Knopf und wartete. Die Tür öffnete sich, und er stieg ein, dankbar, dass die Kabine leer war und auf dem Weg nach unten nicht anhalten musste.

Im Foyer stieg er aus und warf einen flüchtigen Blick zum Empfang. Haskins war schon lange nach Hause gegangen. Als die Panzerglastür sich öffnete, dachte er an Kevin, der jetzt vermutlich daheim in Peckham bei seiner schwangeren Frau saß. Er hätte ihm gern alles Gute für seinen Job am Empfang gewünscht. Zumindest der würde durch den McKinsey-Report nicht gestrichen werden.

Als er aus dem Haus trat, bemerkte er eine Bewegung in den Augenwinkeln. Er drehte sich um und sah einen alten Obdachlosen, der sich für die Nacht unter dem Torbogen einrichtete.

Bill legte salutierend die Hand an die Stirn. »Guten Abend, Herr Vorstandsvorsitzender«, grüßte er lächelnd.

»Guten Abend, Bill«, erwiderte Sir William den Gruß und lächelte zurück.

Wenn wir nur unsere Plätze tauschen könnten, dachte Sir William, als er sich umdrehte und zu seinem wartenden Wagen schritt.

DAVID AMBROSE

EPSILON

ROMAN

Hochbrisanter Thriller um Genforschung und künstliche Realitäten

Als Spezialagent Charlie Monk einen Observierungsauftrag erhält, findet er dabei scheinbar seine verloren geglaubte Vergangenheit wieder. Denn plötzlich tritt die Hirnforscherin Dr. Susan Flemyng in sein Leben, und er meint in ihr seine erste Liebe, Kathy, zu sehen. Diese Begegnung veranlasst Charlie dazu, den absoluten Gehorsam gegenüber seinen Auftraggebern zu durchbrechen, und dabei kommt er einer spektakulären Intrige auf die Spur, in der er selbst das Opfer ist. Mit einem Mal findet er sich als Gefangener in einem Versuchslabor wieder. Sein bisher härtester Kampf beginnt ...

ISBN 3-404-14837-1

BASTEI
LÜBBE

**»Jeder neue Thriller von Greg Iles ist ein Ereignis.
24 Stunden ist sein bisher bestes Buch.«** THE TIMES

24 Stunden – so lange dauern in der Regel die pefekt
geplanten Entführungen eines Kidnapper-Trios. Die
schockierten Eltern zahlen das geforderte Lösegeld, und
die geraubten Kinder gelangen wohlbehalten nach
Hause. Doch im Fall der kleinen Abby Jennings verläuft
nichts nach Plan: Denn das entführte Mädchen benötigt
dringend ein lebensnotwendiges Medikament, und ihre
Eltern gehören nicht zu der Sorte von Menschen, die sich
widerstandslos geschlagen geben. Die Jagd nach den
Kidnappern wird zu einem Kampf auf Leben und Tod ...

ISBN 3-404-14810-X